让法律被信仰

从双边仲裁庭、双边投资法庭到多边投资法院

投资者与国家间争端解决的机制化选择（修订版）

From Bilateral Arbitral Tribunals and Investment Courts to a Multilateral Investment Court

[德] 薄克慕 [奥] 芮禼谷 著

池漫郊 译

Marc Bungenberg August Reinisch

国家社会科学基金重大项目『一带一路倡议与国际经济法律制度创新研究』子课题『一带一路倡议与国际投资法律制度的创新』的成果之一（项目批准号：17ZDA144）

贸大法学学术文库

总主编 石静霞

法律出版社

LAW PRESS · CHINA

From Bilateral Arbitral Tribunals and Investment Courts to a Multilateral Investment Court
By Marc Bungenberg, August Reinisch
Copyright©Marc Bungenberg, August Reinisch
This translation is published exclusively by Law Press China.
All rights reserved.
原著著作权归属于薄克暮和芮离谷（Marc Bungenberg, August Reinisch）。
中文版由薄克暮和芮离谷授权法律出版社有限公司独家出版发行。
所有权利保留。

著作权合同登记号
图字：01-2020-1014

薄克暮（Marc Bungenberg）

德国萨尔大学公法、欧盟法以及国际公法教授，萨尔大学欧洲研究所主任，德国汉诺威大学法学博士。兼任*European Yearbook of International Economic Law*联席主编，洛桑大学、卢塞恩大学以及悉尼大学客座教授，科隆国际投资法中心科学顾问委员会成员及欧洲一体化法研究中心成员等职。

主要研究领域为欧盟法（通用商业政策、公共采购和国家援助法）和国际经济法，尤其是国际投资法和世界贸易组织法。出版多部专著，在权威国际期刊发表大量学术论文。

芮离谷（August Reinisch）

奥地利维也纳大学国际法和欧盟法教授、维也纳大学国际关系和国际法学系主任，欧洲法、国际法与比较法学院副院长，维也纳大学法学博士。兼任联合国国际法委员会委员、国际法研究院院士、海牙常设仲裁庭仲裁员和国际投资争端解决中心仲裁员等职。

主要研究领域为国际投资法、国际贸易法、国际组织法、国家责任法和欧盟法。出版多部专著，在权威国际期刊发表大量学术论文，曾受邀在海牙国际法高等研究院授课。

池漫郊

对外经济贸易大学法学院教授、博士研究生导师，国际经济法律与政策中心主任。兼任*Asian Yearbook of International Economic Law*主编、国际法协会“国际法治与国际投资法委员会”委员、国际投资争端解决机制改革学术论坛决策委员会委员、联合国亚太经合组织国际投资法顾问、厦门国际法高等研究院行政理事会副秘书长及中国国际法学会常务理事等职。

主要研究领域为国际贸易与投资法、国际合作与发展、国际争端解决。出版多部中英文个人专著，在国内外重要期刊发表大量学术论文。

中文版序

恰如联合国国际贸易法委员会(United Nations Commission on International Trade Law, UNCITRAL)第三工作组当前如火如荼的工作所展现的那样,国际投资争端解决机制改革是当前国际经济法学领域最热点的议题之一。拙著可能是迄今为止国际社会关于未来可能设立的多边投资法院这一在当前极富争议的议题的最具专门性和综合性的研究成果。拙著先以德文写就并出版,后被译为英文出版,我们认为,如拙著能翻译为中文出版,对中国相关问题的学术研究和政策制定将有所助益。

对外经济贸易大学的池漫郊教授是我们多年以来的合作伙伴和令人尊敬的同仁,我们很荣幸邀请他主持拙著的翻译工作。我们期待拙著能对中国学术界探讨和研究国际投资争端解决机制改革锦上添花。毫无疑问,对于未来国际投资法及投资争端解决机制的发展而言,中国及中国学者对这个议题的积极参与是不可或缺的。

我们由衷感谢池漫郊教授的合作与支持,也对对外经济贸易大学法学院和法律出版社对拙著中文版的出版而作的努力深表谢意。

薄克暮(Marc Bungenberg)

芮离谷(August Reinisch)

2020年2月25日

译 者 序

自20世纪90年代以来，国际社会对投资者与国家间争端解决（Investor-state dispute settlement，ISDS）机制正当性的质疑越来越深，对该机制进行改革的呼声也逐渐增强。联合国国际贸易法委员会（UNCITRAL）也于近年设立了工作组对ISDS改革进行专门研究。无论对这场改革持何种立场及改革的最终结果如何，ISDS机制的主要利益相关者，包括但不限于国家、国际组织、企业、律师及仲裁员、学者乃至第三方资助方等都对改革表示了关切。此外，仍在涌现的国际投资争端和不断增加的国际投资协定（包括双边投资协定及双边或区域性自由贸易协定的投资章节）也在很大程度上对推动ISDS改革推波助澜。

诚然，各国对于ISDS改革的立场不尽相同，但从任何角度观察，欧盟提出的建立多边投资法院的倡议都不啻于一个具有开创性的乃至颠覆性的改革选项。尽管全球学者对ISDS改革的论述似已汗牛充栋，但关于多边投资法院及多边投资上诉机制（机构）的专门性及综合性的论著尚付之阙如。在此背景下，两位负有盛名的欧洲国际法学者——德国萨尔大学的薄克暮教授（Marc Bungenberg）和奥地利维也纳大学的芮离谷教授（August Reinisch）经深入研究后撰写了国际法学界关于多边投资法院制度的首部专著，并先后以德文及英文出版。

本书对多边投资法院及多边投资上诉机制（机构）的设立及运作进行了

细致而周全的"顶层设计"和"全局考量"。考虑到欧盟是多边投资法院制度的积极倡议者和坚定推动者，二位作者在写作时侧重采取了欧盟的视角。正因如此，非欧盟国家在评估本书所提出的某些制度架构和考量因素是否以及在多大程度上有利于其本国立场的形成与发展，应充分结合该国的法律体系(特别是国际投资协定体系)与争端解决机制作进一步考量。尽管如此，不应否认本书仍能对包括非欧盟国家在内的诸多 ISDS 改革的利益相关者提供丰富的启示、珍贵的灵感和公允的借鉴。

在本书的翻译和再创过程中，我得到了胡佳卉、姜翠萍、赖婧宜、乔梁、汪子健和朱佳倩热情与细致的协助，否则这项工作无法在短时间内高效完成。我对他们的努力表示由衷感谢。

为确保学术严谨性及方便读者查找原著的确切资料以作进一步研究，译著保留了原著的注释与参考文献，并尽可能不作变动。在行文方面，为了方便读者，部分专业名词，特别是国际条约、国际组织的名称，均在正文中同时提供了中文、英文。

池漫郊

2020 年 3 月 20 日

缩 略 语

BIT	双边投资协定(条约)
CCJE	欧洲法官咨询委员会
CETA	《加拿大与欧盟综合经济贸易协定》
CJEU	欧盟法院
DSU	《世界贸易组织争端解决谅解备忘录》
EC	欧洲共同体
ECT	《能源宪章条约》
EU	欧洲联盟/欧盟
ESFTA	《欧盟与新加坡自由贸易协定》
EVFTA	《欧盟与越南自由贸易协定》
FTA	自由贸易协定
IAC	投资咨询中心
ICC	国际商会(仲裁院)
ICC	国际刑事法院
ICJ	国际法院
ICS	双边投资法庭

ICSID	(世界银行)国际投资争端解决中心
ICTY	前南斯拉夫国际刑事法庭
ICTR	卢旺达国际刑事法庭
IIA	国际投资协定
ILC	联合国国际法委员会
INTA	欧洲议会国际贸易委员会
ITLOS	国际海洋法法庭
IUSCT	美伊求偿庭
LCIA	伦敦国际仲裁院
MIAM	多边投资上诉机制
MIC	多边投资法院
OECD	经济合作与发展组织
PCA	常设仲裁院
REIO	区域经济一体化组织
SCC	斯德哥尔摩商会(仲裁院)
SIAC	新加坡国际仲裁中心
SOE	国有企业
SWF	主权财富基金
TEU	《欧洲联盟条约》
TFEU	《欧洲联盟运作条约》
TPP	《跨太平洋伙伴关系协定》
TTIP	《跨大西洋贸易与投资协定》
UNCTAD	联合国贸易与发展会议
UNCITRAL	联合国国际贸易法委员会
VCLT	《维也纳条约法公约》
WTO	世界贸易组织

全书概览

2018 年 3 月，欧洲联盟（European Union，EU）理事会（EU Council）（以下简称欧盟理事会或理事会）授权欧洲联盟委员会（EU Commission）（以下简称欧盟委员会或委员会）就设立多边投资法院（Mulitilateral Investment Court，MIC）进行谈判。[1] 联合国国际贸易法委员会（United Nations Committee on International Trade Law，UNCITRAL）第三工作组自 2017 年 7 月以来也着手讨论改革投资者与国家间争端解决（Investor-State Dispute Settlement，ISDS）机制的不同选择。[2] 第三工作组的任务是：

第一，确定并考量与 ISDS 相关的议题；

第二，考量在已确定的问题上的改革是否可取；以及

第三，如果工作组得出结论认为改革是可取的，那么应该制定相关的解决方案，以便向欧盟委员会提出建议。[3]

2019 年 4 月 1 日至 5 日，第三工作组在纽约举行的第三十七届会议上达成了制定解决方案的共识（因此，进入了贸易法委员会第三工作组任务的第三阶段）；[4] 接下来将详细讨论制度化和多边化的投资者与国家间争端解决

[1] Council of the EU (2018).

[2] UNCITRAL (2017a).

[3] UNCITRAL (2017b), paras. 264 and 447.

[4] UNCITRAL (2019).

机制的选择。2019 年 4 月 30 日,欧盟法院(the Court of Justice of the European Union,CJEU)裁定《加拿大与欧盟综合经济贸易协定》(EU-Canada Comprehensive Economic and Trade Agreement,CETA)规定的投资者与国家间争端解决机制符合欧盟法律。[1]

本书对两审制多边投资法院和多边投资上诉机制(Multilateral Investment Appeal Mechanism,MIAM)进行了专门性和综合性的研究。两者都是依据法治标准而设定的常设性司法机构。

迄今为止,尚无学术文献对本书关注的这两种具有长远性乃至革命性的(国际投资争端解决)模式进行全面和深入研究。[2]因此,本书是首批对这两种模式的可行性进行研究的成果之一。同时,本书初稿首次提出一些初步想法和建议后,欧盟委员会也进行了深入研究[3],其提出的一些建议与本书中的建议相似。

本书研究的出发点是欧盟委员会作出的相关声明、《加拿大与欧盟综合经济贸易协定》[4]《欧盟与新加坡投资保护协定》(EU-Singapore Investment Protection Agreement)[5]、《欧盟与墨西哥自由贸易协定》(the EU-Mexico Global Agreement)[6]和《欧盟与越南投资保护协定》(the EU-Vietnam)[7]的相关规定。在审视和分析这些材料的基础上,本书探讨了创建一个多边投资法院的可行性。就此而言,联合国贸易与发展会议(United Nations Conference on Trade and Development,UNCTAD)曾提出以下意见:

"常设投资法院将作为公共机构的公共产品,为投资者、国家和利益相关

---

[1] CJEU,Opinion 1/17 of 30 April 2019,ECLI:EU:C:2019:341.

[2] But see on reform and structural reform options Kaufmann-Kohler and Potestà(2016,2017),Howse(2017),Happ and Wuschka(2017),Brown(2017),Calamita(2017),and Hoffmeister(2017).

[3] European Union(2019),European Commission(2017).

[4] Art. 8. 29,Comprehensive Economic and Trade Agreement,OJ L 11,14. 1. 2017,p. 23.

[5] Art. 3. 12,EU-Singapore IPA(draft for signature)as on 2 April,2019.

[6] Art. 14, Section-Resolution of Investment Disputes, EU-Mexico Global Agreement(draft for signature)as on 2 April,2019.

[7] Art. 3. 41,EU-Vietnam IPA(draft for signature)as on 2 April,2019.

者服务。该法院将解决上述大多数问题;它将有助于确保制度的合法性和透明度,促进裁判的一致性和准确性,并确保仲裁员的独立性和公正性。然而,这种解决方案也将是最难实施的,因为它需要通过许多国家的协调行动而彻底改革现行制度……”〔1〕

无论采取何种形式,多边解决方案都可以提高问题所有相关领域的实体方面的一致性、可预测性和法律确定性,从而提高各方当事人对裁判结果的接受程度。在此方案下,现有的包含投资保护的实体标准的双边投资条约(Bilateral Investment Treaties,BITs)体系仍可适用并作为建设制度化和多边化的投资者与国家间争端解决机制的基础。

如果必要和可行,以上论述中对(投资保护)实质标准的多边整合在未来可以通过单独地选择适用公约(opt-in convention)加以实现。相较于设立独立的上诉机制,采取将投资保护标准的选择适用公约与多边投资法院相结合的方式可能更易于操作。

设立多边投资法院或多边投资上诉机制也意味着艰巨的谈判过程和巨大的财务成本。但与其他国际裁判机构相比,多边投资法院的预算金额仅有较低的几千万欧元。此外,通过共用国际投资争端解决中心(International Center for Settlement of Investment Disputes, ICSID)、国际海洋法法庭(International Tribunal for the Law of the Sea, ITLOS)或常设仲裁院(Permanent Court of Arbitration,PCA)等机构的场所、工作人员或秘书处,法院的成本甚至可以进一步降低。假设投资仲裁案件的费用大约为每起案件80万欧元(不包括律师及法律顾问费用),如果败诉方必须根据适当的收费规则支付仲裁费用,即便只将一小部分当前启动的案件转移到多边投资法院,也不会增加(争端解决的)成本。

与《加拿大与欧盟综合经济贸易协定》、《欧盟与墨西哥自由贸易协定》、

〔1〕 UNCTAD(2013), p. 9; see also Howse(2017): “A multilateral court system is best suited to offering standing or intervention to a wide range of actors who have concerns of international justice that relate to foreign investment.”

《欧盟与新加坡投资保护协定》或《欧盟与越南投资保护协定》已作规定的双边投资法庭制度(Investement Court System, ICS)相较而言,多边投资法院或多边投资上诉机制需要采用新方法。尽管双边投资法庭制度在诸多方面已经为(国际投资争端解决机制)改革提供了启示与借鉴,但创建多边投资争端解决机制仍需要额外的制度强化。只有通过极大努力,才能建立起一个有用、有效、广泛合作和遵循法治原则的解决国际投资争端的新法律制度。

就法治实施和系统连贯性而言,两审制的法院制度比单纯的(建立在现有国际投资仲裁机制上)上诉机制更具优势,因为在法院的一审和二审之间不会出现从投资仲裁转向法院的情况。是故,多边投资法院将更全面、更连贯地改革现有的投资仲裁制度。就此而言,两审制的多边投资法院优于多边投资上诉机制。尽管如此,多边投资上诉机制仍将是一项重大改进。如果多边投资上诉机制被证明具有现实性,本书也将建议创建多边投资上诉机制。

一、创建多边投资法院或多边投资上诉机制的初步考虑

多边投资法院或多边投资上诉机制的设立可以以条约为基础,并采用独立的国际组织的形式,它们应具有自身的机构和独立的法人资格。

从经济的角度来看,多边投资法院可能需要至少约 40 个成员才有意义。因此,除了欧盟的 28 个成员之外,还需要 10 个以上的成员加入。只有这样,与现行的双边投资法庭制度等双边投资争端解决机制的仲裁员和法官的费用相比,多边投资法院才能在一定程度上节约法官的费用。为此目的,《多边投资法院规约》只有在获得一定数量的成员批准后才能生效,以防导致设立的多边投资法院最终沦落为只是对现有的诸多国际争端解决机构的简单增添的结果。

二、多边投资法院的组织架构

将多边投资法院或多边投资上诉机制纳入另一个(既存的)国际组织似乎并不可取,因为其他国际组织的结构要么完全不同,要么可能需要经过某

些程序来修订其规约。无论何种方式,在现实中都是难以实现的。但是,这并不表明多边投资法院无法与其他机构共享基础设施。

创建多边投资法院或多边投资上诉机制的规约将构成一项国际条约。该条约将允许所有国家、独立关税同盟或区域经济一体化组织(Regional Economic Integration Organizations,REIOs),以及具有自治权的单位加入。

一旦多边投资法院或多边投资上诉机制作为国际组织而成立,其大会(Plenary Organ)将由全体成员组成。大会将负责任命法官并设定预算,还可以制定必要的二级立法,特别是程序规则、法官的薪酬(规则)和增加法官人数的规则。

法官必须由资深人士担任,特别是在国际法、经济法或宪法方面具有造诣,也必须以独立和全职的方式进行工作。选举和任命法官的程序必须体现这些要求。《多边投资法院规约》或《多边投资上诉机制规约》也应包含法官的行为准则。

多边投资法院或多边投资上诉机制应设一位院长和一位副院长对外代表法院。此外,出于便利裁判之目的,法院应事先建立分庭并持续一段时间。只有在特定情况下,一方当事人才能申请由全体法官审理争端。设立分庭的标准应在议事规则中规定。

多边投资法院或多边投资上诉机制还应设立一个秘书处。秘书处将协助法官处理相关事务、管理诉讼程序、准备译文、负责法院的公关工作以及其他任务。秘书处对多边投资法院或多边投资上诉机制的透明度也至关重要。

此外,还可考虑建立投资咨询中心(Investment Advisory Center,IAC)作为独立机构。投资咨询中心可以通过预防和解决争端以及在仲裁期间提供法律建议来援助中小型企业和发展中国家。

我们建议,多边投资法院或多边投资上诉机制应采用英语作为工作语言。除在各自的规约中确立组织机构所在地之外,还应与东道国签订关于特权和豁免的东道国协定。

多边投资法院或多边投资上诉机制的成员将为法院及上诉机制提供资金。各成员支付的具体预算份额可以参考其在全球直接投资的份额来确定。

三、多边投资法院的程序

多边投资法院的程序应当实行两审制，且和行政法院的程序相似。该程序应包括申请(启动)程序的要求，双方当事人应有权获得有效和便利的程序支持，并应以审判的方式进行。联合国国际贸易法委员会的透明度规则和《联合国投资者与国家间基于条约仲裁透明度公约》(United Nations Convention on Transparency in Treaty-Based Investor-State Arbitration, Mauritious Convention，以下简称《毛里求斯公约》)所规定的透明度要求应完全纳入法院的程序规则中。只要不损害当事人的商业秘密或国家安全利益等基本利益，程序性文件一般应予公开，听证会应向公众开放，第三方也应有机会提交陈述。

一审和二审均应设定最长时限。只有在特殊情况下才允许延长该时限。由于案件由全职法官审理，诉讼程序的最长时限应短于临时性的国际仲裁程序。

多边投资法院应自行确定其管辖权。法院的属人管辖权和对事管辖权在很大程度上取决于应予适用的(宣称被违反的)国际投资协定(International Investment Agreements, IIAs)的规定。申请人和被申请人都必须同意多边投资法院的管辖。就申请人而言，其同意可以从其提交诉状的行为推断而知；被申请人的同意则可以在明确确立多边投资法院管辖权的国际投资协定中加以规定。《多边投资法院规约》还可以规定法院对现有国际投资协定的管辖权，只要被告是多边投资法院的成员且其所属国(地区)批准了《多边投资法院规约》。此外，多边投资法院的设计者必须决定，当申请人来自非法院成员，或申请人并非来自法院成员且被申请人也不是法院成员时，争端的当事人可否临时约定法院的管辖权。但是，该情形只能在法院的费用规则作出相应调整下被接受。

《多边投资法院规约》还可以规定旨在防止滥用程序或“挑选条约”(treaty shopping)情况发生的规则。

当事人应当依据案件裁判的结果对诉讼费用进行分摊,但多边投资法院的成员应该承担法院的永久性成本,因为永久性成本很难分摊给具体个案的诉讼当事人。不过,可以通过预计多边投资法院收取的固定诉讼费用,从而将部分财务负担转移给当事人。但诉讼费不应成为阻止中小型企业和个人投资者在法院提起合理诉讼的理由。

多边投资法院的判决应采用书面形式,并充分说理使其易于未来的判决审查者理解。如果当事人未对判决提出上诉,那么判决就应具有约束力和强制执行力。

在上诉期间,一审判决不发生法律效力。上诉法院有权审查案件事实和一审判决的法律推理。上诉法院除了可以基于前述两点理由撤销判决之外,还应具有进一步的权限,比如基于《解决国家与他国国民间投资争端公约》(Convention on the Settlement of Investment Disputes between States and Nationals of Other States, ICSID Convention,以下简称《ICSID 公约》)第 52 条所规定的理由撤销裁决。一般而言,上诉法院最好应具有广泛的权力(以作出裁判),而不是简单地将案件"发回重审"(要求一审法院或仲裁庭再次作出决定)。

上诉法官也应当参加庭审,但全体上诉法官参加诉讼程序应是例外情形。

《多边投资法院规约》应规定为程序费用和法律援助提供资金。大会或法院的成员可通过二级立法细化相关规则。该二级立法还可以规定反诉的可受理性、初步禁令、其他临时救济以及集体诉讼的内容。

四、多边投资法院的法律适用

多边投资法院所适用的实体法应是对当事人应予适用的国际投资协定及其规定的保护标准。常任法官的存在将使这些保护标准的适用(及解释)更趋一致,而且《多边投资法院规约》还可以包含要求法官对于(投资协定的)保护标准进行"协调适用"的规定。此外,《多边投资法院规约》还可考虑允许国际法一般原则,并明确规定国家的规制权。

由于欧盟法院在欧盟法律保护体系中的特殊作用，多边投资法院所适用的实体法应不包括除了《多边投资法院规约》及欧盟所签署的特定的自由贸易协定及投资协定以外的欧盟法。[1]

多边投资法院可以由大会通过其程序法。《多边投资法院规约》可以规定核心程序原则，例如透明度原则、快速原则、公开披露和效率原则、审问式诉讼模式、程序成本规则和反对滥用程序规则。

五、多边投资法院的法律救济和判决的强制执行力

多边投资法院的判决应仅限于对于违反国际投资协定的认定以及损失和(或)赔偿作出(宣告)。

由于多边投资法院的诉讼程序并非《ICSID 公约》所涵盖的程序，《ICSID 公约》的执行机制将不能适用于法院判决的执行。

如果希望依据《承认与执行外国仲裁裁决的公约》(Convention on Recognition and Enforcement of Froegin Arbitral Awards, New York Convention，以下简称《纽约公约》)执行多边投资法院的判决，则判决应当符合《纽约公约》规定的"仲裁裁决"的定义。这一点可以在规约中作出规定[类似于《加拿大与欧盟综合经济贸易协定》第 8.41 条第(5)款]，但目前尚不清楚执行地国法院是否认可这种规定的约束力，特别是在非法院成员被请求执行法院判决的情况下。出于对法律确定性的追求，多边投资法院应有自身的执行机制，这对法院成员而言会更有利。

还可以考虑设立一项基金(执行基金)。多边投资法院的所有成员都必须对其注资以迅速满足最终一定金额的赔偿要求。法院判决应由败诉方作出的赔偿将由该基金先行赔付，然后基金或法院可以基于代位权对败诉方强制执行该赔付。

---

[1] From an EU perspective, these investment treaties are an integral part of EU law.

六、设立独立的多边投资上诉机制

另一个“较简单”的解决方案是设立多边投资上诉机制。这将需要一个新的独立国际组织内的单级法院系统。

多边投资上诉机制的机构与多边投资法院的架构相同,尤其是对其司法机构和大会的设置更是如此。上诉机制的秘书处则可以比多边投资法院的秘书处更为精简。

多边投资上诉机制应适用的行政管理规则、程序法以及裁决的执行制度的设立可以参照本书关于多边投资法院的相关建议。

目录

第一章　问题的提出

2018 年 3 月，欧盟理事会授权欧盟委员会就设立多边投资法院进行谈判。[1] 此外，自 2017 年 7 月以来，UNCITRAL 第三工作组[2]也着手讨论改革投资者与国家间争端解决机制的不同方案。[3] 第三工作组的任务是：

第一，确定并考量与 ISDS 相关的议题；

第二，考量在已确定的问题上的改革是否可取；以及

第三，如果工作组得出结论认为改革是可取的，那么应该制定相关的解决方案，以便向欧盟委员会提出建议。[4]

2019 年 4 月 1 日至 5 日，第三工作组在纽约举行的第三十七届会议上达成了制定解决方案的共识（因此，进入了贸易法委员会第三工作组任务的第三阶段）；[5]接下来将详细讨论制度化和多边化的投资者与国家间争端解决机制的选择。在欧盟法院确认了《加拿大与欧盟综合经济贸易协定》的投资法院系统与欧盟条约的兼容性之后，情况就更是如此。欧盟法院回顾说，"一

---

〔1〕 Council of the EU(2018).

〔2〕 UNCITRAL Working Group Ⅲ is composed of the 60 member States of the Commission and attended by observers from other UN member States, non-member States, intergovernmental organizations and invited non-governmental organizations.

〔3〕 UNCITRAL(2017a).

〔4〕 UNCITRAL(2017b), paras. 264 and 447.

〔5〕 UNCITRAL(2019).

项国际协定规定设立一个负责解释其条款的法院，该法院决定对欧盟具有约束力，原则上这是与欧盟法律相一致的。另外，欧盟在国际关系领域的权限及其缔结国际协定的能力必然要求有权接受由这些协定所产生或指定的法院解释和适用协定相关条款的决定”。[1]

本报告评估了两审制多边投资法院和多边投资上诉机制两种模式。这两种模式均根据法治标准预先设定了常设性司法机构，并追求以下目标：

——遵守法治程序

——法官的独立性和中立性

——公开任命的法官

——统一解释法律

——有效和便捷的程序

——保护国家的管理权

——透明度

——上诉机制

实现这些目标将满足在制定保护投资的国际法律和正当性标准时应考虑的法治要求。[2]

欧盟贸易专员于2015年3月18日在欧洲议会国际贸易委员会(Committee on International Trade，INTA)及2015年3月25日的欧盟理事会(外交事务)非正式会议上首次提及“多边法院”的概念。[3]最后，UNCITRAL在2017年7月10日决定开展改革投资争端解决机制的工作，包括讨论设立多边投资法院的可能性。[4]

---

〔1〕 CJEU, Opinion 1/17 of 30 April 2019, ECLI:EU:C:2019:341, para. 106.

〔2〕 Cf. for instance, Kastler(2017), p. 265.

〔3〕 Malmström(2015): “However, I believe that we should aim for a court that goes beyond TTIP. A multilateral court would be a more efficient use of resources and have more legitimacy. That makes it a medium-term objective to be achieved in parallel to our negotiations with the United States. I hope for Parliament's support and advice as we try to achieve it.” Cf. in connection also European Commission (2015), pp. 3 and 13; cf. previously already the proposals of Krajewski(2015) and the French proposal, Vers un nouveau moyen de régler les différends entre États et investisseurs, May 2015; thereto Fouchard Papaefstratiou(2015).

〔4〕 European Commission(2017b).

为促进投资保护的现代化,并考虑到已经签署的《加拿大与欧盟综合经济贸易协定》[1]《欧盟与新加坡投资保护协定》[2]《欧盟与墨西哥自由贸易协定》[3]《欧盟与越南投资保护协定》[4]《欧盟与越南自由贸易协定》所包含的投资者与国家间争端解决机制,[5]欧盟委员会目前正在研究多边投资法院的可行性。

自第一批提案于2015年春季出现之后,关于(双边)投资制度和多边化的讨论引发了一场激烈的辩论。[6]欧盟委员会于2015年5月在立场文件中首次介绍了双边投资法庭制度的基本结构,[7]并于2015年秋在与美国谈判的《跨大西洋贸易与投资协定》(Trans-Atlantic Trade and Investment Partnership,TTIP)的过程中提出了该制度。[8]欧盟委员会稍晚还成功地将这一争端解决机制纳入了《加拿大与欧盟综合经济贸易协定》及《欧盟与越南自由贸易协定》的谈判。在谈判实际上完成之后,《欧盟与新加坡投资保护协定》再次修订,这也是由于新加坡在对欧盟法院的意见中提出的一种新的委员会办法,导致投资法与贸易法分离具有"必要性"。[9]欧盟委员会选择双边投资法庭机制的方法也被视为对未来多边投资法院机制的试验,或作为未来多边投资法院机制的一个试验阶段。[10]

除了在《加拿大与欧盟综合经济贸易协定》和《欧盟与越南自由贸易协定》中引入双边投资法庭制度之外,前一协定的缔约方还在各种情况下以相

---

〔1〕 Art. 8.27 and 8.29, Comprehensive Economic and Trade Agreement, OJ L 11, 14.1.2017, p. 23.

〔2〕 Art. 3.9 and 3.12, EU-Singapore IPA(draft for signature) as on 2 April, 2019.

〔3〕 Art. 11 and 14, Section-Resolution of Investment Disputes, EU-Mexico Global Agreement(draft for signature) as on 2 April, 2019.

〔4〕 Art. 3.38 and 3.41, EU-Vietnam IPA(draft for signature) as on 2 April, 2019.

〔5〕 European Commission(2017a).

〔6〕 Cf. European Commission(2016a), Ghahremani and Prandzhev(2017), Blair(2017), Ambrose and Naish(2017), Kaufmann-Kohler and Potestà(2016, 2017), Howse(2017a), Happ and Wuschka(2017), Hoffmeister(2017), Brown(2017), Katz(2016), Alvarez Zarate(2018), Ghori(2018), Howard(2017), Howse(2017b), Brower and Ahmad(2018), Benedetti(2019), Schill(2019) and Calamita(2017).

〔7〕 European Commission(2015).

〔8〕 Cf. under http://trade.ec.europa.eu/doclib/docs/2015/september/tradoc_153807.pdf.

〔9〕 CJEU, Opinion 2/15, ECLI:EU:C:2017:376; On this see, inter alia Bungenberg(2017); Hindelang and Baur(2019); Usynin and Gáspár-Szilágyi(2017).

〔10〕 Pauwelyn(2015).

同的措辞表明它们打算将相应的双边投资法庭机制转化为多边机制：

“当事人应与其他贸易伙伴共同设立多边投资法院和上诉机制以解决投资争端。在设立这样的多边机制后，综合经济贸易协定联合委员会应通过一项决定，规定本节项下的投资争端将根据多边机制予以裁判，并作出适当的过渡安排。”[1]

《欧盟与新加坡投资保护协定》《欧盟与越南投资保护协定》《欧盟与墨西哥自由贸易协定》以及相关协定中也包含了一些程序要件以提高透明度，并在较早阶段就拒绝明显不可受理或不合理的起诉。成本分配规则规定败诉方应当承担诉讼费用。与欧盟成员国的现有协定以及几乎所有其他现有协定相比，这些规定已经构成了投资保护方面的若干创新要素。

欧洲议会也表明了“在中期设立投资争端的多边解决方案的决心”。[2]因此，欧洲议会在其2015年关于《跨大西洋贸易与投资协定》谈判所提交的决议中作出了如下建议：

“确保以新的制度取代投资者与国家间争端解决机制以解决它们之间的争端。这一新制度受到民主原则和监督的规制，由公开任命的独立专业法官通过公开听证以透明的方式处理潜在争端。该制度还包括一个上诉机制以确保司法裁判的一致性、尊重欧盟和成员国法院的管辖权及个人利益不能破坏公共政策目标。”[3]

本书旨在说明多边投资法院的组织和程序设计方案。对于这一新制度

---

〔1〕 Article 8.29 CETA, Establishment of a multilateral investment tribunal and appellate mechanism; Art. 3.41, EU-Vietnam IPA (draft for signature) as on 2 April, 2019; Art. 14, Section-Resolution of Investment Disputes, EU-Mexico Global Agreement (draft for signature) as on 2 April, 2019; Art. 3.9, EU-Singapore IPA (draft for signature) as on 2 April, 2019.

〔2〕 European Parliament resolution (2016), para. 68.

〔3〕 European Parliament resolution (2015), para. 2. d (xv).

的具体设计，从欧盟的角度来看，《欧洲联盟条约》（Treaty of the European Union，TEU）第 21 条的要求是一个决定性的先决条件。[1] 该条规定已表明欧盟将主要支持多边解决方案。同时，它强调遵守欧盟法治原则的特殊重要性。[2] 鉴于这些法治考虑，应确保程序上的权利平等。[3] 例如，《G20 全球投资政策制定指导原则》规定，"争端解决程序应公平，开放，透明，有适当的保障措施以防止滥用权力"。[4] 在各种其他文件中，[5] 欧盟委员会也制定了有关司法制度法治的基本要求，这些要求在设计多边投资法院时必须被充分遵守。

本书讨论了两审制多边投资法院系统以及多边投资上诉机制系统的这两种选择。这两种选择都使投资者与国家间争端解决符合宪法对法治和基本权利保护的要求。[6] 此外，具有国际法律人格的其他实体以及第三国对这两种制度的看法和立场也被纳入考虑。从长远来看，除欧盟及其现有的 28 个成员国各自的国际投资协定网络外，设立多边投资法院还可能

---

〔1〕 The significance and compulsory consideration of Article 21 TEU was last emphasised again by the Court of Justice of the European Union (CJEU) in its Singapore opinion. Cf. CJEU, Opinion 2/15, Singapore FTA, ECLI: EU:C:2017:376, para. 142 et seqq.: "One of the features of this development is the rule laid down in the second sentence of Article 207(1) TFEU that 'the common commercial policy shall be conducted in the context of the principles and objectives of the Union's external action'. Those principles and objectives are specified in Article 21(1) and (2) TEU [...]. The obligation of the European Union to integrate those objectives and principles into the conduct of its common commercial policy in apparent from the second sentence of Article 207(1) TFEU read in conjunction with Article 21(3) TEU and Article 205 TFEU." See in regard to the relevance of rule of law considerations etc. CJEU 1/17 of 30 April 2019, ECLI: EU:C:2019:341, para. 105 et seqq.

〔2〕 Thereto in general, Schröder (2016) and Bungenberg and Hazarika (2018).

〔3〕 On the aspect of "equality of arms" as an aspect of the rule of law, cf. Fleiner and Basta Fleiner (2004), p. 250; hereto also for example the jurisprudence on Article 6 European Convention on Human Rights (ECHR), cf. European Court of Human Rights (ECtHR), No. 2689/65, Del-court v. Belgium; ECtHR, No. 8562/79, Feldbrugge v. the Netherlands; ECtHR, No. 14448/88, Dombo Beheer B. V. v. the Netherlands; ECtHR, No. 17358/90, Bulut v. Austria; ECtHR, No. 13645/05, Ko-kelvisserij e. a. v. the Netherlands; thereto in the literature Safferling (2004), p. 181 et seqq.; Grabenwarter and Struth (2015), Article 6, para. 46 et seqq.

〔4〕 G20 Guiding Principles for Global Investment Policymaking, July 2016, para. Ⅲ: "Dispute settlement procedures should be fair, open and transparent, with appropriate safeguards to prevent abuse."

〔5〕 Cf. for instance Council of Europe (2014, 2016).

〔6〕 Schill (2015), p. 8.

需要在保护外国投资方面的其他“重量级角色”(如中国、美国)信服这种制度的优点。加拿大、越南、新加坡和墨西哥已经在这方面作出了承诺。

下文将讨论的两审制多边投资法院和多边投资上诉机制都是多边方案的不同模式。

第二章 重构国际投资保护制度的目标

与现行制度相比,通过引入两审制多边投资法院或多边投资上诉机制来重构投资保护制度具有更大优势。[1] 第一步,本书将讨论新方法的预期积极效果;第二步,本书将根据前文讨论的结果,对两审制多边投资法院和多边投资上诉机制两种模式进行比较研究。

一、新方法的积极作用

在新的制度设计中,加强(多边投资法院或多边投资上诉机制)制度化不但可以加强裁判的一致性,[2]还可以加强裁判者的独立性和中立性、提高投资争端解决的便利、降低有关各方的成本、确保中小企业能更多地使用该制度,以及提供比现有投资者与国家间争端解决机制更高的透明度。[3] 这些方面也与《欧洲联盟条约》第 2 条和第 21 条所着重强调的法治原则相关。[4]

作为常设机构,多边投资法院可通过其有效的组织促进程序的简化。法

---

〔1〕 On this see also, European Union(2019), para. 40.

〔2〕 Hereto in particular Schill(2015).

〔3〕 European Union(2019), para. 40 et seqq. A discussion on the problems which the EU seeks to solve through the ICS and MIC can be seen in Alvarez Zarate(2018), p. 2767 et seqq.

〔4〕 Also emphasized in European Commission(2017), p. 38.

院的机构可以发送传票,执行文件送达,并提供其场所进行谈判和翻译服务,包括同声传译服务。多边投资法院也可以减少可能出现的程序问题,例如在当事人不愿意使用 ICSID 秘书处、国际刑事法院(International Criminal Court,ICC)或 PCA 提供服务的情况下。此外,多边投资法院还可以依据争端的具体需要制定程序规则,并可以设想其判决的实施(承认和执行)机制。[1]

(一)裁判的一致性

如今,大量的投资仲裁裁决是公开的,它们有助于在未来的案件中解释投资保护条约的相关条款。[2]但在投资仲裁实践中,即使在数个案件事实相同的情况下,也出现了不一致的裁决。[3]在个别情况下,仲裁庭对具有几乎相同措辞的实质性保护标准作出的解释也相互矛盾。[4]例如,最惠国待遇条款对东道国其他国际投资协定中的程序性条款的可适用性,[5]"保护伞条款"的范围[6]与归属,[7]以及关于程序规则的解释,例如放弃权利的可能性等。[8]与此同时,值得注意的是,许多实质性和程序性的投资法规则的一致适用已经发生变化。这种变化在仲裁裁决缺乏先例性、无法通过上诉机制对案件进行审查,以及(每个案件中)仲裁庭组成等方面格外显著。显而易见,

---

[1] On this see also, European Union(2019), para. 30.

[2] Publications of decisions and the status of individual proceedings on the ICSID website, https://icsid.worldbank.org/apps/ICSIDWEB/cases/Pages/AdvancedSearch.aspx.

[3] Cf. for instance CME v. Czech Republic and Lauder v. Czech Republic; see thereto Carver (2004), p. 23 et seqq.

[4] Cf. thereto in detail Griebel and Kim(2007), p. 188 et seqq.

[5] On the application of the most-favoured nation(MFN) clause to dispute settlement agreements, cf. Maffezini-decision on the one hand and Plama v. Bulgaria on the other hand; thereto Schill(2016), p. 251 et seqq.; Gaillard(2005); Douglas(2011), p. 97; Maupin(2011), p. 157; Paparinskis(2011), p. 14 et seqq.

[6] Cf. thereto SGS v. Pakistan, ICSID Case No. ARB/01/13 and SGS v. Philippines, ICSID Case No. ARB/02/6; thereto also Alexandrov(2004), p. 555 et seqq.; Chung(2007), p. 961 et seqq.; Schreuer (2004), p. 231 et seqq.; Sinclair(2004), p. 411 et seqq.; Wälde(2005), p. 183 et seqq.

[7] See thereto in particular Noble Ventures v. Romania, ICSID Case No. ARB/01/11.

[8] Cf. thereto for instance SGS v. Philippines, ICSID Case No. ARB/02/6 on the one hand and LANCO v. Argentina, ICSID Case No. ARB/97/6 on the other hand; see also European Union(2017), para. 22 et seqq.

较小人数组成的法院以及上诉机制可以帮助防止裁判的不一致性。[1] 事实上,即使(判决)不具有先例性,拥有常任法官的常设法院也可以带来更高程度的裁判一致性。[2] 无论如何,由于对实体法的解释存在不一致性和实体法本身千差万别,有约束力的先例制度是无法建立的。

只有实现了将实体法的多边化作为裁判基础,才能实现裁判的一致性。但是(在这一目标得以实现之前),常任法官的存在以及不同分庭法官之间的协商机制仍可以防止产生相互矛盾的判决。

(二)更具正当性

目前的讨论还提出了充分正当性和对国际争端解决的控制问题。尽管对这些问题有很多批评,[3]但不妨认为,如果法官是通过了预定的遴选程序并最终由国家推举或承认,他们就可以在国际裁判机构享有高度正当性。[4]因此,相关指导方针在设计新机构时应发挥特殊作用,其中最值得注意的则是欧洲委员会制定的指导方针。[5]除了多边投资法院的正当性因为基于争端解决所依据的国际条约而产生之外,其法官的正当性也将通过遴选程序得以加强。

(三)法官的独立性和中立性

晚近以来,国际投资仲裁员常常被认为缺乏独立性和中立性。[6]至少有部分仲裁员一方面被申请人指定为仲裁员,另一方面也时常在其他争端解决

---

〔1〕 See also European Union(2019),para. 43 et seqq.; European Commission(2017),p. 39.

〔2〕 For similar views, see, European Union (2019), para. 41; European Union (2017), para. 7; European Commission(2017),p. 28; Howard(2017),p. 32 et seqq.

〔3〕 Cf. thereto inter alia Steinbach(2016),p. 1 et seqq.

〔4〕 See for instance von Bogdandy and Krenn(2015),p. 420; von Bogdandy and Venzke(2012), p. 32 et seqq. See also European Commission(2017),p. 46; European Union(2019),para. 22.

〔5〕 Parliamentary Assembly of the Council of Europe, Committee on the Election of Judges to the European Court of Human Rights, Procedure for electing judges to the European Court of Human Rights, Information document prepared by the Secretariat of 21. 2. 2017, AS/Cdh/Inf(2017)rev3.

〔6〕 Cf. UNCTAD (2013), p. 4; Eberhardt (2014), p. 3; Schill (2017), p. 2; European Union (2019), para. 6(ii); UNCITRAL(2018b), para. 66 et seqq. European Commission(2017), p. 28.

程序中担任律师或法律顾问。[1]他们还经常因表现出对投资者友好而被指责,[2]尽管这一点的真实性尚未被证实。[3]此外,得到普遍适用的《国际律师协会关于国际仲裁利益冲突指引》[4]为仲裁员的独立性和公正性设定了较高的标准。尽管有这些指导规范,如果法官由国家事先任命,独立于具体争端并且是常任的,那么这些批评将会减少。[5] 人们普遍认为,有常任法官的常设法院具备更强的独立性和中立性。[6]

(四)缺乏控制机制

就仲裁员的独立性而言,常有评论指出,(国家)对于仲裁员没有或仅具非常有限的控制的问题。[7]仲裁员控制机制的缺乏可能导致仲裁裁决的不一致性及某些利益相关者难以对仲裁员实施必要控制。在形式上,上诉机构可以审查案件程序或实质方面错误或存疑的决定。[8] 哪怕是存在这种上诉审查的可能性,就足以增加投资者与国家间争端解决的裁决的正当性。

(五)成本效益

国际仲裁程序可能导致巨额费用的产生。[9] 根据经济合作与发展组织(Organization of Economic Cooperation and Development,OECD)的数据,每起投资仲裁案件的平均程序费用总额(包括法律顾问费用)约为 800 万美元。[10]除了仲裁法中通常定义的程序成本之外,例如仲裁员、口译员和秘书处的费用,还有其他法律费用以及为当事方代表所产生的其他费用,以及法

---

[1] Cf. UNCTAD(2013),p. 4; Paulsson(2010),p. 339 et seqq.

[2] Cf. van Harten(2010),pp. 441,445; Brower and Schill(2009),p. 489: "arbitrators 'will be influence[d] by their self interest in reappointed in future cases'."

[3] Wuschka(2015); Franck(2009),p. 435 et seqq.

[4] IBA Guidelines on Conflicts of Interest in International Arbitration, Resolution of the International Bar Association Council of 23. 10. 2014.

[5] European Union(2019),para. 18 et seqq.

[6] Cf. van Harten(2008),p. 21 et seqq.; Howard(2017),p. 26 et seqq.; European Union(2019), para. 47; see also, European Union(2017),para. 8.

[7] Hueckel(2012),p. 611; Chung(2007),p. 967 et seqq.; UNCTAD(2013),p. 3 et seqq.

[8] On this see also UNCITRAL (2018a), para. 40; for a discussion on scope of review see, European Union(2019),para. 14; European Commission(2017),p. 48.

[9] European Union(2017),para. 33 et seqq.; European Commission(2017),p. 14.

[10] Gaukrodger and Gordon(2012),p. 19.

律专家和其他在计算损害赔偿金中需要专家参与的费用。但是,在目前的投资仲裁实践中,仲裁庭一般不愿裁决败诉方当事人完全承担这些费用。[1]

尽管投资仲裁案件有所增加,但由于其程序的高成本,投资仲裁并非是纠正违反投资法行为的常用法律工具。特别是对于中小企业而言,它们很难负担投资仲裁的费用。[2] 即使它们赢了案件,也难以依靠所获赔偿支付其仲裁费用。

除了申请人的财务风险之外,对于发展中国家而言,高额的仲裁费用也造成了其巨大的财务负担。[3] 有人认为,由于国家必须承担高昂的辩护费用,即使在它们赢得案件也可能导致"监管寒蝉效应"(regulatory chill)。因此,作为论述的起点,为了使投资争端解决程序更有效和更具成本效益,应考虑创建一个咨询中心。[4] 此外,对争议对象的限制正式调查原则的引入以及对"必要费用"等施加限制都可降低程序成本。

(六)中小企业利用投资争端解决机制

如前所述,成本效益问题直接关系中小企业获得投资保护的机会。[5] 一方面,中小企业应当有获得投资保护的机会;[6] 另一方面,第三方资助,集体诉讼等均被认为是国际投资保护中极棘手的问题。[7] 新的多边机构(多边投资法院)可以提供一个机会,使制度化的投资保护"更适合"中小企业,例如通过降低费用,获得法律援助和(或)通过咨询中心提供程序支持以及程序提升。另一种可能性是允许中小企业和个人投资者就同样的权利诉求进行集体诉讼。[8]

---

〔1〕 Hodgson(2015), p. 749 et seqq.

〔2〕 European Union (2017), para. 34; UNCITRAL (2018b), para. 111; European Commission (2017), p. 53.

〔3〕 UNCITRAL(2018c), para. 8 and 94; UNCITRAL(2018b), para. 111.

〔4〕 On this see also UNCITRAL(2018c), para. 101; UNCITRAL(2018b), para. 119; UNCITRAL (2018a), para. 149; European Commission(2017), p. 54.

〔5〕 See on this also CJEU, 1/17, CJEU 1/17 of 30 April 2019, ECLI:EU:C:2019:341, para. 205 et seqq.

〔6〕 UNCITRAL(2018b), para. 131.

〔7〕 Cf. Hindelang(2015), p. 20; See also, UNCITRAL(2019), para. 16.

〔8〕 On this see also UNCITRAL(2018a), Annex. p. 15.

(七)透明度

大多数现有的国际投资协定都没有规定任何公众参与程序(即使仲裁庭的裁决一般都会公布),这导致当前主要的批评和讨论都包括对缺乏透明度的批评。[1]鉴于此,2014 年联合国大会通过了《毛里求斯公约》确保未来投资争端解决更加透明。[2]根据该公约,UNCITRAL 透明度规则[3]将扩展到现有的国际投资协定。[4]这些规则要求召开公开听证会和公开投资者与国家间仲裁程序的基本程序文件(书面陈述,决定)。迄今为止,《毛里求斯公约》已获 23 个国家的签署和 5 个国家(如喀麦隆、加拿大、冈比亚、毛里求斯和瑞士)的批准,并已于 2017 年 10 月 18 日生效。[5]欧洲议会还呼吁继续提高透明度。[6]未来的(投资争端解决)制度应该明确地将这些最近发展的透明度规则纳入其程序规则,正如在《加拿大与欧盟综合经济贸易协定》中的做法和预计会和在《欧盟与墨西哥自由贸易协定》与《欧盟与越南投资保护协定》中实行的一样。[7]

(八)时间效率

投资仲裁程序的持续时间过长受到越来越多的批评,特别是仲裁员繁重的工作量。[8]与 WTO 争端解决程序相比而言(专家组程序平均为 15 个月,

---

〔1〕 Cf. for instance UNCTAD(2013), p. 3; European Union(2017), para. 35; European Commission (2017), p. 15; Peterson(2001), p. 13; Schill(2011), p. 66; Bastin(2012), pp. 223 et seqq., 227; Public Statement on the International Investment Regime—31 August 2010, http://www.osgoode.yorku.ca/public-statement-international-investment-regime-31-august-2010/; Wuschka(2016), p. 32 et seqq.

〔2〕 United Nations Convention on Transparency in Treaty-based Investor-State Arbitration(the Mauritius Convention on Transparency), which was adopted on 10.12.2014 and entered into force on 18.10.2017.

〔3〕 UNCITRAL Rules on Transparency in Treaty-based Investor-State Arbitration (Rules on Transparency), which are in force since 1.4.2014.

〔4〕 European Commission(2017), p. 15.

〔5〕 Cf. www.uncitral.org/uncitral/en/uncitral_texts/arbitration/2014Transparency_Conventionstatus.html.

〔6〕 European Parliament resolution(2013), para. 43.

〔7〕 See, Art. 8.36, CETA, OJ L 11, p. 23, 14.1.2017; Art. 19, Chapter: Resolution of Investment Disputes, EU-Mexico Global Agreement(Draft agreed in principle on 21 April 2018); Art. 3.46, Chapter 3: Dispute Settlement, EU-Vietnam IPA(Draft for signature as of August, 2018).

〔8〕 Recently, the Yukos-process has caused sensation here, where apparently the presiding arbitrator has transferred a large part of the actual tasks incumbent on himself to a co-worker. Cf. thereto Newman and Zaslowsky(2015).

上诉前的程序平均为 100 天)，[1] 目前的投资仲裁程序冗长，费用高企。一项 2012 年的研究显示，ICSID 仲裁程序平均需要 5 年；[2] 另一项研究则表明投资仲裁程序的平均持续时间为 3 年 8 个月。[3]

一旦常设法院制度获得采用，具有控制程序的广泛权力的常任法官们显然有助于加快程序。[4] 此外，在这方面应考虑限定具体程序阶段的最长期限。

二、多边投资法院的优点

在目前的讨论中，两审制多边投资法院和多边投资上诉机制实质上被视为替代解决方案。这种观点有充分理由。下文将讨论这两种选择。两者都可以对现有体系作出改进。也有一些论点仅支持两审制法院(多边投资法院)[5] 而非独立的诉讼机制(多边投资上诉机制)，即使一些文献研究表明后者可能更易实现。[6]

还有一些学者特别强调，独立的多边上诉机制不足以完全解决当前国际投资法所面临的正当性危机。[7]

从长远来看，多边投资法院可以对整个投资保护标准体系进行一致解释，因此可以实现裁判的一致性，从而实现裁判的法律确定性和可预测性。[8] 此外，多边投资上诉机制与多边投资法院的一个重要区别引发了于对

---

[1] Johannesson and Mavroidis(2016), p. 12 et seqq.

[2] Raviv(2014), p. 6.

[3] European Federation for Investment Law and Arbitration(2014), p. 8; Hodgson(2014). Cf. also European Commission(2015), p. 1: "The overall proceedings under the ICS, including appeal, are limited to 2 years (the Tribunal of First Instance must decide within 18 months and the Appeal Tribunal within 6 months). As a comparison, the average duration of proceedings under existing investment treaties is 3 – 4 years, with annulment or set-aside (for procedural grounds) potentially adding around another 2 years, meaning that the total length is often around 6 years (with many taking longer)."

[4] On this see also European Commission(2017), p. 58.

[5] See also Howse(2017), p. 233; European Union(2019), para. 39 et seqq.

[6] Schill(2015), p. 8.

[7] Voon(2017), p. 7 et seqq.; European Commission(2017), p. 28 et seqq.

[8] Schill(2015), p. 8; European Commission (2017), p. 57 et seqq.; European Union (2019), para. 44 et seqq.

"临时"仲裁员的担忧。对于多边投资上诉机制而言,临时性的投资仲裁仍然是多边投资上诉机制的"一审程序",因此有权决定国内法的合法性。仲裁员部分由投资者任命,因此与多边投资法院的法官组成方式不同。这被认为是上诉机制的一个弱点,也被认为是判决缺乏一致性的主要原因。从这个角度看,多边投资法院的裁判过程可能更具"道德约束力"。[1]

此外,如果通过《ICISD 公约》或《纽约公约》强制执行这些裁决,则常设的多边投资上诉机制可以暂停仲裁裁决的执行。在提起上诉前,这种强制执行存在被放弃的可能性。多边投资上诉机制作出的上诉裁判存在效力减损的风险,因为可能无法被非上诉机制成员予以执行。

在两审制多边投资法院方案的语境下,WTO 争端解决机制可资参考。[2] 经过仔细了解可知,WTO 争端解决机制相当于多边投资法院和多边投资上诉机制的混合体,不过 WTO 争端解决机构的专家组是在争端发生后才临时任命专家组成,并非预先组成。但是,WTO 争端解决机制的"一审"(专家组程序)和"二审"(上诉程序)程序在《争端解决谅解备忘录》(Understanding on Rules and Procedures Governing the Settlement of Disputes, DSU)中被定义为一个整体。[3]因此,完全采用 WTO 争端解决机制来解决投资法律争端也就意味着,由多边投资法院管理的一审法庭的法官是临时任命的,而多边投资上诉机构的法官则是常任和全职的。[4]

总体来说,以下关于两审制多边投资法院和多边投资上诉机制设计的章节将讨论各解决方案的优势和实施过程中面临的挑战。

---

〔1〕 Cf. Schütze(2016), p. 15 on the advantages of institutional arbitration over ad hoc arbitration.

〔2〕 See also Katz(2016), p. 181 et seqq.; Alvarez Zarate(2018), p. 2784 et seqq.; Ghori(2018), p. 209 et seqq.

〔3〕 Understanding on Rules and Procedures Governing the Settlement of Disputes, https://www.wto.org/english/tratop_e/dispu_e/dsu_e.htm.

〔4〕 Most investment agreements which call for the establishment of an Appellate Tribunal provide for a permanent tribunal with permanent, full-time judges. On this see, Art. 3.10 EU-Singapore IPA (draft for signature), Art. 3.39 EU-Vietnam IPA (draft for signature) and Art. 12 EU-Mexico Global Agreement (draft for signature) as on February, 2019.

第三章　两审制多边投资法院的设计和实施

欧盟委员会在2015年的辩论中介绍了两审制多边投资法院制度，且随后在三个协定中予以实施，即《加拿大与欧盟综合经济贸易协定》《欧盟与越南投资保护协定》《欧盟与新加坡投资保护协定》。此外，欧盟委员会在题为“贸易为全体”的倡议中还表示，未来与欧盟缔结的所有贸易与投资协定都应包含这一投资保护制度。[1]鉴于此，(上述协定所规定的)双边投资法庭制度可作为本书(对多边投资法院)评估的起点，同时还应考虑在可能的情况下将该制度转换为多边制度。[2]

如上所述，《加拿大与欧盟综合经济贸易协定》《欧盟与越南投资保护协定》《欧盟与新加坡投资保护协定》均规定了双边性、一审制法院制度和上诉机制。也可以预见在《欧盟与墨西哥自由贸易协定》中会有同样的制度规定。它们还列出了法院系统的规模，法官的资格、任职期限、薪酬和法院外职业约束范围的限制，适用法律和上诉机构审查一审判决的范围，以及提出上

---

〔1〕 European Commission (2015), p. 24; This position was confirmed in European Commission (2017), p. 27.

〔2〕 Article 8.29 CETA, Establishment of a multilateral investment tribunal and appellate mechanism; Article 3.41 EU-Vietnam IPA (draft for signature) as on 2 April, 2019; Article 3.12 EU-Singapore IPA (draft for signature) as on 2 April, 2019; see also, Article 14 Section-Resolution of Investment Disputes, EU-Mexico Global Agreement (draft for signature) as on 2 April, 2019 EU-Mexico Agreement (under negotiation). These versions of the EU-Singapore IPA, the EU-Vietnam IPA and the EU-Mexico Global Agreement have been used throughout the Chapter.

诉的时限和程序的最长期限等事项。[1]

在以下讨论中,关于多边投资法院的其他提案(如国际法协会起草的《证券投资仲裁法庭规约草案》和1948年《外国投资法院草案》),[2]业已设立的投资法院(阿拉伯投资法院),[3]常设性仲裁庭(如美伊求偿法庭[4]及联合国赔偿委员会[5])及其他国际司法机构(特别是国际法院[6]、国际海洋法法庭[7]、国际刑事法院[8]、欧洲人权法院[9]以及欧盟法院[10]),应从比较法的角度考虑这些法院,以研判采用这些裁判机构在各方面是否有利于和

---

〔1〕 Cf. thereto for instance Article 8.18 et seqq. CETA.

〔2〕 Draft Statutes of the Arbitral Tribunal for Foreign Investment and of the Foreign Investment Court, printed in: UNCTAD, International Investment Instruments: A Compendium Volume Ⅲ—Regional Integration, Bilateral and Non-governmental Instruments, 1996, p. 259 et seqq.

〔3〕 The Unified Agreement for the Investment of Arab Capital in the Arab States, printed in: UNCTAD, International Investment Instruments: A Compendium, Volume Ⅱ, Regional Instruments, 1996, p. 211 et seqq.; see also, Hamida(2006).

〔4〕 Declaration of the Government of the Democratic and Popular Republic of Algeria Concerning the Settlement of Claims by the Government of the United States of America and the Government of the Islamic Republic of Iran(Claims Settlement Declaration), 19 January 1981(a copy of the official declaration can be downloaded from http://www.iusct.net/General%20Documents/2-Claims%20Settlement%20Declaration.pdf); for more information on the IUSCT, see, http://www.iusct.net/.

〔5〕 UNSC Resolution No. 687(1991), UN Doc. S/RES/687, 8 April, 1991(a copy of this resolution can be downloaded from https://www.un.org/Depts/unmovic/documents/687.pdf); for more information on the UNCC, see, https://uncc.ch/home.

〔6〕 Statute of the International Court of Justice(ICJ Statute), 1945, 39 AJIL Supp. 215(1945)(a copy of the statute can be downloaded from http://legal.un.org/avl/pdf/ha/sicj/icj_statute_e.pdf); for more information on the ICJ, see, https://www.icj-cij.org/.

〔7〕 Statute of the ITLOS, 1833 U. N. T. S. 561(a copy of the statute can be downloaded from https://www.itlos.org/fileadmin/itlos/documents/basic_texts/statute_en.pdf); for more information on the ITLOS, see, https://www.itlos.org/.

〔8〕 Rome Statute of the International Criminal Court, 2187 U. N. T. S. 90(a copy of the statute can be downloaded from http://legal.un.org/icc/statute/romefra.htm); for more information on the ICC, see, https://www.icc-cpi.int/.

〔9〕 European Convention on Human Rights, 213 U. N. T. S. 221(a copy of the ECHR can be downloaded from https://treaties.un.org/doc/Publication/UNTS/Volume%20213/volume-213-I-2889-English.pdf); for more information on the ECtHR, see, https://www.echr.coe.int/Pages/home.aspx?p=home.

〔10〕 Protocol on the Statute of the Court of Justice of the European Union(CJEU Statute), OJ C 203, 7.6.2016, p. 72(a copy of the statute can be found at https://eur-lex.europa.eu/legal-content/EN/TXT/PDF/?uri=OJ:C:2016:203:FULL&from=EN); for more information on the CJEU, see, https://curia.europa.eu/jcms/jcms/j_6/en/.

(或)有用于多边投资法院制度的实施。

一、制度和程序设计

为了发挥其作用,一个国际组织如多边投资法院应设想一个有效的体制结构和决策过程。该制度旨在实现一个有效的、合法的和秉持法治的争端解决机制。因此,本部分涉及多边投资法院成员和各个机构的一般程序和其他特征。

组织机构方面的要求应在《多边投资法院规约》中加以规定。如果多边投资法院大会被授予造法权,大会就可以在《多边投资法院规约》中对各种问题进行全面和详细的规定,如程序规则及法官和其他职员的行为准则等,或者在二级立法中更详细地规制这些事项。

可以通过大会决议制定和修订二级立法的规定。当然,大会的这种立法权必须在《多边投资法院规约》中规定。同时,细节也可以在多边投资法院的基础性法律中加以规定。但在这种情况下,基础性法律还应促进规约缔约方对程序规则的简化修订,以确保新机构的整体运作或考虑到成员结构的变化。

一种理想的情况是,详细的程序规则将通过二级立法加以规定,这种方式可以更灵活地用于规则的修订。对基础性法律的修订通常存在更多的问题,因为这些修订往往与其他实质性问题相联系。其他国际裁判机构,如国际法院,欧盟法院或欧洲人权法院,在法律上也是以这种方式构建的。此外,将法律框架分为基础立法和二级立法也有助于提高透明度。多边投资法院的成员和机构情况如下。

1. 成员(Member)

所有具有国际法律人格的、可能成为国际投资协定的缔约实体均可获得多边投资法院的成员资格。多边投资法院的成员当然应该包括国家。WTO允许独立关税区成为成员。[1]但与 WTO 不同,独立关税区的说法并不适用

〔1〕 Cf. Article Ⅻ: 1 sentence 1 WTO-Agreement: "Any State or separate customs territory possessing full autonomy in the conduct of its external commercial relations and of the other matters provided for in this Agreement and the Multilateral Trade Agreements may accede to this Agreement, on terms to be agreed between it and the WTO."

于国际投资法的语境。因为在投资法中，属地管辖权的行使与外国投资的损失有关。因此，拥有如欧盟等自治监管权力的国际（超国家）组织应该能成为多边投资法院的成员。这同样适用于具有国际法律人格的非典型实体，也适用于仅具有部分国际法律人格的特殊行政区域等行为体。[1]就这点而言，中国澳门特别行政区、中国香港特别行政区和中国台湾地区也应该可以成为多边投资法院的独立成员。[2]

欧盟只能在其成员国转移给它的权限内谈判和缔结国际条约。欧盟法院对于《欧盟与新加坡自由贸易协定》（The EU-Singapore Free Trade Agreement，ESFTA）的意见，[3]以及在回应欧盟及其成员国在投资保护领域签订条约的问题上在多大程度上具有共享和或排他性的权能时，至少部分地澄清了欧盟单独地或与其成员国同时作为多边投资法院成员的情形。

根据上述意见，欧盟并不具有规制投资争端解决的全部权能，而是与其成员国共享这一权能。[4]特别是，证券投资保护不属于欧盟专属权限。由于国际投资协定通常不区分直接投资和证券投资，而且多边投资法院的管辖权应涵盖国际投资协定的整个范围，欧盟及其成员国也都应成为多边投资法院的独立成员。

2. 大会（Plenary Organ）

尽管名称可能不同，大会作为一般性机构存在于许多国际（争端解决）组织中。例如，WTO 是争端解决机构（Dispute Settlement Body，DSB），在联合国是联合国大会，在世界卫生组织（World Health Organization，WHO）是世界卫生组织大会，在国际劳工组织（International Labour Organization，ILO）则是国际劳工组织大会。[5]一般而言，大会在各自的组织或机构内作出所有重大决定，实际上可以在其权限内处理所有事务。因此，在更广泛的意义上，大会也可以作为管理争端解决的机构，其职能包括任命法官，将法官分配到法

〔1〕 Ahl(2009), p. 98 et seqq., in particular. p. 114 et seqq.

〔2〕 Heuser(2010), p. 115 et seqq.; Craven(2014), p. 241.

〔3〕 CJEU, Opinion 2/15, Singapore FTA, ECLI:EU:C:2017:376.

〔4〕 CJEU, Opinion 2/15, Singapore FTA, ECLI:EU:C:2017:376, para. 285 et seqq.

〔5〕 Cf. Ruffert and Walter(2009), para. 296.

庭,甚至制定内部程序规则。如果《多边投资法院规约》或程序规则允许,多边投资法院的大会还可以介入解决赔偿的执行问题。例如,大会可以批准成员资助基金的支出;秘书处应负责支付的行政监督;大会也可以强制执行不同性质的“制裁措施”,如暂停会员权利。

国际组织的大会通常由所有成员的代表组成。类似地,多边投资法院的大会也将由其所有成员的代表组成,包括独立的行政实体和国际组织。关于从欧盟成员国转移的权能,至少应涉及外国投资的大多数方面,[1]尽管WTO在1995年成立时,欧洲共同体(European Community,EC)的权能转移并不完整,[2]但欧盟应该“用一个声音说话”,即达成内部协定并由一个共同代表处理对外关系。欧盟在WTO的代表可以作为一种参考模式。但是,所有欧盟成员国都应在大会有单独代表。这一点与在WTO中的情况是一致的,即应该寻求欧盟及其成员国在多边投资法院的平行成员资格。WTO在这方面已经证明这种方式可行。

多边投资法院的大会还应能在其职权范围内进一步设置内部机构。例如,它们应能够设立专门委员会以制定内部程序规则、起草行为守则和评估候选法官。将来,大会还可以作出解释性声明作为对多边投资法院判例法的平衡或纠正。然而,在多边投资法院适用统一的实体法之前,这种解释性声明只能是一般性的。多边投资法院的大会或其委员会只能提供解释性声明,以便对法院的多边法律文件进行真实解释;对于双边国际投资协定的解释权则应限于这些协定的缔约方以及由协定中设立的委员会发布。[3]

所有国际组织的大会都依照预定的时间定期举行会议,但也有可能召开特别会议。[4]这种做法也应适用于多边投资法院。

---

〔1〕 Thereto inter alia Bungenberg (2010), p. 135 et seqq.; Reinisch (2016), p. 3 et seqq.; Dimopoulos(2011), p. 65 et seqq.

〔2〕 ECJ, Opinion 1/94, WTO, ECLI:EU:C:1994:384.

〔3〕 Schill(2015), p. 9.

〔4〕 Cf. at the WTO, the meeting of the Ministerial Conference at least once every 2 years, and the General Council, composed of representatives of the Member States, whenever appropriate, Article Ⅳ of the WTO Agreement.

(1)大会任命法官

①多边投资法院法官的数量

只有极少数国际裁判机构要求每个成员都应由本国法官参与全体决策(欧盟法院和欧洲人权法院为例外)。相较而言,国际法院有15名法官(而联合国有193个会员国),国际海洋法法庭有21名法官(而《联合国海洋法公约》则有168个缔约国)。多边投资法院法官的数量也应受到限制。成本是一个原因。法官人数不应取决于多边投资法院的成员数量,而应取决于法院处理的案件的数量。[1] 然而,法官的组成应考虑所有主要法律传统或司法管辖区。

拥有至少40个成员的多边投资法院的法官的数量应是有限的。《加拿大与欧盟综合经济贸易协定》关于任命法官的规则规定:双方中的任意一方都提名一些法官,然后由联合委员会任命。[2]这一规定不应被移植至多边投资法院。

可以假设,只有一定数量的一审案件会进入二审程序,并最终由上诉机构作出决定。因此,二审法官的人数可能少于一审法庭法官。例如,多边投资法院的成员可以设想一审法庭共有15名法官,而上诉机构则只有9名法官,并根据多边投资法院成员的数量和(或)法院的工作量提供增加法官数量的选择与程序。[3]

②候选法官的提名

一些学者提出,多边投资法院成员提名法官人选的决定将会受到预期司

---

〔1〕 This approach is followed by European Commission(2017), p. 40 and discussed in UNCITRAL (2017), para. 35.

〔2〕 Cf. Article 8.27 para. 2 CETA: "The CETA Joint Committee shall, upon the entry into force of this Agreement, appoint fifteen Members of the Tribunal. Five of the Members of the Tribunal shall be nationals of a Member State of the European Union, five shall be nationals of Canada [Footnote: Either Party may instead propose to appoint up to five Members of the Tribunal of any nationality. In this case, such Members of the Tribunal shall be considered to be nationals of the Party that proposed his or her appointment for the purposes of this Article] and five shall be nationals of third countries." Similarly, Article 3.9 para. 2 EU-Singapore IPA, Article 11 para. 2 Section-Resolution of Investment Disputes, EU-Mexico Global Agreement and Article 3.38 para. 2 EU-Vietnam IPA.

〔3〕 This approach is followed by European Commission(2017), p. 40.

法行为的影响,[1]即它们只会提名特别关注国家利益的候选人。[2]反对观点则认为,由于多边投资法院的存在,法院会以投资者利益优先。[3]然而,目前普遍的看法是担心多边投资法院将会不利于投资者的利益。[4]因此,法官的提名方式对于法院成员的独立性和接受度尤为重要,尤其是对于投资者而言。

对于法官的提名,通常是成员提名一批候选人,[5]随后由国际委员会或机构对法官进行遴选与任命。[6]因此,这个选任过程也被证明具有内在的政治性。但即使这种选择是政治决定,决定性的因素仍在于需要有足够数量的合格候选人可供选择。

另一种方法是由多边投资法院的成员的政府提名法官候选人,然后由大会予以确认,而不是在更多的候选人中作出选择。但是这种方式容易招致批评,因为成员推选法官提名人的过程往往缺乏透明度。因此,大会从多边投资法院成员提出的众多合适候选人中选任法官是最佳解决方案。

因此,大会可以制定和通过关于如何在成员层面提名法官候选人的规则。在这方面,欧盟委员会关于欧洲人权法院的做法可资参考。[7]为选任欧洲人权法院的法官,即使是成员国的预选也强调必须遵守一些基本原则

---

〔1〕 Voeten(2009),p. 396 et seqq.

〔2〕 Mackenzie(2014),p. 741.

〔3〕 Woods(2016).

〔4〕 Cf. American Bar Association Section on International Law (2016), Executive Summary & Conclusions and Recommendations,p. 13; Roberts(2017); Bernardini(2017),p. 48; Koeth(2016),p. 12.

〔5〕 Like this,Art. Article 4 para. 1 ICJ Statute: "The members of the Court shall be elected by the General Assembly and by the Security Council from a list of persons nominated by the national groups in the Permanent Court of Arbitration, in accordance with the following provisions." and Art. 4 para. 1 ITLOS Statute: "Each State Party may nominate not more than two persons having the qualifications prescribed in article 2 of this Annex. The members of the Tribunal shall be elected from the list of persons thus nominated."

〔6〕 Mackenzie(2014),p. 738; Abi-Saab(1997),pp. 176 and 178; Mackenzie et al. (2010),p. 100 et seqq.

〔7〕 Cf. hereto von Bogdandy and Krenn(2014),p. 529 et seqq.

（“必须反映民主程序，透明度和不歧视原则”）。[1] 在各领域，各成员国开始公布空缺职位，以便候选人可以通过国家预选程序申请。[2] 然后成员国提名某些申请人作为候选人。这种方法已被应用在选任 WTO 上诉机构法官、[3] 国际刑事法院法官[4] 和国际海洋法法庭法官[5] 候选人之上。也可以预见到联合国国际法委员会（International Law Commission，ILC）会运用这种方式。[6]

另一种选择是国际组织直接接受潜在候选人的申请（而非经过其成员的推举或预选）。与上述选任方法相比，这种方法一直不受欢迎。迄今为止，直接向国际组织申请担任法官的可能性仅在欧盟公务员法庭（Civil Service Tribunal，CST）适用。[7]

---

〔1〕 Cf. in this sense also the Council of Europe Assembly Resolution 1646（2009），Nomination of candidates and election of judges to the European Court of Human Rights；Committee on the Election of Judges to the European Court of Human Rights，Procedure for electing judges to the European Court of Human Rights，AS/Cdh/Inf（2017）01rev4 of 27. 4. 2017.

〔2〕 Cf. last in the EU to fill the “EU” AB position：European Commission，EU Launches Selection of Candidates for the position of WTO Appellate Body member，Press release of 26. 10. 2016；as well as the public tenders in Germany and Austria for the new appointment of their ECtHR judges’ offices：Richter mit Ruf gesucht，Handelsblatt of 24. 11. 2009；Straßburger Richter：Sechs Bewerber，Die Presse of 3. 11. 2014.

〔3〕 Art. 17 DSU，cf. thereto WTO，WTO receives seven nominations for Appellate Body post，News Items of 23. 3. 2016；European Commission，EU Launches Selection of Candidates for the position of WTO Appellate Body member，News archive of 26. 10. 2016.

〔4〕 Article 36 para. 4 lit. a）Rome Statute：“Nominations of candidates for election to the Court may be made by any State Party to this Statute，and shall be made either：（i）By the procedure for the nomination of candidates for appointment to the highest judicial offices in the State in question；or（ii）By the procedure provided for the nomination of candidates for the International Court of Justice in the Statute of that Court [. . .].”

〔5〕 Cf. Article 4 para. 1 ITLOS Statute：“Each State Party may nominate not more than two persons having the qualifications prescribed in article 2 of this Annex. The members of the Tribunal shall be elected from the list of persons thus nominated.”

〔6〕 Article 3 ILC-Statute：“The members of the Commission shall be elected by the General Assembly from a list of candidates nominated by the Governments of States Members of the United Nations.”

〔7〕 Cf. indeed Article 3 para. 2 Annex I to the Council decision of 2. 11. 2004 establishing the European Union Civil Service Tribunal，OJ L 333 of 9. 11. 2004，p. 7：“Any person who is a Union citizen and fulfils the conditions laid down in the fourth paragraph of Article 225a of the EC Treaty and the fourth paragraph of Article 140b of the EAEC Treaty may submit an application. The Council，acting by a qualified majority on a recommendation from the Court，shall determine the conditions and the arrangements governing the submission and processing of such applications.”

但从投资者的角度来看,直接申请的方案具有以下优势,即法官候选人的本国的影响力将会降低。此外,这种方案可以避免政府之间的"投票交易"。[1]但如果当选法官主要对国家行为及其与投资保护标准的兼容性作出决定,而成员却无法影响法官选任程序,则存在成员能否接受直接申请制度的问题。此外,直接申请制度可能会导致出现大量的法官候选人,从而可能导致该过程中产生行政问题。

如果多边投资法院的成员决定批准经由各成员提名产生的候选人,则应设定时间限制。法官候选人的姓名连同申请所需的文件,如简历、专业资格证明等应该公示给所有拥有投票权的成员。当然,如果决定采用直接申请制度,这种公示要求也同样适用。

③法官遴选委员会

在多边投资法院大会任命法官之前,但在其成员提名候选人或由潜在候选人直接申请之后,法院可以成立一个(专门性的法官遴选)委员会来进行候选人资格审查。审查的内容包括专业知识和候选人的一般适合程度(独立性、完整性和中立性)。[2]比如,欧盟法院[3]和欧洲人权法院[4]都设立了类似的委员会。通过减少政治动机和不透明的国家提名候选人以排除不适合

[1] Mackenzie(2014),p. 124.

[2] Cf. for instance Article 36 para. 4 lit. c) Rome Statute: "Every candidate for election to the Court shall have an excellent knowledge of and be fluent in at least one of the working languages of the Court." See hereto Resolution ICC-ASP/10/Res. 5 of 21. 12. 2011, Strengthening the International Criminal Court and the Assembly of States Parties, para. 20.

[3] See thereto Art. 255 Treaty on the Functioning of the European Union(TFEU): "A panel shall be set up in order to give an opinion on candidates' suitability to perform the duties of Judge and Advocate-General of the Court of Justice and the General Court before the governments of the Member States make the appointments referred to in Articles 253 and 254. The panel shall comprise seven persons chosen from among former members of the Court of Justice and the General Court, members of national supreme courts and lawyers of recognised competence, one of whom shall be proposed by the European Parliament. The Council shall adopt a decision establishing the panel's operating rules and a decision appointing its members. It shall act on the initiative of the President of the Court of Justice." Cf. consequently Council decision of 11. 2. 2014 appointing the members of the panel provided for in Article 255 of the Treaty on the Functioning of the European Union(2014/76/EU), OJ L 41 of 12. 2. 2014, p. 18.

[4] Cf. Resolution on the Establishment of an Advisory Panel of Experts on Candidates for Election as Judge to the European Court of Human Rights, CM/Res(2010)26 of 10. 11. 2010.

候选人的另一个例子是采取大会特设委员会(遴选委员会)的形式,由该委员会遴选候选人的适合程度,即专业资格,道德标准以及独立性和中立性。[1]

这种初步审查将加强多边投资法院的正当性和可接受度,并有助于提高法官任命程序的透明度和客观性。[2]这也将确保法院的成员在其内部提名程序中设定足够高的标准。[3]最终,法官可以从遴选委员会确定的候选人中选举产生。

④法官的多样性

为提高对多边投资法院的认可度,法官选举应确保各种法律制度在法院得到体现。[4] 法官构成应反映成员的法律制度和地区并寻求性别平衡,法官也应当具有最高的专业资格。[5]比如,WTO 上诉机构成员代表全球 WTO 成员,[6]涵盖了不同的地理区域、发展程度和法律制度。[7]类似地,多边投资法院的法官也必须能够反映法院成员的各种法律和文化背景。考虑到法院

〔1〕 Examples of unsuitable but elected judges of the ECHR in Engel(2012), p. 486 et seqq.

〔2〕 Cf. insofar Hackspiel(2015), Art. 255 TFEU, para. 3 et seqq.

〔3〕 Cf. Hackspiel(2015), Art. 255 TFEU, para. 2; cf. insofar also already the European Convention, CONV 734/03 of 2. 5. 2003, Art. 224a.

〔4〕 Diversity is equally supported by European Union (2019), para. 50 and UNCITRAL Working Group Ⅲ(2018a), p. 6. See also Howse(2017b), p. 224.

〔5〕 Cf. Article 8 ILC-Statute: "At the election the electors shall bear in mind that the persons to be elected to the Commission should individually possess the qualifications required and that in the Commission as a whole representation of the main forms of civilization and of the principal legal systems of the world should be assured." Article 36 para. 8 lit. a) Rome Statute: "The States Parties shall, in the selection of judges, take into account the need, within the membership of the Court, for: (i) The representation of the principal legal systems of the world; (ii) Equitable geographical representation; and (iii) A fair representation of female and male judges." Article 9 ICJ Statute: "At every election, the electors shall bear in mind not only that the persons to be elected should individually possess the qualifications required, but also that in the body as a whole the representation of the main forms of civilization and of the principal legal systems of the world should be assured."

〔6〕 Article 17. 3 sentence 3 DSU: "The Appellate Body membership shall be broadly representative of membership in the WTO."

〔7〕 In this sense, Weber (2007), p. 135; Preparatory Committee to the WTO, Sub-Committee on Institutional, Procedural and Legal Matters, Establishment of the Appellate Body, Recommendations, PC/IPL/13 of 8. 12. 1994, para. 6: "[...] Therefore factors such as different geographical areas, levels of development, and legal systems shall be duly taken into account. The question of how this balance is to be achieved is best left to be worked out during the actual consultation and selection procedures."

成员的理想数量,不应出现两名法官具有相同国籍的情形。[1]

在现实中,各种法律制度的体现往往是通过每个区域任命一定数量的法官来实现的。[2]这种按照区域或地域分配(法官)代表的做法见诸许多国际裁判机构的章程中,[3]例如通过区域集团的定量配额来实现。国际海洋法法庭通过诉诸联合国大会的五个地理群体(非洲、亚洲、东欧、拉丁美洲和加勒比以及西欧和其他国家)来确保区域代表性的公平。[4]

迄今为止,没有任何国际法规则将法官固定分配给特定国家。但与此同时,一个非正式的被接受的现实是,如果某些国家提名法官候选人,则总有一名来自该国的法官。例如,联合国安理会五个常任理事国总是任命一名国际法院法官,尽管《国际法院规约》没有规定这种特权(2017 年首次出现例外情况)。WTO 上诉机构也是如此。自 1995 年 WTO 成立以来,美国和欧盟一直在上诉机构有"代表"。[5]类似地,《多边投资法院规约》也不得规定固定的法官分配方式。尽管如此,在某些区域集团内,某个法院成员可以指派一名法官,而其他席位将根据轮换计划由这些区域集团其他成员的法官填补。

在欧盟内部,成员国可能会在"职位发布"和内部遴选程序之后提名合适的法官候选人。然后,成员国会将他们提名的候选人告知(法院设立的专门)委员会,这些候选人将进行内部听证会,拟任人选提交给多边投资法院的大会作为合适法官候选人。

---

〔1〕 See for instance Article 3 para. 1 ICJ Statute: "The Court shall consist of fifteen members, no two of whom may be nationals of the same state." Article 52 para. 2 American Convention on Human Rights (ACHR); Article 3 para. 1 sentence 1 ITLOS Statute.

〔2〕 Mackenzie(2014), p. 744.

〔3〕 Article 2 para. 2 ITLOS Statute: "In the Tribunal as a whole the representation of the principal legal systems of the world and equitable geographical distribution shall be assured." Article 36 para. 8 lit. a) Rome Statute: "The States Parties shall, in the selection of judges, take into account the need, within the membership of the Court, for: (i) The representation of the principal legal systems of the world; (ii) Equitable geographical representation [...]." Article 9 ICJ Statute: "At every election, the electors shall bear in mind not only that the persons to be elected should individually possess the qualifications required, but also that in the body as a whole the representation of the main forms of civilization and of the principal legal systems of the world should be assured."

〔4〕 See https://www.itlos.org/en/the-tribunal/members/.

〔5〕 Mackenzie(2014), p. 745.

作为由区域集团提名法官的替代方案,可以完全根据法官候选人的资格作出自由选择,而不在区域集团之间分配席位。

然而,后种选择可能导致一种危险,即政治强国通常能够将其国民置于法官席上,但发展中国家在这方面可能面临实际问题。一方面,为公平分配法官名额而设置地理区域标准和其他标准,可能会导致偏离应当优先选任最有资格的候选人的原则。另一方面,这种做法也可能是必要的,若非如此,很多国家将会不愿意成为多边投资法院的成员,从而减损法院在各类法律制度中的可接受度。

就通过区域集团提名法官而言,联合国国际法委员会的获得普遍接受的选举程序可以作为多边投资法院法官任命程序的范本。与国际法院法官选举的情况一样,[1]联合国国际法委员会将候选人分配到特定的区域集团。[2]联合国大会从每个区域集团中选出一定数量的委员。因此,多边投资法院可以通过区域集团进行大会选举;所有成员都将在各自的区域集团内投票,每个区域集团得票最多的候选人将当选为法官。[3]选举将以无记名投票方式进行。[4]

原则上,区域集团有可能根据区域配额方式只提名一定数量的法官候选人,并就分配候选人数量的内部轮换计划达成一致意见,从而减少第三国对该区域集团的法官选举方面的影响力。当然,这会对法官的正当性和独立性

---

〔1〕 Cf. Article 5 para. 1 ICJ Statute:"At least three months before the date of the election, the Secretary-General of the United Nations shall address a written request to the members of the Permanent Court of Arbitration belonging to the states which are parties to the present Statute, and to the members of the national groups appointed under Article 4, paragraph 2, inviting them to undertake, within a given time, by national groups, the nomination of persons in a position to accept the duties of a member of the Court."

〔2〕 Cf. Article 3 para. 2 ILC-Statute:"There shall be no fewer than three members from each geographical group as established by the General Assembly of the United Nations." See also Article 3 para. 2 ITLOS Statute:"There shall be no fewer than three members from each geographical group as established by the General Assembly of the United Nations."

〔3〕 Cf. Article 9 ILC-Statute:"1. Those candidates, up to the maximum number prescribed for each regional group, who obtain the greatest number of votes and not less than a majority of the votes of the Members present and voting shall be elected. 2. In the event of more than one national of the same State obtaining a sufficient number of votes for election, the one who obtains the greatest number of votes shall be elected, and, if the votes are equally divided, the elder or eldest candidate shall be elected."

〔4〕 Cf. on the difficulties in choosing the ICJ judges in 2014, Akande(2014).

产生影响。

多边投资法院一审程序的15名法官的选任可以遵循国际法院的法官选任模式。[1] 在国际法院,法官有3名来自非洲,2名来自拉丁美洲和加勒比地区,3名来自亚洲,5名来自西欧和其他国家,2名来自东欧。[2] 由于欧盟成员国或欧盟国民在许多情况下将参与多边投资法院的诉讼程序,并且在多边投资法院组建期间,欧盟及其27(或28)个独立成员国也将占据多边投资法院成员的很大一部分,因此欧盟及其成员国也应有足够数量的法官代表,以便将欧盟或欧洲的法律传统纳入法院长期的法律发展或解释之中。但是,其他潜在的法院成员不应因为欧盟的代表过多而感到气馁;它们也应以平衡、公平的方式在法官席上被代表。因此,应按照区域提出如下法官席位分配计划:3个亚洲的席位,2个非洲的席位,3个拉丁美洲和加勒比席位,6个西欧的席位,北美、大洋洲及东欧应各有1个席位。在西欧和其他国家集团中,欧盟应至少填补2个席位。这种区域性的法官任命方法最符合法院所希望的多边取向。

晚近以来,也有从性别角度均衡任命法官的目标。[3]

(2)大会通过特定的二级规则

多边投资法院的大会应被视为法院的政治机构。通过大会,成员可以采用合格多数或全体一致的方式通过进一步的程序规则,或以具有法律约束力的方式解释《多边投资法院规约》,只要该规约中规定了这种立法权。

①通过内部程序规则及预算等

应允许大会通过补充程序规则或责任表,例如法官的薪酬、一审和二审

---

〔1〕 Nevertheless, it must be highlighted that even the elections of ICJ judges can be criticised as political. In this regard see Brower (2018), p. 793.

〔2〕 Cf. http://www.icj-cij.org/court/index.php? p1 = 1& p2 = 2.

〔3〕 See here Article 36 para. 8 lit. a) sublit. iii Rome Statute: "A fair representation of female and male judges." Cf. also Art. 12 para. 2 Protocol to the African Charter on Human and Peoples' Rights on the Establishment of an African Court on Human and Peoples' Rights (ACtHPR Protocol): "Due consideration shall be given to adequate gender representation in nomination process." Cf. with regard to ECHR Mowbray (2008), p. 549. For the MIC, following the example of Howse (2017b), p. 225, MIC Members could be required to nominate equal number of men and women to fill the vacancies of MIC Judges.

法院组织的程序安排、口头程序规则、程序费用规则、关于法院工作人员的行为守则、法院工作人员的养老金计划、预算条例和通过年度预算计划。

②解释（包括嗣后或有权解释）

当事人和多边投资法院大会对于应予适用的（条约）解释规则通常是一个有争议的话题。关于解释的嗣后协定旨在消除有关协定解释的“不确定性”，特别是“重新调整细节”。例如，达成对《多边投资法院规约》关于管辖权规定的解释协定或决定是可以理解的。为符合宪法性的法治要求，一般而言，独立于正在进行的司法程序的解释安排似乎也是可能的。但是，大会的这种解释决定只会影响《多边投资法院规约》本身，而且只有在大会被赋予解释权的情况下才能这样。例如，可以使用这种解释机制解释《多边投资法院规约》中的术语。

多边投资法院的成员对解决争端所适用的各种国际投资协定进行解释在原则上是不可能的。国际投资协定只能由其各自的缔约方解释。但是，如果国际投资协定的缔约方明确同意，例如，通过《多边投资法院规约》的相应条款进行明确规定，则可以由法院成员对协定进行解释。在这种情况下，多边性的《多边投资法院规约》将修订实质性双边性国际投资协定（在这方面可参见《维也纳条约法公约》第 39 条）。在这种情况下，大会被赋予了对国际投资协定进行严格解释的权利。

原则上，多边投资法院成员之间对于协定的解释如果导致新的解释能够追溯适用于正在进行的程序，则可能导致问题的产生。由于法院必须决定的事实可能已经被认定，因此适用法律或其解释将因此而改变。解决该问题的一个可能方法是规定允许有意澄清《多边投资法院规约》的法律规则的第三方可以进行干预，它们可以在现行的诉讼程序中表达其法律观点。这种解释当然不具有约束力。

③法官数量的后续增加

如果多边投资法院的工作量，特别是在案件负荷较高的情况下增长到原定人数的法官无法处理的程度，则大会有责任在其授权范围内增加一审法官的人数。必要时还应增加二审法官的人数。如果未来出现合适的情形则应酌情减少。为此,可以在《多边投资法院规约》中预先确定额外数量的法官。

由于《多边投资法院规约》不应为每个成员分配一定数量的法官,因此无论其他成员是否加入,(大会)最初都可以任命更多的法官。但是,在这方面也应考虑到区域代表的均衡性。还应考虑引入一种机制,以便能够对世界不同地区更加积极地参与多边投资法院做出回应,并根据每个区域法官数量的建议进行调整。为便于修正区域分配方法(当然,这并非对具体成员的法官分配),在法院成员资格发生变化的情况下,应在程序法,即法院的二级立法中,[1]说明法官席位的分配情况。

(3)大会决策的多数票要求

可以设想,多边投资法院大会的决议应当以一个特定的多数票通过。WTO 争端解决机构一般在协商一致的原则下运作。但是,如果无法达成一致,也有可能以 3/4 多数票通过。无论如何,某些事项只能通过协商一致通过。

全体一致的要求事实上会导致每一个成员都拥有对决议的一票否决权。因此,为了追求多边投资法院的有效运作,前述与程序规则和增加法官数量的决议应当被规定由一个特定多数票通过。

在这种情形下应考虑到,由于多边投资法院成员的数量,如果欧盟及其成员国都成为多边投资法院的成员,即使存在特定多数票的要求,如果欧盟及其成员国像在 WTO 中一样"用一个声音说话",至少它们应当拥有一票否决权。

(4)大会的程序透明要求

多边投资法院大会的会议记录应当尽快地在法院网站首页予以公开。应当考虑会议是否公开进行,也应当考虑参会席位是否还有空缺。WTO 一贯以来的目标就是加强组织的透明度。[2]在欧盟立法中,《欧洲联盟运作条

---

〔1〕 In a similar way, Howse(2017b), p. 226, suggests that the MIC should have a provision allowing to add new judges when required.

〔2〕 Art. 15 para. 1 and 2 TFEU: "(1) In order to promote good governance and ensure the participation of civil society, the Union institutions, bodies, offices and agencies shall conduct their work as openly as possible. (2) The European Parliament shall meet in public, as shall the Council when considering and voting on a draft legislative act."

约》（Treaty on the Functioning of the European Union，TFEU）第15条规定所有的机构都应当遵从透明度原则。欧洲议会公开举行会议，欧洲理事会在议事和对立法投票时也是如此。

（5）大会所在地和会议频率

应当确定多边投资法院大会的所在地。原则上，有必要首先确定的是法院的所有机构是否应位于同一地点，或者像欧盟那样位于不同地点。适合的地点应当是法院成员的主管部长或其代表定期会面的地方，如同WTO总理事会在日内瓦举行会议一样。

就大会的会议频率而言，应考虑像WTO一样的灵活解决方案。大会可以每年至少召开一次年度会议，然后根据实际需要组织进一步会议。然而，大会不应当处理未决诉讼的日常管理任务，而应当由秘书处主管。

3. 法官（Judges）

法官的资格要求、选任条件以及独立性被认为是未来的多边投资法院的核心。由于多边投资法院的法官要裁判的事项涉及国家利益，因此法官的遴选程序应当依照高标准。只有高资质的法官才能够确保裁判的质量，也才能使这个新的多边机构被接受。在法官遴选过程中，法官的个人的和职业的标准都应当被考量。法官遴选程序的设计对于设立多边投资法院至关重要。[1]一审程序和二审程序的法官也应当作区分。

（1）全职或兼职法官

一个应当考虑的问题是法官应是全职或兼职任职于多边投资法院。如果是兼职，法官就只在有需要的时候才出任法官，如当前《加拿大与欧盟综合经济贸易协定》中的双边投资法庭体系中的一审程序的法官一样。[2]

除了在多边投资法院任职之外，兼职法官还可以同时从事其他职业，比如在一国国内法院或者其他国际裁判机构担任法官、担任大学教授或者法务

---

〔1〕 Mackenzie（2014），p. 738 with reference to Caron（2000），p. 21 et seqq.

〔2〕 Art. 8.27 para. 12 CETA："In order to ensure their availability, the Members of the Tribunal shall be paid a monthly retainer fee to be determined by the CETA Joint Committee." The same applies to the second instance in Art. 8.28 para. 7 lit. d. CETA.

顾问。这种情况下,(法院)可以支付给他们"待命费用"以及依照他们在多边投资法院实际承担的工作来计算的适当额外报酬。

全职法官则不同,他们应当完全专注于在多边投资法院的工作,因此他们的平行职业应当尽可能地少。尤其为确保法院的司法独立性,全职法官的薪酬应当予以明确规定。

甫一开始,似乎聘用兼职法官会比较经济。但是与之相对,全职法官则能够促进有效的、独立的、高质量的司法,也会有助于形成更加快速的司法程序[1]。迅速而优质的裁判将会使多边投资法院更容易被接受,会为法院带来更多的案源。因此,从长远来看,讨论选用兼职法官还是全职法官的问题是没有必要的。同时要注意的是,秘书和其他雇员的工资,虽然与兼职法官和全职法官无关,但也会产生法院的费用。此外,即使案件数量不多,全职法官的费用也不会比 ICSID 仲裁员那样的既要按日向其支付津贴,也要按案件支付酬劳的兼职法官们高出很多。至少,全职法官制度不会使法官产生延长案件审理程序的动机。

(2)法官的资质要求

《加拿大与欧盟综合经济贸易协定》《欧盟与越南投资保护协定》《欧盟新加坡贸易与投资保护协定》已经对法官资质要求作出规定。这些规定可以作为多边投资法院类似规定的基础:

"仲裁庭的成员应当拥有在其所属国被聘为司法官员所需要的资格要求,或者是能力得到公认的法学家。他们应当证明在国际公法领域的专业技能。尤其是他们具有国际投资法,国际贸易法以及国际投资和国际贸易协定下的争议解决的专业技能是最好的。"[2]

---

〔1〕 Europeam Union (2019), para. 16 suggests similarly that MIC judges should be full-time adjudicators.

〔2〕 Cf. Article 8. 27 para. 4 CETA, Article 3. 38 para. 4 EU-Vietnam IPA and Article 3. 9 para. 4 EU-Singapore IPA.

法官除了要具有国际公法，尤其是投资保护和贸易法以及争端解决的专业技能之外，多边投资法院原则上以外国投资者的国家行为作为裁判对象的特点也应当被纳入考量。在许多案件中，依据国际投资协定中的保护标准[1]，法官应当作出的是公法性的判决。尽管一国国内法仅作为一个事实问题被考虑，但法官有更多的私法背景还是公法背景对于能否正确地适用法律也很重要。解释投资保护标准并判断是否存在违反这些标准事关利益的衡平。这往往和国内法下基本权利是否违反的检验方法相似。这是国际投资仲裁和国际商事仲裁有明显差别的地方。然而在过去，这种考量在选任投资仲裁的仲裁员时仅仅在最低程度被纳入。对多边投资法院的法官也应当有相应的职业要求。[2]除了国际法，尤其是在贸易和投资法的知识之外，还可以要求法官具有国内行政法和宪法的从业经验。[3]

现有的各种法院允许任命具有不同的职业资格的法官。[4]由于多边投资法院将可能依照《多边投资法院规约》而设立多个分庭，而且由于对“投资”的定义非常广，适用的保护标准也不同，相关的事实可能来自不同的主题领域，因此不应对法官有特别的专业资格要求，比如税法、环境法等。即便《加拿大与欧盟综合经济贸易协定》也放弃了对法官的特定专业知识的要求。[5]

《加拿大与欧盟综合经济贸易协定》《欧盟与越南投资保护协定》《欧盟新加坡贸易与投资保护协定》都要求一审和二审法庭的法官在其各自国家能

---

〔1〕 In a similar way it has been addressed that ISDS cases touch upon public interest or public policy. See UNCITRAL Working Group Ⅲ (2018a), para. 31. Similarly, European Union (2019), para. 49 states the need of a public international law background, given the foundations of investment law.

〔2〕 American Bar Association Section on International Law (2016), Executive Summary & Conclusions and Recommendations, p. 7.

〔3〕 See also Howse (2017b), p. 224.

〔4〕 Art. 36 para. 8 lit. b) Rome Statute: “States Parties shall also take into account the need to include judges with legal expertise on specific issues [...].”

〔5〕 Article 8.27 para. 4 CETA just mentions “[i]t is desirable they have expertise in particular in international investment law, in international trade law and the resolution of disputes arising under international investment or international trade agreements” (emphasis added). Similarly in Article 3.38 para. 4 EU-Vietnam IPA and Article 3.9 para. 4 EU-Singapore IPA.

够胜任法官或者是受到高度认可的法学专家。[1]应当注意的是，这两项协定仅是双边协定，而《多边投资法院规约》将创设一个多边法院，这将有助于发展一个统一的国际投资法律体系。因此，应当假定法官具有最高的资格。[2]出于现实的原因，《多边投资法院规约》应当对法官资质的一般必备条件作非常宽泛的规定。[3] 这些条件的具体说明可以由提名法官的成员单独制定，并向审查委员会进行个别解释。此外，可以证明在投资法庭体系下，为了纠正一审中认定的错误，二审（上诉审）法官应当比一审法官更具资历、专业背景知识和相关经验。

为法官设置一个年龄上限或者下限时应当考虑到年龄歧视问题，因此这种想法应当严格限制。[4]尤其是在审查委员会可以核查每一个候选人的能力时。

多边投资法院法官的适格和任命是否应当取决于法院成员自己的决定仍然是一个未决问题。[5]允许法官拥有非多边投资法院成员的国籍将会向潜在成员展示法院的包容性。法官的适格性应当取决于其本身的资历和独立性，而不是其特定国籍。

（3）法官的独立性

一般而言，法官的独立性和自主性是至关重要的。[6] 这意味着，政府的代表不适合作为多边投资法院的法官。相应地，WTO 法也规定其上诉机构成员"不得隶属于任何政府"。[7]虽然国内的法官或大学教授在经济上仍依附于一个国家，但是他们被假定具有独立性，因为他们不听从政府的指令，不

〔1〕 Cf. Article 8. 27 para. 4 and Article 8. 28 para. 4 CETA Article 3. 38 para. 4 and Article 3. 39 para. 7 EU-Vietnam IPA and Article 3. 9 para. 4 and Article 3. 10 para. 4 EU-Singapore IPA.

〔2〕 The importance of having adjudicators with the highest qualifications is recognised by European Union(2019), para. 20.

〔3〕 See also Wilske, Sharma and Rawal(2017), p. 94.

〔4〕 Neither WTO-AB, nor ICJ provide for age limits; the ECtHR provides for an age limit of 70 years, cf. Art. 23 para. 2 ECHR.

〔5〕 This is not a requirement of the ILC, but so far no person has ever been elected to the ILC whose home state is not a UN member.

〔6〕 On this see also CJEU 1/17 of 30 April 2019, ECLI:EU:C:2019:341, para. 223 et seqq.

〔7〕 Art. 17 para. 3 sentence 2 DSU.

承担政府的任务，不附属于政府机构，也不直接或间接地参与政府行为。除非在特定案件中针对他们的独立性提出了具体异议。[1]

除了对法官个人的职业资格要求及其与本国相独立的要求之外，还需要澄清的是，被任命的多边投资法院法官不能作为一国的代表，尤其不能是其本国的代表，因为法官要承担的是一项"国际任务"。比如，依据《欧洲人权公约》（The European Convention for the Protection of Human Rights and Fundamental Freedoms）第21条第（2）段，欧洲人权法院的法官均以个人身份行事，他们不代表其本国，完全不听命于其本国的任何指示。合适的酬劳应当也能保证法官在经济上的独立性。

另一个与法官的独立性相关的问题是，当法官从多边投资法院期满离任后是否被允许立即从事其他法律领域的职业或者需要经过一个冷却期。

（4）法官的道德准则

只有当多边投资法院的法官达到了最高的道德标准并且具备必须的公正性[2]，他们才能有助于各国接受多边投资法院。基本上所有国际裁判机构都对法官有明确的道德要求。[3]这些道德规范可以在《多边投资法院规约》中直接规定，或者被大会以二级立法的形式通过。由于当前的关注大多

---

〔1〕 On the harmlessness in these cases of state affiliation at the WTO-AB cf. Preparatory Committee to the WTO, Sub-Committee on Institutional, Procedural and Legal Matters, Establishment of the Appellate Body, Recommendations, PC/IPL/13 of 8. 12. 1994, para. 7: "[...] Members of the Appellate Body should not therefore have any attachment to a government that would compromise their independence of judgment. This requirement would not necessarily rule out persons who, although paid by a government, serve in a function rigorously and demonstrably independent from that government." The CJEU held that Members of Tribunals such as law professors who receive renumeration from a state but are not however involved in the determination of the policies of the government of the state does not make that person ineligible, see CJEU 1/17 30 April 2019, ECLI: EU:C:2019:341, para. 240.

〔2〕 The need to guarantee impartiality and independence of MIC adjudicators was highlighted by European Commission (2017), p. 45.

〔3〕 Cf. insofar for instance Art. 2 ICJ Statute: "The Court shall be composed of a body of independent judges, elected regardless of their nationality from among persons of high moral character, who possess the qualifications required in their respective countries for appointment to the highest judicial offices, or are jurisconsults of recognized competence in international law." Cf. also Art. 36 para. 3 lit. a) Rome Statute; Art. 4 para. 1 Statute of the Inter-American Court of Human Rights (IACtHR Statute); Art. IV para. 11 Agreement Establishing the Caribbean Court of Justice (CCJ Agreement).

集中在法官的独立性和自治性方面，与法官的适当性和法官行为准则相关的核心规定应当在《多边投资法院规约》中直接规定。

《班加罗尔司法行为原则》（以下简称《班加罗尔原则》）[1]可以用来作多边投资法院法官的实质性道德要求的起点。[2]该行为准则由联合国工作组编纂，并被联合国决议采纳，可以被视为是规范法官司法行为的示范规则。其中尤其强调的是法官的独立性、客观性、公正性，程序上合理、公平地对待各方当事人。

欧洲法官咨询委员会（Consultative Council of European Judges，CCJE）关于法官职业行为的原则和规范的第3号意见，特别是关于道德规范中的不相容行为和公正性的规定，就是以《班加罗尔原则》为基础制定的。[3]法官行为规范的核心内容包括公正、平等对待双方当事人，勤勉地履行司法职责与媒体互动、保持克制，尤其是在参加政治活动方面以及在私人生活中行为得体。此外，该意见还强调法官职业行为规范应当以书面形式确定。

《加拿大与欧盟综合经济贸易协定》第8.30条[4]包含的法官道德规则援引了《国际律师协会关于国际仲裁利益冲突指引》的规定，[5]这也应当予以考虑[6]。该冲突指引的第一部分阐述了七种一般标准和规定（公正、独

---

〔1〕 The Bangalore Draft Code of Judicial Conduct 2001 adopted by the Judicial Group on Strengthening Judicial Integrity, as revised at the Round Table Meeting of Chief Justices held at the Peace Palace, The Hague, 25 – 26. 11. 2002.

〔2〕 International Bar Association's Human Rights Institute Resolution on the Values Pertaining to Judicial Appointments to International Courts and Tribunals of 31. 10. 2011.

〔3〕 CCJE(2002)OP3DE of 19. 11. 2002.

〔4〕 Art. 8. 30 para. 1 CETA: "The Members of the Tribunal shall be independent. They shall not be affiliated with any government. [Footnote: For greater certainty, the fact that a person receives remuneration from a government does not in itself make that person ineligible.] They shall not take instructions from any organisation, or government with regard to matters related to the dispute. They shall not participate in the consideration of any disputes that would create a direct or indirect conflict of interest. They shall comply with the International Bar Association Guidelines on Conflicts of Interest in International Arbitration or any supplemental rules adopted pursuant to Article 8. 44. 2. In addition, upon appointment, they shall refrain from acting as counsel or as party-appointed expert or witness in any pending or new investment dispute under this or any other international agreement."

〔5〕 IBA Guidelines on Conflicts of Interest in International Arbitration, Resolution of the International Bar Association Council of 23. 10. 2014.

〔6〕 For a different opinion see Howse(2017b), p. 228.

立、仲裁员和当事方的披露义务、对可能挑战仲裁员权利的放弃、适用范围等)；第二部分描述了适用这些原则的示例。这些示例像交通信号灯系统一样，从红灯行为(绝对排除或取消裁判资格的严重原因)，到黄灯行为(针对独立性和公正性的合理怀疑)，再到绿色行为(没有明显的偏见)的列表。欧盟委员会(就《跨大西洋贸易与投资协定》)的双边投资法庭体系提案的附件(二)也已包含了"针对合议庭成员、上诉庭成员和调解员的行为准则"。[1]这个文件可以作为未来多边投资法院类似规定的起点。

针对法官的道德规范，尤其是以下义务应当予以规定：

——独立性

——公正和中立性

——法官任期届满卸任后的义务

——保密义务

——保护法庭名誉的义务

——不当行为应当受到制裁，如贿赂法官及其下属

——其他义务

此外，应当规定对可能产生偏见的原因的披露要求，以及禁止将司法工作委托给他人等。

所有可能影响司法公正和独立的事实都应当予以披露。[2] 在诉讼中违反披露义务应当受到惩罚，并且应当构成法官在诉讼程序中的偏见而取消其法官资格的初步证据。然而，应当考虑是否要设计一个假想情形的清单。在这种情况下，更应当推荐只是范本性的，而不是排他性的清单。这些要求可以效仿上述冲突指引的规定。[3]

---

[1] Transatlantic Trade and Investment Partnership, Trade in Services, Investment and E-Commerce, Chapter II-Investment, Annex Ⅱ, http://trade.ec.europa.eu/doclib/docs/2015/september/tradoc_153807.pdf(23.5.2017).

[2] This was acknowledged as well by European Union(2019), para. 18.

[3] IBA Guidelines on Conflicts of Interest in International Arbitration, Resolution of the International Bar Association Council of 23.10.2014, General Standard 3-Disclosure by the Arbitrator in connection to the Orange List.

另外,不应允许法官就政治问题发表评论,[1]因为这可能会影响他们的独立性。由于法官的必须保证其独立性,他们在法庭之外的言论必须受到严格限制。

法官的道德规范还应当确定在什么情况下当法官任期届满后可以立即继续作为当事人的代理人从事职业行为。WTO相关规定明确确立了冷却期制度。[2]在冷却期内法官不得从事特定的职业将有助于增强多边投资法院的裁判质量和独立性。冷却期的长度应当是平衡与有限的。[3]然而,只要存在这样的要求(已经包含在欧盟委员会的国际投资法院体系的提案中),[4]就应当为卸任的法官由此造成的收入减少提供充足的经济补偿。无论如何,法官不能再参与当其任期届满卸任之前已经悬而未决的案件。比如,欧盟法院要求其法官要遵守三年的冷却期的规定,在此期间不能在欧盟法院系统中作为当事方代表参与任何案件。[5]

违反法官道德规范的行为应当受到惩罚。在遵守适度(比例)原则并提供司法审查的可能性的前提下,将道德约束和纪律处分相结合是一种选择,尤其是在存在严重不当行为时。[6]依照不同的具体情形将会产生不同的法

---

〔1〕 Cf. insofar also Art. 16 para. 1 ICJ Statute:"No member of the Court may exercise any political or administrative function, or engage in any other occupation of a professional nature." See thereto also Art. 4 sentence 1 Statute of the Court of Justice of the EU (CJEU Statute): "The Judges may not hold any political or administrative office."

〔2〕 In this sense, Voon (2017), p. 27 et seqq. WTO, Post-Employment Guidelines: Communication from the Appellate Body, WT/AB/22 of 16.4.2014.

〔3〕 Here one could also mention Art. 100 para. 2 No. 4 Aktiengesetz (German Stock Corporation Act) or Art. 42 para. 2 RL 2006/43/EG comparatively, because if this is the case in commercial law, then this should a fortiori also apply in the area of binding arbitration. These regulations are based on 2-year periods.

〔4〕 Transatlantic Trade and Investment Partnership, Trade in Services, Investment and E-Commerce, Chapter II-Investment, Annex Ⅱ, Code of Conduct for Members of the Tribunal, the Appeal Tribunal and Mediators, Art. 6: "All former members must avoid actions that may create the appearance that they were biased in carrying out their duties or derived advantage from the decision or award of the tribunal or Appeal Tribunal."

〔5〕 See also BVerwG (Federal Administrative Court), Judgment of 5.5.2017, Case Number. 2 C 45.16, according to which the appearance of a retired judge as a lawyer in the court in which he previously worked confuses the concern that the service is adversely affected and therefore justifies him to prohibit him from doing so for a transitional period. A background consultation is however possible.

〔6〕 Cf. Consultative Council of European Judges (2002).

律后果,在严重违反道德规范的情形下,例如违反保密义务、将司法工作委托给雇员等,法官应可能被罢免,比如欧盟法院的法官不能遵守其义务时就可能遭到罢免。[1]

(5)法官的履职能力

只有那些能够确保可以履职的人才应被任命为法官。这是为了确保法官能够实际处理并且能够投入必要的时间来完成必要工作。如上所述,全职法官是一个较好的选择。至于如果一个法官日常性地从事另一种职业,例如在大学担任教授,该大学的管理部门可以批准教授休假或休兼职假,从而暂时性地免除其教授的工作职责,使其可以被安排参与多边投资法院的审理程序。

假如多边投资法院法官是全职的,就可以规定法官有在法院所在地居住的义务。这种义务能帮助法院的适当运行,也可被其他国际裁判机构效仿。[2]

(6)法官的薪酬

在多边投资法院担任法官似乎会提升个人的名望和声誉。因此可以设想,那些在职业上和道德上合适担任法官的人不会仅因为没有很高的经济收入而拒绝担任法官。法官薪酬的确切数额可由大会决定,然后根据法官实际上是从事全职工作还是在法院达到了满负荷运作之前按需工作而定期增加。

欧盟委员会在(《跨大西洋贸易与投资协定》)设立双边投资法庭体系的

---

〔1〕 Art. 6 CJEU Statute:"A Judge may be deprived of his office or of his right to a pension or other benefits in its stead only if, in the unanimous opinion of the Judges and Advocates General of the Court of Justice, he no longer fulfils the requisite conditions or meets the obligations arising from his office. The Judge concerned shall not take part in any such deliberations. If the person concerned is a member of the General Court or of a specialised court, the Court shall decide after consulting the court concerned. The Registrar of the Court shall communicate the decision of the Court to the President of the European Parliament and to the President of the Commission and shall notify it to the President of the Council. In the case of a decision depriving a Judge of his office, a vacancy shall arise on the bench upon this latter notification."

〔2〕 Cf. Art. 14 CJEU Statute:"The Judges, the Advocates General and the Registrar shall be required to reside at the place where the Court of Justice has its seat." Art. 12 para. 3 Statute of the International Tribunal for the Law of the Sea(ITLOS Statute):"The President and the Registrar shall reside at the seat of the Tribunal."

提案中已经提到了法官薪酬的具体数额：一审法庭的法官为每月 2000 欧元，上诉机构法官为每月 7000 欧元。[1] 这仅仅是法官的待命费用，还要加上按日计算的津贴。《欧盟与越南投资保护协定》[2] 和《欧盟新加坡贸易与投资保护协定》[3] 都没有规定具体的薪酬数额，而是由各自的联合委员会来决定。

如果多边投资法院法官为全职法官，他们的薪酬可以参照其他国际裁判机构法官的薪酬（比如国际法院、[4] 国际海洋法法庭、[5] 国际刑事法院[6]）来确定。但这些法院的法官的薪酬都显著低于欧盟法院的法官。[7]

在国家层面，由于法官履行的是国家职能，其薪金往往由公共资金支付。相应的，多边投资法院法官的薪酬也应当由法院成员承担，即多边投资法院的成员从其公共资金支付。争端方不负担法官的工资，它们最多可能通过法

---

[1] Art. 9 para. 12 TTIP: "In order to ensure their availability, the Judges shall be paid a monthly retainer fee to be fixed by decision of the [...] Committee. [Note: the retainer fee suggested by the EU would be around 1/3rd of the retainer fee for WTO Appellate Body members (i. e. around € 2000 per month)]. "Art. 10 para. 12 TTIP: "The Members of the Appeal Tribunal shall be paid a monthly retainer fee and receive a fee for each day worked as a Member, to be determined by decision of the [...] Committee. [Note: the retainer and daily fee suggested by the EU would be around the same as for WTO Appeal Tribunal members (i. e. a retainer fee of around € 7000 per month)]."

[2] Article 3. 38 para. 14 EU-Vietnam IPA: " In order to ensure their availability, the Members shall be paid a monthly retainer fee to be fixed by decision of the Committee. " Article 3. 39 para. 17 "[...] The Committee shall fix their remuneration and related organisational matters."

[3] Article 3. 9 para. 12 EU-Singapore IPA: " In order to ensure their availability, the Members shall be paid a monthly retainer fee to be fixed by decision of the Committee."

[4] International Court of Justice, Members of the Court, http://www. icj-cij. org/court/? p1 = 1& p2 = 2 (23. 5. 2017): "Each Member of the Court receives an annual salary consisting of a base salary (which for 2010 amounts to US $ 166,596) and post adjustment, with a special supplementary allowance of US $ 15,000 for the President."

[5] International Tribunal for the Law of the Sea, Finances, www. itlos. org/general-information/finances/ (23. 5. 2017): "The President of the Tribunal, who resides at the seat of the Tribunal, receives an overall annual remuneration of US $ 168,878 and a special annual allowance of US $ 15,000."

[6] For instance, Conditions of service and compensation of the judges of the International Criminal Court, ICC-ASP/2/10, para. 1: "The annual remuneration of full-time judges will be € 180,000 net."

[7] Gartland (2016): "Judges at the Court of Justice of the European Union have received a pay increase of 2. 4 per cent this year, bringing their basic salaries to almost € 256,000. " Conversely, European Commission (2017), p. 40 considers that the estimated that the remuneration of one adjudicator at the MIC per year should be around EUR 285. 000, which is higher than for CJEU judges.

庭费用来承担开销。

(7)法官的就职宣誓

多边投资法院的法官在开始工作之前应当先宣誓就职。例如,欧盟法院法官在法院公开会议,[1]或在全体会议宣誓就职。宣誓就职仪式是为了让法官发誓会自觉公正地行使职权,以及使其即使在他们的任期届满后始终遵守保密要求。

(8)法官的豁免

正如各种其他国际裁判机构所规定的那样,[2]应当授予多边投资法院法官在从事与职权相关的行为时的豁免权。为了保证法官的独立性,应当规定,如同罢免法官一样,豁免权只有经多边投资法院大会批准才能放弃。

(9)法官的平行职业

关于是否允许法官从事平行职业的问题正被热议,该问题与法官的履职能力、独立性和中立性直接相关。[3]如上阐述,被任命的多边投资法院的法官应当尽可能优先投入其在法院的工作。但平行职业应当仍然被认为是可能的。[4]平行职业应当以不能对司法产生影响的活动为限。比如,德国宪法法院的法官原则上禁止从事平行职业工作,唯一的例外是在大学任教。欧洲

---

〔1〕 Cf. Art. 2 CJEU Statute: "Before taking up his duties each Judge shall, before the Court of Justice sitting in open court, take an oath to perform his duties impartially and conscientiously and to preserve the secrecy of the deliberations of the Court."

〔2〕 For instance, Art. 19 ICJ Statute: "The members of the Court, when engaged on the business of the Court, shall enjoy diplomatic privileges and immunities." Art. 15 para. 1 IACtHR Statute: "The judges of the Court shall enjoy, from the moment of their election and throughout their term of office, the immunities extended to diplomatic agents under international law. During the exercise of their functions, they shall, in addition, enjoy the diplomatic privileges necessary for the performance of their duties."

〔3〕 See, inter alia, Bundesrichter mit lukrativen Nebenjobs setzen sich Grenzen, FAZ of 3.4.2017, p. 17; Die fragwürdigen Gehaltsexzesse der Bundesrichter, Welt. de of 5.1.2017.

〔4〕 Wieduwilt (2017): "Genehmigungspflichtige Nebentätigkeiten sind zu versagen, wenn der Richter mehr als 40 Prozent seines Jahresgehalts nebenbei kassiert." (Authorisation for secondary activities shall be refused if the judge collects more than 40 per cent of his annual salary on the side.) See also the instructions of the Federal Finance Court. However, rather, the source of ancillary earnings and the type of activity should be crucial—the amount cannot play a significant role.

人权法院和国际法院的法官对可以从事的平行职业也都有限制。[1] 实际上,目前国际法院的法官们已经决定将制定规则,规范其参与仲裁程序的行为,国际法院法官将"通常不接受国际仲裁的委托",尤其是投资者和国家间的投资仲裁或商事仲裁。[2]

如果由于多边投资法院的案件很少而决定允许法官待命和兼职工作,就没有必要禁止法官的其他职业行为,只要该行为不会影响法官的履职能力。但是,法官从事的一切平行职业都应当经过批准。比如《跨大西洋贸易与投资协定》《加拿大与欧盟综合经济与贸易协定》《欧盟与越南投资保护协定》《欧盟新加坡贸易与投资保护协定》都没有禁止仲裁员的平行职业行为,甚至认为这是合适的。

对于平行职业的授权应引入时间限制,并应考虑法官的独立性问题。原则上,允许的和不允许的职业的界限可能是模糊的。作为一个抽象的一般性规则,只有当平行职业不会危及"对法官的独立性的信心,公正性和客观性"的情形下才可能被允许。[3] 正如德国公务员法作了需要通知和需要批准的平行职业的区分,根据前述理由,应当选用后者作为规则。

例如,在大学任教应当不会引发争议。由于多边投资法院的司法机构应当由高素质和专业化的人组成,只要在不与他们在法院的工作相冲突并且不涉及法院的未决或近期将要审理的案件的情况下,原则上没有理由禁止法官继续从事科研活动。但法官作为律师在其他投资争端解决程序中代理当事

---

〔1〕 Art. 16 para. 1 ICJ Statute: "or engage in any other occupation of a professional nature." Art. 21 para. 3 ECHR: "During their term of office the judges shall not engage in any activity which is incompatible with their independence, impartiality or with the demands of a full-time office [...]."

〔2〕 Yusuf(2018), p. 11. Art. 16 para. 1 ICJ Statute: "or engage in any other occupation of a professional nature." Art. 21 para. 3 ECHR: "During their term of office the judges shall not engage in any activity which is incompatible with their independence, impartiality or with the demands of a full-time office [...]."

〔3〕 Cf. Article 1 of the "Verordnung über die Nebentätigkeit der Richter im Bundesdienst" (Regulation on the Secondary Employment of Judges in the Federal Service) of 15. 10. 1965 (BGBl. 1965 I, 1719), last changed by Article 209 para. 3 of the law of 19. 4. 2006 (BGBl. 2006 I, 866).

人则不应被允许。[1]近年来的争论表明,之所以禁止这种行为是因为一个人的双重身份会有引起偏见的危险。

(10)法官的任命

多边投资法院的法官遴选程序对法院的质量及其他国家对法院的接受、[2]法院的正常运行和效率,[3]乃至法院裁判的执行都有直接的影响。法院要得到广泛接受,就必须要拥有独立、中立的法官;为实现效率,法官必须具有高素质。大会应当承担任命法官的职责。只有像欧盟法院和欧洲人权法院那样,[4]当多边投资法院的每个成员都能够任命一名法官时,由成员直接任命法官才是合适的。不过,由国家直接任命法官可能会引发关于法官独立性的质疑,尤其是存在可能重选或延长任期的情况下。[5]

(11)法官的任期和连任

国际法院和欧洲人权法院的法官任期均为 9 年。[6] WTO 上诉机构成员

〔1〕 Similarly, also at the ICJ, cf. Art. 17 para. 1 ICJ Statute: "No member of the Court may act as agent, counsel, or advocate in any case."

〔2〕 Cf. Institut de Droit International, Resolution on the Position of the International Judge, 6 RES EN FINAL of 9. 9. 2011, Art. 1 para. 1: "The quality of international courts and tribunals depends first of all on the intellectual and moral character of their judges. Therefore, the selection of judges must be carried out with the greatest care. Moreover, States shall ensure an adequate geographical representation within international courts and tribunals. They shall also ensure that judges possess the required competence and that the court or tribunal is in a position effectively to deal with issues of general international law. The ability to exercise high jurisdictional functions shall nonetheless remain the paramount criterion for the selection of judges, as pointed out by the Institute in its 1954 Resolution."

〔3〕 Mackenzie (2014), p. 738; De Baere et al. (2015), p. 51.

〔4〕 Also the provisions in the Algeria Accords on the establishment of the IUSCT, in CETA, in the EU-Vietnam IPA and in the EU-Singapore IPA are not suitable for taking on the arbitrators or judges' appointment, since in these bilateral agreements one of the two contracting parties can appoint one third of the judges and the last third should come from a third state. Cf. Article 8. 27 para. 2 CETA: "The CETA Joint Committee shall, upon the entry into force of this Agreement, appoint fifteen Members of the Tribunal. Five of the Members of the Tribunal shall be nationals of a Member State of the European Union, five shall be nationals of Canada and five shall be nationals of third countries."

〔5〕 In a similar sense, European Commission (2017), p. 46ff recommends an independent body to be in charge on the appointment of judges at the MIC.

〔6〕 Art. 13 para. 1 ICJ Statute with the possibility of re-election; Art. 23 para. 1 ECHR without the possibility of re-election.

最初任期为4年,并可连任1次。[1] 最近,这种做法遭遇了强烈批评。[2] 但是,如果法官的连任与否取决于其本国是否同意,[3]并且一名法官曾作出不利于国家利益的裁决,[4]那么在一个短任期届满后被重新任命的可能性就会引发司法独立的问题。将法官的任期延长到9~12年而不得连任,便能解决这个问题。[5] 最近的各种国际裁判机构的规则都遵从了这种逻辑。[6]此外,延长法官任期还能够增强裁判的一致性。当然,也要将这些优点与前述的对提名国家有更强依赖的重新选举机制相权衡。[7]

虽然如此,如果多边投资法院最初只有少数成员,法官的任期过长可能会阻止潜在的新成员加入。因此,对部分法官提供一个较短任期是一个明智之举。这至少能保证新加入的成员(国家或国家集团)的地区和法律文化能够在多边投资

---

〔1〕 Art. 17. 2 DSU: "The DSB shall appoint persons to serve on the Appellate Body for a four-year term, and each person may be reappointed once." Recently, a change was discussed (prolongation without possibility of re-appointment), but blocked by the US, cf. Statement by the United States at the Meeting of the WTO Dispute Settlement Body of 23. 5. 2016, The Issue of Possible Reappointment of one Appellate Body Member, in particular. p. 7.

〔2〕 Art. 17. 2 DSU: "The DSB shall appoint persons to serve on the Appellate Body for a four-year term, and each person may be reappointed once." Recently, a change was discussed (prolongation without possibility of re-appointment), but blocked by the US, cf. Statement by the United States at the Meeting of the WTO Dispute Settlement Body of 23. 5. 2016, The Issue of Possible Reappointment of one Appellate Body Member, in particular. p. 7. United States (2016); Bacchus (2018), p. 10; For further discussion on this issue, see, Payosova, Hufbauer & Schott (2018); Damme (2017) and WTO (2016).

〔3〕 Possibility of re-appointment for instance also for CJEU Judges (Article 253 TFEU), but also in the current CETA, Vietnam-EU IPA and EU-Singapore IPA ICS, cf. Article 8. 27 para. 5 sentence 1 CETA, Article 3. 38 para. 5 sentence 1 EU-Vietnam IPA, Article 3. 9 para. 5 sentence 2 EU-Singapore IPA.

〔4〕 The US recently blocked the re-appointment of Seung Wha Chang (Korea) as an AB member, cf. Statement by the United States at the Meeting of the WTO Dispute Settlement Body of 23. 5. 2016, The Issue of possible Reappointment of one Appellate Body Member.

〔5〕 Hereto inter alia Ulfstein (2009), p. 139. Cf. in the same sense also Institut de Droit International, Resolution on the Position of the International Judge, 6 RES EN FINAL of 9. 9. 2011, Art. 2. 1: "In order to strengthen the independence of judges, it would be desirable that they be appointed for long terms of office, ranging between nine and twelve years. Such terms of office should not be renewable." European Commission (2017), p. 42 follows the same approach of preferring long-term non-renewable appointments.

〔6〕 Art. 36 para. 9 lit. a) Rome Statute: "Subject to subparagraph (b), judges shall hold office for a term of nine years and, subject to subparagraph (c) and to article 37, paragraph 2, shall not be eligible for re-election."

〔7〕 It has been held that non-renewable positions increase the perceived impartiality and independence of judges, see in this regard Howard (2018), p. 45ff.

法院的司法机构中得到充分地体现。当法院的成员达到了一个更大的数量并且所有的国家和地区都有代表，就可以为法院的法官们设定一个更长的任期。

在法院的成员数量较多的情况下，应考虑在一定时期后，根据资历深浅的原则将一定比例的法官予以替换。如果法院甫一开始运作就任命了大量较长任期的法官，那么第一轮被替换的法官就应当通过抽签决定。[1] 基于这种考量，可以规定以 9 年为任期，每 3 年重新任命 1/3 的法官。

（12）对法官偏见的裁定

二审法官应对一审法官可能存在的偏见情况具有管辖权。此外，为了确保多边投资法院的独立性，二审法院的全体法官应可以裁定二审法官可能存在的偏见。或者由一个第三方机构，譬如国际法院来裁定二审中的偏见情形。[2]

（13）法官任命的终止

除了常规的法官在任期届满和替换之外，在法官辞职时（如出于健康原因），法官职务也应当予以解除。[3]

（14）法官的罢免

当法官不再能履行其职责或当其有严重不当行为时，[4] 其职务应当被罢免。关于应当由谁决定某位法官的罢免问题存在几种不同的选择：是由大会，法院的全体法官，法院的"纪律分庭"，还是另一个法院的某位法官或法官委员会决定？

由多边投资法院的大会决定罢免法官可能会损害法官的独立性。[5] 只

---

〔1〕 Cf. for instance Art. 13 para. 2 CJEU Statute："The judges whose terms are to expire at the end of the above-mentioned initial periods of three and six years shall be chosen by lot to be drawn by the Secretary-General immediately after the first election has been completed."

〔2〕 Cf. also American Bar Association Section on International Law (2016), Executive Summary & Conclusions and Recommendations, p. 14.

〔3〕 Cf. Art. 13 para. 4 ICJ Statute; Art. 5 para. 4 ITLOS Statute.

〔4〕 Cf. Art. 6 CJEU Statute："A Judge may be deprived of his office or of his right to a pension or other benefits in its stead only if, in the unanimous opinion of the Judges and Advocates General of the Court of Justice, he no longer fulfils the requisite conditions or meets the obligations arising from his office. The Judge concerned shall not take part in any such deliberations. If the person concerned is a member of the General Court or of a specialised court, the Court shall decide after consulting the court concerned [...]."

〔5〕 As provided for in the CJEU Statute and the ICJ Statute; cf. Art. 6 CJEU Statute; Art. 18 para. 1 ICJ Statute.

有当罢免法官的依据被列明,并且存在向独立机构或第三方法庭上诉的可能性时才需考虑这种影响。为了保证法官的独立性,最好是规定一个依多边投资法院的院长、大会或其他法官要求启动的法官罢免程序。也可以考虑由其他国际裁判机构(如国际法院)应上述主体的请求来决定罢免法官。欧盟法院还提供了由其他法官通过一致决定罢免法官的可能性。[1] 也可以考虑由其他国际裁判机构(如国际法院)应上述主体的请求来决定罢免法官。[2] 法官被罢免可能导致其失去获得退休金的权利。

4. 院长和副院长(President & Vice President)

多边投资法院的院长和副院长原则上由相应的法院成员选举产生。[3] 欧盟法院就规定每3年进行一次选举,可以连任。

多边投资法院院长应主持法院大会、将案件分配给各分庭、指派法官组成分庭、监督法院的行政管理并在对外关系中代表法院。因此,秘书处应隶属于院长。院长应由法官选举产生,任期为3年。这段任期足以履行院长的职责,同时也不会太长。院长应可连任。

法院可以任命数位副院长。副院长应当是各个分庭的庭长,并且可以规定由他们共同组成一个大法庭(Grand Chamber)来作出一些根本性的决定。法院的分庭庭长和大法庭成员的双重身份会有助于法院体系的某种连续性。

5. 全体判决,分庭和独任法官(Plenery Decisions, Chambers & Single Judges)

国际司法机构通常由一个预定数量的法官组成的法庭作出判决,[4] 并

---

〔1〕 Cf. Art. 6 CJEU Statute.

〔2〕 For other suggestions for cooperation with the ICJ and/or the WTO Appellate Body for the removal of judges see Howse (2017b), p. 229.

〔3〕 As also provided for in Art. 9a CJEU Statute: "The Judges shall elect the President and the Vice-President of the Court of Justice from among their number for a term of three years. They may be re-elected."

〔4〕 Cf. Art. 16 CJEU Statute: "The Court of Justice shall form chambers consisting of three and five Judges." Art. 25 lit. b) Convention for the Protection of Human Rights and Fundamental Freedoms as amended by Protocols No. 11 and No. 14; Art. 8.27 para. 6 CETA.

且只在特殊情况下才由所有法官作出全体判决。[1]一般来说,分庭由3位、5位或7位法官组成。实践中,分庭一般由5位法官组成(如欧盟法院、德国联邦民事法院、瑞士联邦法院及法国最高法院)。

分庭法官的指派应当反映多边投资法院法官的多样性,还应尽可能考虑到法官性别的平衡。[2]分庭法官的组成可以在考虑到地区多样性的基础上通过抽签决定,应由奇数法官组成。

各分庭庭长可以由各分庭法官决定,[3]或由法院院长决定。各庭长应协调诉讼程序,主持听证会,监督分庭会议并起草书面判决。[4]

案件应当由法院院长根据法庭程序开始之前预先确定的方法指派给各分庭处理。通过某些客观标准预先决定指派给分庭的案件的方法,将满足法治的一般原则所派生的各种要求。[5] 因此,应当事先明确并可以事后核实将哪个案件指派给哪个分庭。

可以通过抽签决定或通过预先确定的标准将案件指派给分庭。这些客观标准可以是法庭受理案件的顺序(如每个分庭按顺序轮流指派案件),分庭的职责范围(如果最终形成了专门分庭)或者当事人姓氏的首字母。但是,不应当让申请人能够通过选择一个特定的名字的方式来影响案件,使其被指派到一个特定的分庭。如果设立了专门分庭,应当由法院院长决定是否将案件指派给各分庭。只有当每年案件数量很大的情况下才会有设立专门

---

〔1〕 For this see Art. 25 para. 1 ICJ Statute: "The full Court shall sit except when it is expressly provided otherwise in the present Statute." It is however provided differently in Art. 13 para. 1 of the ITLOS Statute: "All available members of the Tribunal shall sit; a quorum of 11 elected members shall be required to constitute the Tribunal."

〔2〕 Cf. Art. 25 para. 2 sentence 2 Rules of Court of the ECtHR: "The composition of the Sections shall be geographically and gender balanced and shall reflect the different legal systems among the Contracting Parties."

〔3〕 Cf. Art. 16, CJEU Statute: "The Judges shall elect the Presidents of the chambers from among their number." Working procedures for appellate review, WTO Dispute Settlement procedure, Rule 7. 1: "Each division shall have a Presiding Member, who shall be elected by the Members of that division."

〔4〕 Cf. WTO Law, WTO Dispute Settlement procedure, Working procedures for appellate review, Rule 7. 2: "The responsibilities of the Presiding Member shall include: (a) coordinating the overall conduct of the appeal proceeding; (b) chairing all oral hearings and meetings related to that appeal; and (c) coordinating the drafting of the appellate report."

〔5〕 On this see also CJEU 1/17 of 30 April 2019, ECLI:EU:C:2019:341, para. 238.

分庭的需求。

为了公平地分配各分庭的工作,如果一个分庭的工作负担过重,可以通过法院院长或者由全体法官会议作出决议,按照与原指派方法不同的方法重新分配案件。

在重大的、可能创设"先例"的案件中,经由当事人请求,应当由全体法官或大法庭来审理案件。此外,如果分庭认为其正在审理的案件极其重要,应当也允许其将其提交给全体法官或者大法庭。就这一点而言,大法庭组成人员应当包含法院院长、副院长以及分庭庭长(如果他们同时不是副院长的话)。

除非申请人和被申请人同意,审理案件的分庭原则上不应包括具有申请人或被申请人国籍的法官。[1]在有多个分庭的情况下,这种情况很容易避免。法官的指派方法应该包含利益冲突规则,以避免分庭法官与投资者具有相同国籍的情况以及法官来自被诉国家、国际组织或者国家机构的情况。如果出现上述利益冲突,应当由适格的分庭接手此案。

常有人认为,多边投资法院的法官可能会倾向于作出有利于国家的判决,[2]而当前的投资仲裁体制则大体上更有利于投资者。[3]然而,这两种观点都并非建立在可靠的证据之上。[4]作为回应这种看法的一种方法是,未来的多边投资法院允许申请人(投资者)[5]和被申请方在法院的分庭的常任法官之外委任临时法官。[6]

---

〔1〕 In case of the WTO Appellate Body, the members of the Chambers may be nationals of the parties to the proceedings. Cf. Working procedures for appellate review, WTO Dispute Settlement procedure, Rule 6.

〔2〕 EFILA(2016), p. 15. Conversely, it was highlighted at UNCITRAL(2017), para. 36 that if state participate in the election of judges at the MIC it does not necessarily a "pro-state" bias, since states are both hosting investments and home states of investors.

〔3〕 Eberhard(2014), p. 9 et seqq.; van Harten(2010), pp. 441 and 445; Koeth(2016), p. 12.

〔4〕 Cf. Wuschka(2015); Franck(2009), p. 435 et seqq.

〔5〕 Or other possible plaintiffs.

〔6〕 Cf. As provided for in Art. 31 paras. 2 and 3 ICJ Statute; Art. 26 para. 4 European Convention on Human Rights: "There shall sit as an ex officio member of the Chamber and the Grand Chamber the judge elected in respect of the High Contracting Party concerned. If there is none or if that judge is unable to sit, a person chosen by the President of the Court from a list submitted in advance by that Party shall sit in the capacity of judge."

出于成本的考虑,最近也有观点认为,如果申请人是中小企业,应该同意其要求案件由独任法官审理。[1]然而,如果法官的收入来源于多边投资法院成员支付的固定工资,那么成本就不应是一个考虑因素。如果需要由当事人支付法庭费用,并且费用根据独任审理、分庭审理或全体法官审理而定,那么情况就有所不同。考虑是否要允许独任法官审理的问题时,应当注意由分庭作出的判决更容易被申请人和被申请人同时接受。只有在结果显然十分明确的案件中,独任审判似乎才是合适的,比如在案件不应当受理的情形,否则独任审判会带来更大的上诉可能。无论如何,独任审理的判决可以立即上诉。

6. 上诉机制(Appellate Mechanism)

一套以 WTO 争端解决机制为基础的争端解决制度应规定上诉法院。正如《加拿大与欧盟综合经济贸易协定》《欧盟与越南投资保护协定》《欧盟新加坡贸易与投资保护协定》均规定了"设立多边投资仲裁庭和上诉机制"。[2]基于这三个协定及《跨大西洋贸易与投资协定》的投资保护章节的规定,应当假定存在不同于一审法官的人员所组成的独立的上诉机构。这与欧洲人权法院有所不同。

7. 秘书处(Scretariat)

大量的国际裁判机构和争端解决机构都有所谓的、广义上的"秘书处",如 WTO 秘书处及国际法院的书记官处。

秘书处通常承担未决案件的管理工作,也负责裁判的语言和正式校对以及必要的翻译工作。此外,对当事人的代表,法官以及证人在庭审中陈述的

---

〔1〕 Art. 8. 23 para. 5 CETA: "The investor may, when submitting its claim, propose that a sole Member of the Tribunal should hear the claim. The respondent shall give sympathetic consideration to that request, in particular if the investor is a small or medium-sized enterprise or the compensation or damages claimed are relatively low."

〔2〕 Art. 8. 29 CETA: "The Parties shall pursue with other trading partners the establishment of a multilateral investment tribunal and appellate mechanism for the resolution of investment disputes. Upon establishment of such a multilateral mechanism, the CETA Joint Committee shall adopt a decision providing that investment disputes under this Section will be decided pursuant to the multilateral mechanism and make appropriate transitional arrangements." Similar provisions are set forth in Article 3. 41 EU-Vietnam IPA and Article 3. 12 EU-Singapore IPA.

同声传译工作以及对必要技术设备的监测工作都应当是秘书处的职责。[1]秘书处还可以监督多边投资法院判决的执行。

特别是为了便于程序的推进,秘书处可以协助法官完成法庭文件的准备和法律研究等任务。[2] 但无论如何,都不能由秘书处来起草判决。[3]秘书处也可以为法官配备研究员作为其直接助手。比如,每个欧盟法院的法官都配有3个法律研究助手。依据案件的数量和法官的总数,多边投资法院应当配备相当数量的助手以保证其效率。一个合适的做法是先规定较小的助手数量,然后随着案件数量的增长逐步增加助手数量。

此外,一些发展中国家的被申请人和作为申请人的投资者可以接受来自秘书处的行政支持。然而,由于秘书处已经为法官提供支持,如果同时要为争议当事人提供支持就会产生利益冲突。原则上,应当保证秘书处的中立性。因此,应当优先保证程序的有效推进。所以,为当事人提供支持的工作应当由独立于秘书处的咨询中心提供。

秘书处应当依据其承担的工作配备职员。例如,WTO秘书处就为争端解决机构雇用了近70位职员,而上诉机构雇用了额外的20名职员。[4]

秘书处可由总干事领导,但其职能应明确区别于法院院长的职能。总干事应任命并领导秘书处的工作人员。为保证秘书处的自主运行,秘书处应有自己的预算。

所谓职员规章可能与秘书处职员服务规则相关。与服务规则相关的争议可由一个负责此类事务的分庭决定。考虑到从豁免的角度而言应禁止在国内法院起诉秘书处职员,这种内部争端解决机制似乎是必要的。

秘书处应当被细分为不同的部门,诸如协助法官的法律支持部门、语言

---

〔1〕 The European Commission(2017),p. 49ff equally supports an independent Secretariat at the MIC rather than using the secretariat in an existing organisation.

〔2〕 See also Howse(2017b),p. 227.

〔3〕 According to some authors a large part of the General Agreement on Tariffs and Trade(GATT) and WTO panel reports are derived from work authored by the Secretariat. Cf. Howse(2000),p. 38 et seqq.

〔4〕 Articles 17 paras. 7 and 27 DSU. Cf. under https://www.wto.org/english/thewto_e/secre_e/intro_e.htm. Pauwelyn(2015),p. 795 et seqq.

部门、新闻出版部门、一般行政部门、基础设施和人力资源部门等。

与法官一样，秘书处工作人员的构成应体现出多边投资法院成员的国籍及其法律制度。但是，根据大多数国际组织所认可的做法，不应制定具有法律约束力的、根据区域分配秘书处职员的强制性规则。[1]

秘书处职员也应当遵守严格的保密义务和独立性原则。在此背景下，秘书处职员在入职时也应当进行宣誓。

秘书处职员的豁免权以及其在多边投资法院所在国家的税收豁免，应当在豁免协定或东道国协定中加以规定。

8. 投资咨询中心（Investment Advisory Center）

专门为发展中国家和中小企业提供支持以及培训和继续教育的咨询中心可以补充秘书处的职能。[2] 咨询中心可以作为多边投资法院的一个独立机构。应确保在咨询中心和多边投资法院的其他机构之间严格的信息和责任分离。

如果东道国被跨国企业起诉，而东道国缺乏训练有素的官员代表它们参加诉讼并为其辩护，就可能处于不利地位。[3] 这一点在发展中国家显得尤为明显。被申请人可以通过咨询中心削减法律费用。UNCTAD 最近的报告显示，每起投资仲裁案件平均的法律辩护费用在 440 万～450 万美元。[4] 除此之外，咨询中心应当为被申请人提供法律援助以为在磋商阶段达成和解化解纠纷。

同时，从“当事人平等”的原则出发，使中小企业能够从咨询中心的服务中受益也是明智的。如果被申请人也能够获得咨询中心提供的服务，就应当考虑咨询中心内部的不同服务之间的独立性，以防止产生偏袒或破坏保

---

〔1〕 Tietje(2003), p. 54, para. 41; Schermers and Blokker (2011), Art. 500 et seqq., with other sources listed there.

〔2〕 The European Commission(2017), p. 52 conceives the idea of an Advisory Centre for supporting SMEs at the MIC, although without further details.

〔3〕 The European Commission(2017), p. 53 suggests that the Advisory Centre at the MIC could also assist developing and less-developed countries.

〔4〕 Hodgson(2015), p. 749.

密性。

咨询中心还可以向多边投资法咨询中心和多边投资法院成员提供有关国际投资法的培训。

关于咨询中心的一些问题,例如基础设施可以由多边投资法院的财政拨付,也能类比 WTO 的咨询中心。资金可以通过法院成员的捐款得到保障。成员也可以根据其资产状况向咨询中心支付使用费用。在东道国胜诉的案件中,咨询费用将根据下述的“败诉方支付”原则得到偿还。同理,在投资者想要使用咨询中心提供服务的情况下也是一样。为了效率起见,咨询中心可以隶属于 UNCTAD,这也可以进一步发挥 UNCTAD 目前在投资保护领域的专业知识。[1]

二、多边投资法院的上诉程序

多边投资法院的程序应当尤其符合法治要求。为了设立两审制法院,以下章节将讨论上诉程序的可能选择。

本章将先针对管辖权、多边投资法院和其他争端解决机构的关系和有关诉讼的一般性问题进行讨论,最后讨论具体程序问题,包括实体法和程序法的问题。广义上的程序还包括决定(及决定的声明)及其直接后果。

(一)多边投资法院的管辖权

多边投资法院的管辖权应当在《多边投资法院规约》中予以规定。在此情形下,《国际法院规约》的相关规定可以作为一个参考,即一个适用多种法律文件作为准据法裁判案件的多边法院。

与国际法院不同的是,多边投资法院的管辖权应当被限定于投资争端。在国际投资领域,多边投资法院的管辖权可以在适当的情况下从争端解决延伸到调解程序。

只有当争端方同意将争端提交给多边投资法院时,法院才有管辖权。此外,还应确定法院管辖权是否取决于申请人的母国和被申请人是否是多边投资法院的成员。而且,应当始终存在实质性、个人和时间条件(尤其是投资的

---

〔1〕 Cf. Advisory Centre of the WTO, www.acwl.ch(23.5.2017).

分类以及投资者是否必须具有某种国籍），以确立多边投资法院的管辖权。这个问题在后续章节将深入讨论。

除了国际投资协定中广泛规定的属人管辖（对人管辖权）和对事管辖（实体管辖权）的要求之外，《多边投资法院规约》还可以规定法院行使管辖权的最低要求以避免"普遍管辖权"，因为法院并非为了解决所有商业争端而设立。从这个意义上讲，它实际上是设定负面管辖权要求的问题。

1. 被申请人和投资者母国的成员资格

多边投资法院行使管辖权的基本要求是被申请人和投资者的母国均是法院的成员。国际组织意义上的新的（专门的）国际裁判机构应当由固定成员组成，以确保其可接受性、正当性、组织性和资金筹措。

《ICSID 公约》规定的程序假定投资者母国或与投资者相关的国家机构或其他机构必须是公约的缔约国。[1] 依据互惠原则且为了鼓励各国加入多边投资法院和保护对外投资的国民，可以要求投资者母国原则上是法院的成员才能使得法院具有管辖权。

然而在个案中，在仅有被申请人是多边投资法院成员的情况下也可以确立法院对投资争端的管辖权。这一点可以类比《ICSID 的附加便利规则》。尽管如此，成员在这种情况下也需要明示同意法院的管辖权。如果《多边投资法院规约》明确规定有可能仅凭投资者单方面同意即可启动争端解决程序，那么只要被申请人是法院的成员，法院就可能有管辖权。多边投资法院也可能通过与《毛里求斯公约》相同的方式确立管辖权。[2] 比如只有欧盟和其成员国作为被申请人是法院的成员，但申请人母国并非法院成员，此时如

---

〔1〕 Art. Article 25 para. 1 ICSID Convention："The jurisdiction of the Centre shall extend to any legal dispute arising directly out of an investment, between a Contracting State (or any constituent subdivision or agency of a Contracting State designated to the Centre by that State) and a national of another Contracting State. [...]" Cf. for example, Griebel (2008), p. 130; Tietje (2009), § 4, para. 56 et seqq.

〔2〕 Cf. Art. 2 para. 2 Mauritius Convention："Where the UNCITRAL Rules on Transparency do not apply pursuant to paragraph 1, the UNCITRAL Rules on Transparency shall apply to an investor-State arbitration, whether or not initiated under the UNCITRAL Arbitration Rules, in which the respondent is a Party that has not made a reservation relevant to that investor-State arbitration under article 3(1), and the claimant agrees to the application of the UNCITRAL Rules on Transparency."

果法院的成员对法院提供了“单方面管辖要约”,法院也可享有管辖权。[1]

不过,此处应保持克制与谨慎。如果第三国的投资者能够在其母国未加入多边投资法院的情况下得到保护,各国加入法院的动机就会减弱(如为了节约成本)。尽管如此,未加入的国家即使不在法院被诉也面临在临时仲裁庭被诉的风险,这些国家在法院的一般性的优势,尤其是程序性优势就会被否定;如果国家在临时仲裁庭败诉,就可能就不得不证明它为什么没有加入多边投资法院。至于“单方面管辖要约”,应从一开始就施加保留或限制,比如允许缔约方可以对该要约提出某些保留。[2]

多边投资法院的基于“单方面管辖要约”的管辖权只能够作为国际投资协定项下的争端解决机制的额外选项,因为根据《维也纳条约法公约》第 30 条第(3)款规定,加入法院并不当然意味着修定了国际投资协定,如果投资者母国并没有“选择加入公约”(Opt-in Convention)。[3]这意味着投资者获得了争端解决的替代方案。

然而,多边投资法院的不少成员可能认为,允许通过条约选择法院管辖是有益的,即使申请人母国并不是法院成员也可以将案件提交给法院,因为这可以避免针对它们提起临时仲裁。那么,如果投资者要向法院提起诉讼,就应当要求其放弃所有提起临时仲裁的权利。在此情况下,将由谁负担程序性费用的规则应当进一步明确。

在双方之间的争端出现后,法院也可以根据特定协定(国际争端解决协定)获得的管辖权。如果一方希望向法院起诉,一旦前述方案不可行,这可以构成附属性、可选择的管辖权基础。

“选择加入公约”不应包含并应当拒绝在多边投资法院起诉非法院成员的可能性,即基于临时协定管辖。倘若法院成员可以通过临时协定决定法院管辖权,如第如第三国希望在个案基础上接受法院管辖,这通常会挫败各国

〔1〕 See Kaufmann-Kohler and Potestà(2016),p. 86.

〔2〕 Cf. Art. 3 para. 1 lit. c) Mauritius-Convention:“A Party may declare that:[...] c) Article 2 (2) shall not apply in investor-State arbitration in which it is a respondent.”

〔3〕 Cf. Howse(2017),p. 54 et seqq.

加入法院的积极性。这种选择还会导致行政管理上的问题,比如关于法官的选择(主动选择还是被动选择、谁选、谁将被选等)以及资金问题。此外,如果法院设立了自己的执行机制,这种替代方案可能会导致严重的执行问题。无论如何,非法院成员诉讼产生的判决的执行不得利用拟设立的执行基金制度,且必须规定有关诉讼费用承担的具体规则。

倘若有人支持上面提到的两种备选方案,则《多边投资法院规约》需要至少明确规定法院的管辖权可以基于特定国际争端解决协定加以确定。

2.(书面)同意多边投资法院的管辖

加入《多边投资法院规约》并不当然意味着所有与法院成员相关的投资争端都可以且必须自动纳入法院管辖范围。除了一般性地加入法院之外,针对具体争端,成员应当在法院的管辖范围内明确提交争端。[1]这可以将法院的管辖权限制到只涵盖具体的协定范围内。

与国际法院类似,成员除了应加入多边投资法院之外,还应特别出具一份同意法院解决争端的声明。出于法律确定性的目的,声明原则上仅能以书面形式作出。[2]这可以通过进一步的协定达成,包括:

——多边条约,即《多边投资法院规约》

——双边协定,特别是国际投资协定

——必要的情况下,投资者和国家签订的合同

——专门性国际争端解决协定

成员可以在批准《多边投资法院规约》时提交对法院管辖的书面同意。规约可以规定法院是特定既存国际投资协定的争端解决机构,如果这些特定国际投资协定(目前)没有明确指向法院。《多边投资法院规约》就会因此改

---

〔1〕 See also Article 36 para. 1 ICJ Statute:"The jurisdiction of the Court comprises all cases which the parties refer to it and all matters specially provided for in the Charter of the United Nations or in treaties and conventions in force." See also the requirements for ICSID under Article 25 para. 1 ICSID Convention; cf. Griebel(2008), p. 124 et seqq.

〔2〕 For example, Art. 36 para. 4 ICJ Statute: "Such declarations shall be deposited with the Secretary-General of the United Nations, who shall transmit copies thereof to the parties to the Statute and to the Registrar of the Court."

变法院的成员业已生效的国际投资协定的规定（参见《维也纳条约法公约》第41条）。据此，法院的成员将通过同意设立法院的协定，即《多边投资法院规约》，承认法院根据某些现有协定具有解决争端的管辖权。《多边投资法院规约》还可以声明成员可以通过其未来的国际条约，特别是国际投资协定，自动接受法院对投资争端的管辖权。因此，不必再在这些国际条约，包括新的国际投资条约和自由贸易协定的投资章节中规定法院的管辖权。鉴于此，《多边投资法院规约》应包括法院成员的关于所有新旧国际投资协定项下的投资争端"提交多边投资法院解决条款"。

在通过《多边投资法院规约》确立管辖权时，应区分是否只有被申请人必须是法院的成员，或者被申请人和申请人母国都必须是法院的成员。

也可以通过（法院的成员）签订新国际投资协定确立多边投资法院的管辖权。在国际投资协定中，法院的成员已同意进行投资仲裁。然而，只要法院没有被新的国际投资协定明确接受，这些成员就没有同意法院的管辖权。因此法院的管辖权应当涵盖所有授予法院管辖权的国际协定下的争端，尤其是国际投资协定。

多边投资法院的管辖权也可以延伸到通过补充协定指向法院的现存的国际投资协定。法院可以作为这些协定确立的唯一的争端解决方式，或者作为其他争端解决方式的补充方式。

此外，对多边投资法院管辖权的同意可以产生于其他协定，比如在投资者与国家间的投资协议中，法院的成员同意由法院管辖未来与投资者之间的商事法律争端。[1]但是，接受这种管辖权将使法院需要根据可适用的实体法作出裁判。假设投资者与国家间的投资协定不会自动构成可适用的法律，这就需要《多边投资法院规约》有关于法院管辖权和适用法律的规定。这将消除投资者与国家间争端解决的公法属性，法院需要一并解决合同或私人（商事）法律问题。

此外，东道国的国内法可能有针对特定案件书面同意将案件交给多边投

---

〔1〕 Cf. Johnson and Volkov (2013), p. 361 et seqq.

资法院管辖的选项，比如东道国是法院的成员而没有缔结国际投资协定，仅签订了投资者与国家间的投资协议。考虑到“日落条款”和透明度原则，仅在国内法中同意由多边投资法院管辖可能是有问题的。就国际裁判机构而言，通过国内法确立管辖权似乎具有很大的法律不确定性。

一旦一国作出了同意由多边投资法院管辖特定争端的声明，为法律确定性和保护投资者利益起见，只有在非常有限的情形下才有可能撤回该声明，且必须有一个较长时间的通知期限，类似于国际投资协定中的“日落条款”。[1]因此《多边投资法院规约》应当包含相应的通知期限和“存续条款”（survival clause）。

3. 属人管辖

多边投资法院的属人管辖权应当根据投资者的特征而确定。《多边投资法院规约》可以要求申请人满足投资者的完整定义（的各项要求）才能向法院起诉，或者规定应当以适用的国际投资协定作为决定投资者是否有向法院起诉的资格，即投资者必须满足国际投资协定对投资者的定义，而规约本身不含对投资者的定义。基于这种考量，规约可以预设一些管辖权的“负面要求”以防止对权利的滥用。

鉴于在多边谈判中，对于投资者定义的一致意见可能很难达成，尤其是因为该定义需要与国际投资协定的定义保持一致，建议参考适用国际投资协定中对投资者的定义。可以在法院管辖权的“负面要求”中直接规定针对投资者分类的附加要求。

4. 对事管辖

国际裁判机构通常要求（诉讼基于）实际存在的争端。[2]因此，为了实现多边投资法院的对事管辖权，必须存在投资法上的争端。争端是必须产生自

[1] See for example Braun (2012), p. 168.

[2] Art. 21 ITLOS Statute: “The jurisdiction of the Tribunal comprises all disputes and all applications submitted to it in accordance with this Convention and all matters specifically provided for in any other agreement which confers jurisdiction on the Tribunal.”

国际投资协定项下的权利或与投资相关,从而排除了纯政治性和经济性的争端。[1]

首先要确定的是外国投资者是否依据例如《ICSID 公约》第 25 条的规定作出了投资。鉴于此,有必要确定如何将《多边投资法院规约》中关于实质性管辖权的规定与未来的法院成员的现有国际投资协定所规定的对事管辖依据和拒绝授益条款相协调。对此,存在多种不同的方案:

可以将对投资者定义的问题留给现有的国际投资协定。与之相应,例如斯德哥尔摩商会仲裁院(The Arbitration Institute of the Stockholm Chamber of Commerce, SCC)等私人仲裁机构的仲裁规则没有规定任何额外的先决条件。《多边投资法院规约》应当明确,有关国际投资协定项下的所有争端将由法院解决。这也会导致各种国际投资协定中的对事管辖规则将被纳入。[2] 另外,法院成员还可以通过"选择加入条约",即《多边投资法院规约》中被赋予撤回对投资者与国家间仲裁程序的同意的权利。

或者,为了避免"有瑕疵的权利"(不可执行的实体权利),可以在《多边投资法院规约》中增加一个选择性条款。根据该条款,法院成员可以调整在其国际投资条约中对投资的定义,使其符合规约的规定。但这将要求在《多边投资法院规约》中有一个对投资的定义。该定义将在法院成员之间代替原有的国际投资协定中的定义。如果《多边投资法院规约》规定了单独的、具体的标准,则可以 ICSID 判例法发展出的投资标准为依据。[3] 这也是《加拿大与欧盟综合经济贸易协定》所使用的模式。[4] 在这种情况下,投资必须满足如下要求:

---

[1] Griebel, Internationales Investitionsrecht (2008), p. 127; Consortium Groupement L. E. S. I. - Dipenta v. Algeria, ICSID Case No. ARB/03/08, Award, 10. 1. 2005, 2. 1, para. 8. 8.

[2] Franke (2013), p. 185.

[3] Cf. Timmer (2012), p. 363 et seqq.

[4] Art. 8. 1 CETA: "investment means every kind of asset that an investor owns or controls, directly or indirectly, that has the characteristics of an investment, which includes a certain duration and other characteristics such as the commitment of capital or other resources, the expectation of gain or profit, or the assumption of risk."

——在一段特定时间内投入了显著数量的资本；

——对收益的预期；以及

——承担风险。

第三种选择是《多边投资法院规约》对投资的定义可以作为对国际投资协定中对投资定义的补充，即设定附加要求。在这种情况下，正如目前ICSID案件那样进行双重审查，以确定是否满足投资的定义，即首先是审查是否符合各自适用的国际投资协定的要求，此外还需审查是否符合《多边投资法院规约》的要求。

用《多边投资法院规约》对投资的定义来代替现存的国际投资协定对投资的定义会带来一个问题，即大量法院的谈判方都必须就投资定义达成一致意见。因为对这个术语有不同的解释路径，这将会很困难。[1]因此，根据国际投资协定来确定多边投资法院的管辖主体将比通过《多边投资法院规约》修订国际投资协定的方案更好。

此外，用《多边投资法院规约》对投资的定义代替国际投资协定中的定义还会使一些本应当具有起诉资格的投资者失去权利。不过，由法院成员合意修订国际投资协定在原则上是可能的，即使没有过渡条款。

5. 临时管辖

多边投资法院通常应当受理《多边投资法院规约》生效后和法院成立后产生的投资争端，除非被申请人也同意将“旧案”也提交法院管辖并且《多边投资法院规约》明确规定了这种选择，否则就会产生溯及既往与合法预期的问题。

还有必要确定在法院设立后投资者母国和被申请人加入《多边投资法院规约》之前的案件法院是否不能管辖。为了法律的确定性起见，《多边投资法院规约》应作出规定。

6. 避免程序滥用和负面可受理性要求

赋予多边投资法院必要的功能以防止程序滥用十分重要。这既是为

〔1〕 Cf. Bischoff and Happ(2015), p. 495 et seqq.

了保护成员,也是出于成本与效率起见,防止法院案件负担过重。为了避免程序滥用(特别是"条约挑选")并消除现存法律不确定性,不符合"合格投资者"定义的标准和要求应在《多边投资法院规约》中加以规定。事实上,这些标准将补充或确认国际投资协定的属人管辖权。在此意义上,相应的国际投资协定中的这些额外前提条件将构成负面的可受理性要求。

如果《多边投资法院规约》中关于负面可受理性的要求明显不符国际投资协定中的具体要求,即其规定比国际投资协定的规定更严格,并且在国际投资协定下仍有提起临时仲裁的选项,那么就存在投资者通过传统的临时仲裁来避免《多边投资法院规约》诉讼的风险。

(1)驳回不可受理的和没有法律依据的请求

ICSID 仲裁的控制机制可以作为评估驳回不可受理的请求的范本。首先,可以考虑利用《ICSID 公约》第 36 条第(3)款规定授予秘书长的"管辖权筛选权",从而使"明显超出 ICSID 公约管辖权范围"的争端不予登记。[1]其次,依据《ICSID 仲裁规则》第 41 条第(5)款规定的仲裁庭的初步审查权,[2]自 2006 年以后,允许仲裁庭驳回"明显没有法律依据"的指控。[3]实践中,可

---

〔1〕 Art. 36 para. 3 ICSID Convention: "The Secretary-General shall register the request unless he finds, on the basis of the information contained in the request, that the dispute is manifestly outside the jurisdiction of the Centre. He shall forthwith notify the parties of registration or refusal to register."

〔2〕 Art. 41 para. 5 ICSID Arbitration Rules, 2006: "Unless the parties have agreed to another expedited procedure for making preliminary objections, a party may, no later than 30 days after the constitution of the Tribunal, and in any event before the first session of the Tribunal, file an objection that a claim is manifestly without legal merit. The party shall specify as precisely as possible the basis for the objection. The Tribunal, after giving the parties the opportunity to present their observations on the objection, shall, at its first session or promptly thereafter, notify the parties of its decision on the objection. The decision of the Tribunal shall be without prejudice to the right of a party to file an objection pursuant to paragraph(1) or to object, in the course of the proceeding, that a claim lacks legal merit."

〔3〕 Art. 41 para. 6 ICSID Arbitration Rules, 2006: "If the Tribunal decides that the dispute is not within the jurisdiction of the Centre or not within its own competence, or that all claims are manifestly without legal merit, it shall render an award to that effect."

能是由于该款的措辞严格的原因,目前仅有少数案件据此被驳回。[1]

因此,如果将《ICSID 公约》作为范本,或许应该扩大《ICSID 仲裁规则》第 41 条第(5)款的限制性措辞。然而,不再要求只有"明显"没有法律依据请求才能驳回这种做法是否明智是值得怀疑的。[2]因为这将需要在诉讼的管辖权阶段就对案件进行实质审查。另一种选择是对《加拿大与欧盟综合经济贸易协定》和《美国双边投资协定范本》(2012 年)中规定的表面审查规则进行细化,这个做法似乎更合适。

除了《加拿大与欧盟综合经济贸易协定》第 8. 32 条第(1)款[基于《ICSID 仲裁规则》第 41 条第(5)款规定]中关于"明显"没有法律依据的请求的规定之外,[3]该协定还规定,如果一项请求虽然假定所主张的事实属实,但不能构成协定项下的请求,则可能依据协定第 8. 33 条第(1)款作出简易驳回。[4] 2012 年《美国双边投资协定范本》第 28 条第(4)款也提供了简易驳回的选择,允许提出驳回申请。[5]

避免程序滥用和无效请求的另一种方法是法院在诉讼程序中对诉讼费

---

〔1〕 Trans-Global Petroleum, Inc. v. Jordan, ICSID Case No. ARB/07/25, Decision on the Respondent's Objection under Rule 41(5) of the ICSID Arbitration Rules, 12. 5. 2008; Brandes Investment Partners, LP v. Venezuela, ICSID Case No ARB/08/3, Decision on the Respondent's Objection under Rule 41(5) of the ICSID Arbitration Rules, 2. 2. 2009 (Appeal under Art. 41 (5), but no dismissal); Global Trading Resource Corp. and Globex International, Inc. v. Ukraine, ICSID Case No. ARB/09/11, Award, 1. 12. 2010; RSM Production Corp. and others v. Grenada, ICSID Case No. ARB/10/6, Award, 10. 12. 2010. Cf. Diop(2010), p. 312 et seqq.; Raviv(2015), p. 673.

〔2〕 Raviv(2015), p. 675.

〔3〕 Art. 8. 32 para. 1 CETA: "The respondent may, no later than 30 days after the constitution of the division of the Tribunal, and in any event before its first session, file an objection that a claim is manifestly without legal merit."

〔4〕 Art. 8. 33 para. 1 CETA: "Without prejudice to a Tribunal's authority to address other objections as a preliminary question or to a respondent's right to raise any such objections at an appropriate time, the Tribunal shall address and decide as a preliminary question any objection by the respondent that, as a matter of law, a claim, or any part thereof, submitted pursuant to Article 8. 23 is not a claim for which an award in favour of the claimant may be made under this Section, even if the facts alleged were assumed to be true."

〔5〕 Art. 28 para. 4 US Model BIT 2012: "Without prejudice to a tribunal's authority to address other objections as a preliminary question, a tribunal shall address and decide as a preliminary question any objection by the respondent that, as a matter of law, a claim submitted is not a claim for which an award in favor of the claimant may be made under Article 34."

用下达单独指令。然而,要求在程序结束时必须为无效请求承担费用的风险并不总能达到提高效率和缩短程序的目的。[1]相反,法院关于费用的预先指令或单独指令可能会持续影响诉讼程序的经济性。

(2)对政治性国有企业和主权财富基金没有管辖权

主权财富基金(Sovereign Wealth Funds, SWFs)以及国有企业(State-Owned Enterprices, SOEs)通常落入国际投资协定的规制范围,[2]但协定的某些方面的条款通常并没有对它们作出具体规定,比如透明度。因此,主权财富基金和国有企业可以被视为国际投资协定项下的投资者。这会导致国家假借附属于该国的公司通过投资者与国家间争端解决机制去起诉另一个国家的问题。

因此,应当明确规定只有在特定情况下才能将国有企业和主权财富基金视为投资者,即它们仅在某些情况下才可触发多边投资法院的属人管辖权。[3]普遍接受的原则是,只要投资本身不具有政治性质,国营企业或国有企业的经济活动就应受到保护,(对这些企业的)属人管辖的原则也应予以确认。[4]

但是,如果国际投资协定对主权财富基金和国有企业已经存在相应的规则,则必须确定应该以哪些规则为准。确实,如果申请人母国和被申请人是法院的成员,那么《多边投资法院规约》可以被视为对应予适用的国际投资协定的修订。但是,对所有国际投资协定同时进行根本性的修订可能会使对多边投资法院的谈判更加困难。因此,《多边投资法院规约》的规定应仅是辅助性的,即它们不应与现有的国际投资协定相抵触,而只是对其补充或确认。

(3)消除条约挑选

消除条约挑选(treaty shopping)的可能性已被广泛讨论。条约挑选的发生可能涉及可适用的国际投资协定或《多边投资法院规约》,从而可能人为

[1] Sullivan and Ingle(2015), p. 736.

[2] Cf. Tietje(2015), p. 1802 et seqq.; Konrad(2015), p. 545 et seqq.

[3] Bungenberg(2014), p. 410 et seqq.

[4] See Bungenberg(2014), p. 410 et seqq.; Tietje(2015), p. 1812 et seqq; Konrad(2015), p. 552 et seqq.

影响法院的管辖权。

关于法人的诉讼请求，《多边投资法院规约》可以规定，法人除了必须依照其注册地国或所在地国的国际投资协定而提起诉讼之外，还须有实质性经济活动在该国内进行（如最近的国际投资协定中所规定的那样），以避免通过条约挑选滥用诉权的问题。[1]尽管有批评指出“实质性经济活动”是一个需要解释的不确定法律术语，[2]但多边投资法院可以在这方面创建类似的先例。

此外，可以规定投资者在争端发生时以及在提出诉讼时应具有所依据的国际投资协定缔约方的国籍。[3]

为消除在自然人双重国籍的情况下挑选条约的可能性，[4]《多边投资法院规约》还可以考虑投资者与国籍国的真实联系。[5]如果申请人具有被申请

---

〔1〕 See here Baumgartner(2016), p. 114 et seqq. Cf. Article 8. 1 CETA: “For the purposes of this definition, an enterprise of a Party is: (a) an enterprise that is constituted or organised under the laws of that Party and has substantial business activities in the territory of that Party.” Article 1. 2 lit. c) EU-Vietnam IPA: “juridical person of a Party” means a juridical person of the EU Party ora juridical person of Viet Nam, set up in accordance with the domestic laws and regulations of a Member State of the Union, or of Viet Nam, respectively, and engaged in substantive business operations in the territory of the Union or of Viet Nam, respectively.

〔2〕 For this see Statements to be entered in the Council minutes, Commission Declaration on the meaning of the term “substantial business activities” in Art. 8. 1 of the Agreement (Definitions of investment), OJ L 11, 14. 1. 2017, p. 9, No. 31: “The term ‘substantial business activities’ in CETA is to be understood in the same sense as the term ‘substantive business operations’ used in Article V (6) and XXVIII (m) of the WTO General Agreement on Trade in Services. The EU has formally submitted a notification to the WTO(1) stating that it interprets this term as equivalent to the term ‘effective and continuous link with the economy’ utilised in the General Programme for the abolition of restrictions on freedom of establishment adopted by the Council on 15 January 1962 pursuant to Article 54 of the Treaty Establishing the European Economic Community(2). It results that the Commission considers that a Canadian corporation not owned by Canadian nationals could only bring a dispute pursuant to Chapter 8, Section F of the Agreement where it can establish that it has substantive business activities in Canada having an effective and continuous link with the Canadian economy, in the sense of establishment as applied under the EU Treaty. This will be the basis of the Commission's attitude in the implementation of CETA.”

〔3〕 See here, Baumgartner (2016), p. 166 et seqq.; cf. also Philipp Morris v. Australia, Award on Jurisdiction, 17. 12. 2015, in particular para. 508.

〔4〕 See also here Baumgartner(2016), p. 114 et seqq.

〔5〕 Art. 8. 1 CETA: “A natural person who is a citizen of Canada and has the nationality of one of the Member States of the European Union is deemed to be exclusively a natural person of the Party of his or her dominant and effective nationality. A natural person who has the nationality of one of the Member States of the European Union or is a citizen of Canada, and is also a permanent resident of the other Party, is deemed to be exclusively a natural person of the Party of his or her nationality or citizenship, as applicable.”

人的国籍,也有必要决定在原则上是否排除法院的管辖权。[1]

正如前节解释的那样,在条约挑选的背景下《多边投资法院规约》的条款只应作为附属规则适用,即不与适用的国际投资协定条款相冲突,仅是对协定的补充或确认。

(4)拒绝授益和因贿赂驳回请求

一般性的拒绝授益条款可以构成多边投资法院的另外一项管辖权要求。[2]拒绝授益条款可以允许法院在基于诸如权利滥用、执行国际裁决等强有力的理由驳回请求。大多数仲裁庭都将拒绝授益条款视为一个管辖权问题。[3]

除此之外,还可以添加一个反规避条款,[4]以防止如"菲利普·莫里斯(Philip Morris)诉澳大利亚案"中的所谓的敏感时间重组的问题。[5] 然而,这一条款容易受到事实的限制——关于争端何时产生以及重组的"主要目的"是否为获得起诉资格的问题需要逐案分析。[6]

最后,如果投资与虚假陈述、隐瞒事实、腐败或滥用程序的行为有关,则不应允许投资者向法院起诉。越来越多的国际投资协定已经包括这种限制。[7]然而这项规则的范围仍有争议。尽管如此,相应的限制已经在《加拿大与欧盟综合经济贸易协定》中有所规定,也应包括在《多边投资法院规约》中。[8]

---

〔1〕 See Art. 25 para. 2 lit. a) ICSID Convention according to which the Convention is not applicable for an investor who is a plaintiff in case he also has a nationality of the host state.

〔2〕 Cf. Lange(2016); Hoffmann(2015), p. 598 et seqq.

〔3〕 Baumgartner(2016), p. 116 et seqq.; alternatively Plama Consortium Limited v. Bulgaria, ICSID Case No. ARB/03/24, Decision on Jurisdiction, 8. 2. 2005, para. 158 et seqq.

〔4〕 See here, Article 3. 43 EU-Vietnam IPA: "For greater certainty, the Tribunal shall decline jurisdiction where the dispute had arisen, or was foreseeable on the basis of a high degree of probability, at the time when the claimant acquired ownership or control of the investment subject to the dispute and the Tribunal determines, on the basis of the facts of the case, that the claimant has acquired ownership or control of the investment for the main purpose of submitting the claim under this Section. The possibility to decline jurisdiction in such circumstances is without prejudice to other jurisdictional objections which could be entertained by the Tribunal." A similar provision can be found in Article 3. 7 para. 5 EU-Singapore IPA.

〔5〕 Philip Morris Asia Limited v. The Commonwealth of Australia, UNCITRAL, PLA Case No. 2012 – 12.

〔6〕 Baumgartner(2016), p. 274 et seqq.

〔7〕 See also Lorz and Busch(2015), p. 577 et seqq.

〔8〕 Art. 8. 18 para. 3 CETA: "For greater certainty, an investor may not submit a claim under this Section if the investment has been made through fraudulent misrepresentation, concealment, corruption, or conduct amounting to an abuse of process."

(二)多边投资法院与其他法院和仲裁庭的关系

多边投资法院与其他法院和仲裁庭的关系应当受到《多边投资法院规约》的规范。根据 WTO 相关规定,争端解决程序是 WTO 各协定项下争端的强制性和排他性争端解决模式[参见 DSU 第 2 条第(1)款]。只有在具有基础性的《多边投资法院规约》、国际投资协定以及投资者与国家间的协议或特别协定对此作出规定的情况下,多边投资法院才能对投资争端行使专属管辖权。

迄今所缔结的国际投资协定一般都指向了不同的争端解决机构。[1] 对投资者不利的是,由于投资者对争端解决机构的选择有限,多边投资法院各成员之间此后达成的协定能够在多大程度上兼容现有的国际投资协定尚未最终解决。如果被请求对争端作出裁判的法院或仲裁庭的管辖权被国际投资协定的缔约方予以变更,可能还应由它们来确定对争端是否具有管辖权。[2]

如果国际投资协定缔约方都是多边投资法院的成员,应该可以将《多边投资法院规约》视为修订国际投资协定的协定。尽管如此,法律上的不确定性仍然存在。尽管多边投资法院具有平行管辖权,但当事人仍可以根据相应的国际投资协定中的争端解决机制诉诸仲裁,并由该仲裁庭决定其是否仍有管辖权。如果仲裁庭裁定其没有管辖权,争端将不得仲裁,而属于法院的管辖范围。为了降低仲裁庭因修订《多边投资法院规约》而仍然宣布其对争端有管辖权的风险,规约可以规定仲裁庭不顾法院对案件专属管辖权而作出的仲裁裁决或许不能被执行,至少不能在法院的成员得到执行。关于这个问题,《多边投资法院规约》可以明确援引《纽约公约》第 5 条第(1)款第 d 项规定,[3] 并可明确规定该条款将构成《ICSID 公约》第 52 条意义上撤销仲裁裁

---

[1] Generally on the issue of "Concurrent proceedings in international arbitration": UNCITRAL (2016).

[2] The underlying IIA between the parties may be amended in case both/all the parties to the IIA are also parties to the MIC.

[3] Article V para. 1 lit. d) NYC: "The composition of the arbitral authority or the arbitral procedure was not in accordance with the agreement of the parties [...]."

决的法律依据。[1]

如果国际投资协定的缔约一方不是多边投资法院的成员，加入法院就不会被视为对国际投资协定的争端解决条款的修订，投资者仍将能够利用投资协定中的投资者与国家间争端解决机制。

只有当被申请人是多边投资法院的成员时，可能被违反的国际投资协定就不能通过《多边投资法院规约》被修订。国际投资协定所规定的争端解决机制将保持不变。然而，如果《多边投资法院规约》有所规定，法院成员可以单方向非法院成员的投资者提出在法院解决投资争端的要约。

例如，只要不是所有《能源宪章条约》的缔约方都是《多边投资法院规约》的成员，法院的管辖权可能只是对《能源宪章条约》规定的选项的补充。然而，如果投资者母国和被申请人都是法院成员，那么法院对这两个《能源宪章条约》成员之间及其国民之间的争端拥有专属管辖权。

此外，还可以起草一些条款，如《加拿大与欧盟综合经济贸易协定》所规定的那样，要求法院在其决策过程中考虑到可能同时涉及此案的其他法院的条款。[2]

（三）多边投资法院与国内法院的关系

还必须规定多边投资法院与国内法院的关系。例如，《多边投资法院规约》可以包含一个所谓的“岔路口条款”。该条款规定，投资者只有在先前没有寻求国内法律救济时，才能在国际层面启动争端解决程序。就此而言，投资者有义务在国内和国际法律救济方法之间作出选择。

或者，如目前欧盟《跨大西洋贸易与投资协定》的提案或《加拿大与欧盟综合经济贸易协定》中所规定的那样，多边投资法院和国内法院之间可以规

---

〔1〕 Art. 52 ICSID Convention："(1) Either party may request annulment of the award by an application in writing addressed to the Secretary-General on one or more of the following grounds: (a) that the Tribunal was not properly constituted; (b) that the Tribunal has manifestly exceeded its powers [...]."

〔2〕 Art. 8.24 CETA："Where a claim is brought pursuant to this Section and another international agreement and: (a) there is a potential for overlapping compensation; or (b) the other international claim could have a significant impact on the resolution of the claim brought pursuant to this Section, the Tribunal shall, as soon as possible after hearing the disputing parties, stay its proceedings or otherwise ensure that proceedings brought pursuant to another international agreement are taken into account in its decision, order or award."

定互斥(弃权)条款。[1]投资者要选择国内或国际争端解决机制，就必须相应地撤回在多边投资法院或国内层面的起诉。

一个严格的"岔路口条款"和互斥条款会造成不利后果。例如，投资者过早决定在国际层面内提起诉讼，可能会剥夺其在国内层面迫切需要的法律保护，一般来说，国际法保护的目的仅仅是赔偿损害，而不积极寻求规制国家行为。因此，这种决定将排除投资者寻求除赔偿或损害以外的法律救济的可能性。[2]但如果证明国内法院对外国索赔者有偏见，而投资者选择了国际保护的途径，根据欧盟委员会的现行规定，投资者须撤回国内层面的起诉。[3]然而，这只有在国内法院作出裁判之前才有可能。

有必要采取一种新方法，比如将国内救济和国际救济相结合。但这应确保过长的程序和国内补救措施的其他缺陷不会妨碍多边投资法院保护投资的有效性。相关文献还建议设置与欧盟法院类似的初步裁决程序。[4]

(四)多边投资法院与国家间争端解决(仲裁)的关系

《多边投资法院规约》还应澄清其与投资者与国家间争端解决机制以及国家间争端解决机制之间的关系。在这方面，必须对一系列概念加以区分。

首先，如果国家间仲裁是基于两个多边投资法院的成员之间的国际投资协定而产生，则应确定国家间仲裁在多边投资法院成员之间的背景和意义。平行于法院程序的基于国际投资协定的国家间仲裁仍应是可能的。[5]如果

---

〔1〕 Art. 8. 22 para. 1 CETA: "(f) withdraws or discontinues any existing proceeding before a tribunal or court under domestic or international law with respect to a measure alleged to constitute a breach referred to in its claim; and(g) waives its right to initiate any claim or proceeding before a tribunal or court under domestic or international law with respect to a measure alleged to constitute a breach referred to in its claim."

〔2〕 Cf. Schill, (2016a).

〔3〕 Cf. Art. 8. 22 para. 1 clause f) and g) CETA.

〔4〕 Schill(2016a).

〔5〕 For example, Chapter 29 of CETA provides for State-State dispute settlement. However, it refers to all disputes regarding interpretation and application of the Treaty and not to investment disputes alone. See also, Art. 9 para. 1 and 2 of the German Model BIT 2009: "(1) Disputes between the Contracting States concerning the interpretation or application of this Treaty should as far as possible be settled by the Governments of the two Contracting States. (2) If a dispute cannot thus be settled, it shall upon the request of either Contracting State be submitted to an arbitral tribunal..."

法院成员之间的国际投资协定有规定，这些成员之间进行国家间仲裁并作出裁决是可能的。[1] 这些裁决对国际投资协定的具体条款的解释具有约束力，[2] 多边投资法院可能也必须尊重这种解释。然而，在《多边投资法院规约》明确规定的情况下，这种约束力应该也有可能被消除。这种规则将构成由先前双边投资协定的缔约方通过事后达成的多边协定对协定的修订。

大多数国际投资协定并未规定上述约束力，[3]《多边投资法院规约》可以规定赋予此种约束力。然而，基于国际投资协定的国家间裁决对法院具有约束力可能导致法院体系外的个别法院成员和仲裁员影响法院随后的判决。此外，国际投资协定的缔约方可以在任何时间选择不发布声明赋予协定此种约束力。应当注意，鉴于法院的管辖将经常援引双边国际投资协定，此类协定的设计仍将是协定缔约方的责任。如果这些协定将解释权交给了国家间仲裁庭，那么国家间仲裁庭的解释就会被考虑。[4] 无论如何，出于法治的考量，只有提起的与相同事实有关的国家间仲裁裁决才需要在投资者与国家间仲裁程序中被考虑。

为建立一个连贯的决策程序，应当考虑未来在多边投资法院设立旨在解决成员之间争端的国家间仲裁程序。因此，《多边投资法院规约》应当在成员间已有国际投资协定的基础上规定单独的国家间仲裁程序。

如果要在《多边投资法院规约》中纳入国家间仲裁程序，还需要考虑一个相关的问题：没有理由不将多边投资法院的管辖权扩大至国家间争端。在这种情况下，有必要再次说明国家间仲裁裁决与投资者与国家间仲裁裁决的关系。在适用相同的国际投资协定的情况下，没有必要去反对裁决的约束力。

---

〔1〕 The interpretation may be binding only on the contracting parties, cf. Art. 15 para. 8 sentence 1 Canada-China Foreign Investment Protection Agreement (FIPA): "The decision of the arbitral tribunal shall be final and binding on both Contracting Parties."

〔2〕 Cf. discussion Roberts (2014), p. 55 et seqq.; Potestà (2013), p. 761 et seqq.; Trevino (2014), p. 220 et. seqq.

〔3〕 See also Potestà (2013), p. 762.

〔4〕 To that extent, see also Kulick (2016), p. 146 et seqq.

关于多边投资上诉机制则应当考虑以下问题:只要国际投资协定中没有明确规定国家间仲裁裁决的约束力,这类裁决就不会对多边投资上诉机制有约束力。但是,如果国际投资协定规定了裁决的约束力,多边投资上诉机制应当审查(一审)仲裁庭是否“正确”地适用协定,即是否遵循了先前的国家间仲裁裁决。

(五)多边投资法院的一般程序

多边投资法院程序可分为以下几个阶段:

——磋商程序;

——一审(初审)程序;

——二审程序;

——(承认和)执行程序。

在《多边投资法院规约》或是一套独立的《多边投资法院程序规则》(以下简称《程序规则》)中,可以规定争端被提交至法院的具体程序安排。如上所言,关键点或基本程序原则应当被规定在《多边投资法院规约》中,《程序规则》主要针对一般规则进行进一步细化。可以由秘书处起草《程序规则》从而细化这些原则,再由大会通过。这种方式也更利于修订。

下文将不再直接讨论调解程序。然而,当今的大量的国际投资协定已经包含了关于调解的规则,[1]例如《ICSID 公约》,[2]欧盟签订的一系列自由贸

---

[1] See Article 9. 18 para. 1. Trans-Pacific Partnership (TPP), which is now part of the Comprehensive and Progressive Agreement for Trans-Pacific Partnership (CPTPP) by reference in Article 1 (1) CPTPP, or Article 10 para. 1 Germany-Oman BIT: “Disputes concerning investments between a Contracting State and an investor of the other Contracting State should as far as possible be settled amicably between the parties in dispute.”

[2] Art. 33 ICSID Convention: “Any conciliation proceeding shall be conducted in accordance with the provisions of this Section and, except as the parties otherwise agree, in accordance with the Conciliation Rules in effect on the date on which the parties consented to conciliation. If any question of procedure arises which is not covered by this Section or the Conciliation Rules or any rules agreed by the parties, the Commission shall decide the question.”

易协定,[1]都包含了此类规则。除此之外,《跨大西洋贸易与投资协定》中与墨西哥的谈判中也提及了调解程序。[2]调解程序是通过法院诉讼解决争端的替代措施,但多边投资法院可能可以通过在其组织结构下设立一个调解中心,从而更好地实施调解程序。

1. 强制磋商

投资争端解决机制改革的目标是使现有国际投资协定尽量完整,仅通过多边投资法院去替代现有的投资者与国家间仲裁条款,而国际投资协定中的特定程序将继续适用。几乎所有国际投资协定中都包括磋商的义务和时间限制。[3]在开始仲裁程序之前,争端双方(投资者和作为法院成员的东道国)应在一定的谈判期间内首先尝试达成和解。

超过国际投资协定规定范围的强制磋商程序没有必要,因为在此情况下,双方当事人一般已经经历谈判了。特别值得注意的是,投资者一般不会在没有正当理由的情况下对法院成员提起诉讼。此外,拘泥于从开始就无法达成一致的磋商程序显然是没有必要的,比如国家有关主管机关已经通过声明对(对争端事项)作了明确陈述之时。另外,限制磋商不应当缩短某些明确的冷却期(cooling-off periods)[4]。

多边投资法院的磋商程序既可以通过特殊协定启动,也可以提交诉讼请

---

〔1〕 Cf. Art. 8. 20 CETA:"1. The disputing parties may at any time agree to have recourse to mediation. 2. Recourse to mediation is without prejudice to the legal position or rights of either disputing party under this Chapter and is governed by the rules agreed to by the disputing parties including, if available, the rules for mediation adopted by the Committee on Services and Investment pursuant to Article 8. 44. 3(c). 3. The mediator is appointed by agreement of the disputing parties. The disputing parties may also request that the Secretary General of ICSID appoint the mediator. 4. The disputing parties shall endeavour to reach a resolution of the dispute within 60 days from the appointment of the mediator. 5. If the disputing parties agree to have recourse to mediation, Articles 8. 19. 6 and 8. 19. 8 shall not apply from the date on which the disputing parties agreed to have recourse to mediation to the date on which either disputing party decides to terminate the mediation. A decision by a disputing party to terminate the mediation shall be transmitted by way of a letter to the mediator and the other disputing party."

〔2〕 Section-Resolution of Investment Disputes-Article 4 EU-Mexico Agreement(under negotiation); Article 3 TTIP.

〔3〕 Markert(2009), p. 158 et seqq.; Schreuer(2004), p. 232 et seqq.; Douglas(2009), para. 322 with further references.

〔4〕 See also Markert(2009), p. 158 et seqq.

求的方式提起。总体而言,《跨大西洋贸易与投资协定》[1]《加拿大与欧盟综合经济贸易协定》[2]《欧盟与越南投资保护协定》[3]《欧盟与新加坡投资保护协定》[4]都规定了磋商和提交磋商申请的时间限制。规定时间限制旨在确保法律确定性。[5]因此,当确定了最长的磋商期间后,应当提交申请或终结程序。但是,假若这些期间与现有的国际投资协定的规定相悖,协定缔约国可以逐个通过批准《多边投资法院规约》来表示其同意(对时限的变更)。

尽管《加拿大与欧盟综合经济贸易协定》要求应当启动磋商程序,但是该协定并没有规定争端双方需要进行何种程度的友好协商。协定要求至少提交磋商请求 180 日后才能提起诉讼。事实上,这一规定与冷却期制度是很相似的。提供 180 日期限是有益的,例如当不能期待双方可以达成一致或者

[1] Art. 4 para. 5 TTIP: "The request for consultations must be submitted: (a) within three years of the date on which the claimant or, as applicable, the locally established company first acquired, or should have first acquired, knowledge of the treatment alleged to be inconsistent with the provisions referred to in Article 1(1) and of the loss or damage alleged to have been incurred thereby; or (b) within two years of the date on which the claimant or, as applicable, the locally established company ceases to pursue claims or proceedings before a tribunal or court under the domestic law of a Party; and, in any event, no later than 10 years after the date on which the claimant or, as applicable, its locally established company, first acquired, or should have first acquired knowledge, of the treatment alleged to be inconsistent with the provisions referred to in Article 1(1) and of the loss or damage alleged to have been incurred thereby."

[2] Art. 8. 19 para. 6 CETA: "A request for consultations must be submitted within: (a) three years after the date on which the investor or, as applicable, the locally established enterprise, first acquired or should have first acquired, knowledge of the alleged breach and knowledge that the investor or, as applicable, the locally established enterprise, has incurred loss or damage thereby; or (b) two years after an investor or, as applicable, the locally established enterprise, ceases to pursue claims or proceedings before a tribunal or court under the law of a Party, or when such proceedings have otherwise ended and, in any event, no later than 10 years after the date on which the investor or, as applicable, the locally established enterprise, first acquired or should have first acquired knowledge of the alleged breach and knowledge that the investor has incurred loss or damage thereby."

[3] Article 3. 3 EU-Vietnam IPA.

[4] Article 3. 26 EU-Singapore IPA.

[5] For example, see Art. 8. 19 para. 8 CETA: "In the event that the investor has not submitted a claim pursuant to Article 8. 23 within 18 months of submitting the request for consultations, the investor is deemed to have withdrawn its request for consultations and, if applicable, its notice requesting a determination of the respondent, and shall not submit a claim under this Section with respect to the same measures. This period may be extended by agreement of the disputing parties."

延长的冷却期对于投资者不合理时,经当事人申请可以放弃或者缩短该期限。

为了适当执行时限规定,争端双方还有义务就磋商进展告知多边投资法院的秘书处。此外,还应当规定磋商工作的最长时限,并且依据申请人和被申请人间的协定可将时限延长。

当国际投资协定的缔约国是多边投资法院的成员,而协定没有规定磋商义务以及相应的时间限制,《多边投资法院规约》应当确定关于磋商与时间限制。当仅有被申请人是法院成员时,如前所述,法院诉讼应当作为争端解决的补充选项,但《多边投资法院规约》中应当具体规定相应的磋商义务与时间限制。

2. 一审程序

(1)一般程序

诉讼程序原则上自提交诉讼请求而开始。起诉应当基于申请人提出的、出于一个法院成员作为或者不作为损害了其投资权利的诉求。这一诉求应当被记载在起诉书(written statement of claim)中,并在规定时间内提交。提起诉讼请求时还应当缴纳诉讼费。在起诉书开头,申请人应当说明其提起诉讼的权利以及诉讼事由。在起诉得到受理后,[1]法院院长应当立即将案件分配给分庭,分庭应决定法院是否有管辖权、案件的可受理性与案件事由。法院(的院长)还应当确保平均分配各分庭的工作量。[2]

在起诉之后,法院的分庭应当立即依职权审查此案是否可受理、是否明显缺乏依据以及是否明显缺乏管辖权。立即审查这一系列问题也有助于相关当事人节约诉讼成本。除此之外,如有必要,相关规则也可以规定"应当在

---

〔1〕 Cf. Rules of Court of the ECtHR, Art. 51 para. 1 and Art. 52 para. 1.

〔2〕 See also Art. 52 para. 1. Rules of Court of the ECtHR: "Any application made under Article 34 of the Convention shall be assigned to a Section by the President of the Court, who in so doing shall endeavour to ensure a fair distribution of cases between the Sections."

一定时限内确认适格的被申请人”。[1]而且还需审查是否有阻碍未来程序的异议。在这一系列的初步审查后,起诉书应该送达给被申请人,并应当确定被申请人提交答辩状的时间限制。

诉讼程序可以仿照国际法院的程序分为两个阶段。在第一阶段,双方当事人可以交换书面陈述。在第二阶段,当事人可以进行口头听证,且证人、专家、代表以及利益相关的第三方都可以参与进听证程序。同时还应当规定,在特定的个案中,经双方当事人同意,法庭可以不经口头听证程序而作出判决。

被申请人在一定时限内提交答辩状(参见快速原则)。在第一阶段的程序设计中应当考虑第二次答辩的可能性。同时,分庭应在此时熟悉案情。这有利于检验法院的管辖权以及诉讼的可受理性。法院还可以通过适用初步裁定确认其管辖权以及案件的可受理性,从而降低诉讼成本。主管分庭应当在其管辖权范围内,满足判决案件所需的所有要求。当存在私人申请人被国家行为影响的情形时,由于此情形的可比性,必须仿照在国家层面的行政程

---

〔1〕 Cf. Art. 8.21 CETA: “1. If the dispute cannot be settled within 90 days of the submission of the request for consultations, the request concerns an alleged breach of this Agreement by the European Union or a Member State of the European Union and the investor intends to submit a claim pursuant to Article 8.23, the investor shall deliver to the European Union a notice requesting a determination of the respondent. 2. The notice under paragraph 1 shall identify the measures in respect of which the investor intends to submit a claim. 3. The European Union shall, after having made a determination, inform the investor as to whether the European Union or a Member State of the European Union shall be the respondent. 4. In the event that the investor has not been informed of the determination within 50 days of delivering its notice requesting such determination: (a) if the measures identified in the notice are exclusively measures of a Member State of the European Union, the Member State shall be the respondent; (b) if the measures identified in the notice include measures of the European Union, the European Union shall be the respondent. 5. The investor may submit a claim pursuant to Article 8.23 on the basis of the determination made pursuant to paragraph 3, and, if no such determination has been communicated to the investor, on the basis of the application of paragraph 4. 6. If the European Union or a Member State of the European Union is the respondent, pursuant to paragraph 3 or 4, neither the European Union, nor the Member State of the European Union may assert the inadmissibility of the claim, lack of jurisdiction of the Tribunal or otherwise object to the claim or award on the ground that the respondent was not properly determined pursuant to paragraph 3 or identified on the basis of the application of paragraph 4. 7. The Tribunal shall be bound by the determination made pursuant to paragraph 3 and, if no such determination has been communicated to the investor, the application of paragraph 4.”

序或仿照欧盟层面的《欧洲联盟运作条约》第 263 条的规定设计申请人撤诉的要件。随后,分庭应当处理案件的实体问题,并可在必要时依职权进行相关事实调查(参见依职权调查的原则)。在此过程中,分庭还应当参与取证(参见证据的采集与考量)。

在某些特殊案件中,可以采取额外的临时保护措施去保护特殊的权利。几乎所有的国家法律体系[1]与国际裁判机构体系[2]都提供了这一类(临时保护)措施。同时,这类措施也被视为是完整有效的法律保护的重要组成部分。

随后的步骤中将解决“哪些程序性原则应在多边投资法院予以适用”的问题。仅通过本书无法完全将这个问题讨论清楚。目前,在国际法领域,并不存在被普遍接受的(争端解决的)程序原则。仲裁庭偶尔会诉诸仲裁地的国内仲裁法的程序规则,但国际司法机构不会作出这样的选择。即使有时存在碎片化的程序规定,但国际司法机构的规约与规则往往规定了独立的程序要求。然而,通过适用某些程序原则是实现多边投资法院目的所必需的,比如下文所述的公平审判原则、法官的独立与公正原则,以及普遍被接受的举证责任原则等。

(2)具体问题

①申请程序、提起诉讼请求、起诉书

原则上,仅经申请即可启动诉讼程序。多边投资法院不得基于职权主动启动诉讼程序,否则会享有针对成员实行控制的能力,而诉讼的目的是获得赔偿,这种能力将与该目的相悖。[3]

申请人需要明确说明被申请人违反的实体标准,同时需要说明其认为该

---

〔1〕 In this context, see § 123 VwGO(Code of Administrative Court Procedure, Germany); Article 32 BVerfGG(Act on the Federal Constitutional Court, Germany).

〔2〕 Art. 41 ICJ Statute: “1. The Court shall have the power to indicate, if it considers that circumstances so require, any provisional measures which ought to be taken to preserve the respective rights of either party. 2. Pending the final decision, notice of the measures suggested shall forthwith be given to the parties and to the Security Council.” See also Art. 25 Statute of the ITLOS.

〔3〕 See for example, Art. 8.39 para. 1 CETA.

违反的理由。因此,起诉书应当包括引发争端的具体措施,并简单说明起诉的基本法律论据。起诉书至少应说明被侵害的权利的内容,同时应当包含对相关事实的阐述。相关事实的阐述应使分庭得以了解申请人提起诉讼的权利基础。通过这种方式,起诉书应当明确诉讼事由。在 WTO 相关规定中,争端解决机构的专家组仅可就原告的请求作出裁断。[1]但在《程序规则》中,出于补偿的有效性与效率的考虑,至少在口头听证程序开始前,应允许因为其他理由而迟延提交起诉书。若非这样规定,当事人可能会选择提交新的诉讼请求。除此之外,还应当考虑法院依职权调查的一般原则,该原则反对过度限制最初提出的诉讼事由的范围。

出于对透明度与法律确定性的考虑,起诉应当通过书面方式启动,而且应当通过秘书处。此外,还需要解决一系列问题,比如,关于"通过电子邮件等电子形式提交起诉书是否满足书面方式要求"?以及"在满足此要求之外还需要满足何种特殊要求(如电子签名、文件格式的要求等)"?

同样出于透明度的考虑,多边投资法院将会在其网站上公布诉讼的基本信息,这一点类似于 WTO 上诉机构及 ICSID 仲裁的情形。ICSID 早在 2006 年就开始实行这项举措了。[2]特别需要注意的是,公布的信息中应该包括起诉事由。

②分庭的案件分配

在启动诉讼程序之后(参见启动诉讼程序的时限),如果设立了分庭,法院院长应当将案件分配给分庭以便作出判决。否则,法院院长应当通过预先分配程序(或预先分配机制)或者抽签的方式,将案件分配给法官。[3]

大会不应具有案件分配的权利,即决定某位法官或者某个分庭应负责某个具体案件。因为这会损害(当事人)诉诸法院的权利,而这种权利是国际法所认可的法律原则的一部分。与此同时,这也确保作为被申请人的法院成员无法通过对大会施加影响妨碍或者拖延案件的分配或干扰分庭的构成。

---

〔1〕 Cf. Article 7 DSU; Hilf and Salomon(2010), p. 176, para. 29.

〔2〕 The ICSID Secretariat publishes basic information about a dispute after registration of the dispute.

〔3〕 See on this also CJEU 1/17 of 30 April 2019, ECLI:EU:C:2019:341, para. 238.

只要法院有足够的能力，就不应该将案件分配给独任法官，因为全职法官是可以从法院的预算中获得报酬的。如果因为选择独任法官、分庭、大法庭来处理案件而导致不同的诉讼费并不合适。

③管辖权、争端的可受理性及对明显无正当理由诉讼的审查

多边投资法院应当有权决定自己的管辖权。[1] 接受案件分配的分庭应当及时审查以下问题（为达到尽可能快速审查的目的，还应当设定时间限制）：

——法院是否享有管辖权；

——提起的诉讼是否可以受理；

——提起的诉讼是否明显无正当的理由。

案件的主管法官收到起诉书时有义务及时审查是否有滥用起诉权利的情况。如果应该不予受理或者是明显无正当理由起诉时，应当立即驳回起诉；如果申请明显不可受理，一般就可以推定应当不予受理。例如，在没有仔细评估案情的情况下，一个公正的观察者通过对案件相关情况的了解，就能看出此案是不可受理的；或者是有关程序文件体现了此案明显不可受理（以上情况都可以视作明显不可受理）。如果申请人的起诉与被申请人的行为没有任何联系，或者当事人的争端无关紧要，才被认定为明显无正当理由的。

然而，为了提供充分的救济，依据不予受理或者明显无理由而驳回起诉时，应该允许当事人对此决定提出上诉。

④起诉书的提交时限

如果应予适用的国际投资协定中规定了强制磋商程序，应当规定磋商程序结束后才允许提交起诉书的最长时限。若争端所依据的国际投资协定中包括了这方面的规定，则应该考虑该协定的相关条款。

当两个国家既是应予适用的国际投资协定的缔约方，又是多边投资法院的成员时，《多边投资法院规约》应当规定上述时限。这些时限的规定将会修订国际投资协定中的相应规定。如果仅有被申请人是法院成员，法院应当

---

〔1〕 As per the powers provided to the ICSID Tribunal in Art. 41 of the ICSID Convention; in International Courts, cf. Art. 36 para. 6 ICJ Statute.

是一个额外的争端解决场所,仅在特别列出的情况下方可使用。

为了确保法律的稳定性,仅在申请人以被国家行为遭受损害权利为由,在国内提起诉讼终止后的一年内,才可在多边投资法院提起诉讼。如果没有国内诉讼程序,则申请人应当在首次了解到其权利被国家行为损害的一年内才可提起诉讼。一般而言,无论申请人是否知悉国家行为,都应在该行为发生十年后则丧失对该行为起诉的权利。

⑤被申请人

一般而言,诉讼应该针对多边投资法院的一个成员提起。《多边投资法院规约》的缔约方可通过批准条约或者公开承认管辖权的方式承认法院的管辖权。诉讼原则上应当针对法院成员,而不可以针对该成员的下级联邦单位(federal subunit)。就此问题,通过与欧盟的侵权法律程序对比可以有助于我们理解。欧盟的侵权诉讼针对的是一个单一民族国家,而不能是一个与个案联系更为紧密的联邦国家的地区或市政当局。然而,这要需要区别于有自治立法权的国际组织,譬如欧盟与其成员国。

一般而言,投资者不会成为多边投资法院的被申请人(但投资者可能因为反诉而出现例外情况)。首先,它们没有同意由法院作出裁断;其次,它们也没有这种需要。因为东道国凭借其领土主权可以通过行政或者司法权利给投资者施加压力,也可以直接在国内法院对投资者起诉。

⑥确定具有自治立法权的国际组织成员作为被申请人

当国际组织及其成员均为多边投资法院的成员时,可以预见需要有特殊条款确认适格的被申请人。例如,欧盟及其 28 个成员国都是 WTO 成员,[1] 而 WTO 的基本法律以及它的次级程序法中缺乏确认适格被告的具体规则。这可能会导致一些问题:争端解决程序是针对欧盟提出的,是针对它的成员提出的,还是同时针对两者提出的?因为缺乏具体规定,在这种情况下第三国可以自由选择适格的被申请人。[2]

---

〔1〕 For more details about the parallel membership of the EU and its member states in the WTO, see Tietje (2006), p. 161 et seqq.

〔2〕 Herrmann and Streinz (2014), § 11, para. 154 et seqq.

在多边投资法院的框架中,可以通过以下几种替代方式解决法院诉讼中的“平行成员资格”问题:

第一,如同 WTO 一样不对适格被申请人进行规定,而允许申请人自行选择;

第二,在基本规则中规定,例如在《多边投资法院规约》中纳入一个特殊的条款进行规定;

第三,也可以规定在次级的《程序规则》中,因为《程序规则》正是对《多边投资法院规约》的细化。

为了确保法律的清晰,建议对这一问题进行专门规定。在这种情况下,无论是面对一个超级经济体还是一个单独的国家,投资者都有能力去预见其向谁提起诉讼。迫使一个来自第三国的投资者去检验与决定这一问题,即“一个国家行为是起源于超国家组织的法律,还是起源于其自治的、严格限制的国内法领域”是难以令人接受的。在国际层面,双边性的《加拿大与欧盟综合经济贸易协定》对这个问题作出明确规定,[1]《欧

〔1〕 Art. 8. 21 CETA: “Determination of the respondent for disputes with the European Union or its Member States: 1. If the dispute cannot be settled within 90 days of the submission of the request for consultations, the request concerns an alleged breach of this Agreement by the European Union or a Member State of the European Union and the investor intends to submit a claim pursuant to Article 8. 23, the investor shall deliver to the European Union a notice requesting a determination of the respondent. 2. The notice under paragraph 1 shall identify the measures in respect of which the investor intends to submit a claim. 3. The European Union shall, after having made a determination, inform the investor as to whether the European Union or a Member State of the European Union shall be the respondent. 4. In the event that the investor has not been informed of the determination within 50 days of delivering its notice requesting such determination: (a) if the measures identified in the notice are exclusively measures of a Member State of the European Union, the Member State shall be the respondent; (b) if the measures identified in the notice include measures of the European Union, the European Union shall be the respondent. 5. The investor may submit a claim pursuant to Article 8. 23 on the basis of the determination made pursuant to paragraph 3, and, if no such determination has been communicated to the investor, on the basis of the application of paragraph 4. 6. If the European Union or a Member State of the European Union is the respondent, pursuant to paragraph 3 or 4, neither the European Union, nor the Member State of the European Union may assert the inadmissibility of the claim, lack of jurisdiction of the Tribunal or otherwise object to the claim or award on the ground that the respondent was not properly determined pursuant to paragraph 3 or identified on the basis of the application of paragraph 4. 7. The Tribunal shall be bound by the determination made pursuant to paragraph 3 and, if no such determination has been communicated to the investor, the application of paragraph 4.”

盟与越南投资保护协定》[1]与《欧盟与新加坡投资保护协定》[2]也是如此。

但有人可能会反对在国际法层面确立这样的规则,因为多边条约的规定如果最终在实践中无法适用,就需要艰难且长时间的谈判才能修订该规定。相较于在一个有众多缔约方的多边条约中规定此类规则,欧盟(也包括它的成员国,在这一点上它们应当是一致的)和第三国(如加拿大和越南)之间的准双边条约中规定这类规则出现的问题会少得多。为了解决权限分配引发的问题,欧洲委员会当时发布了补充说明,[3]明确了在《能源宪章条约》第26条的争端解决的背景下如何确定适格的被申请人的问题。[4]因此在程序法的层面通过二级立法对于《多边投资法院规约》进行细化,或如《能源宪章条约》那样通过提交补充说明的方式来解决这一问题的可行性更高。

关于通过二级立法确定适格的被申请人的问题,还应就以下问题作具体规定,包括是否由国际组织决定适格的被申请人(如同《欧盟与越南投资保护协定》《欧盟与新加坡投资保护协定》《加拿大与欧盟综合经济贸易协定》的规定),还是由受影响的成员来决定适格的被申请人(如《欧盟财务责任条

---

〔1〕 Article 3.32 paras. 2,3,4 EU-Vietnam IPA.

〔2〕 Article 3.5 paras. 2,3,4 EU-Singapore IPA.

〔3〕 Council and Commission Decision of 23 September 1997 on the conclusion, by the European Communities, of the Energy Charter Treaty and the Energy Charter Protocol on energy efficiency and related environmental aspects, OJ L 69, 9.3.1998, p. 115.

〔4〕 As stated, inter alia, in the Statement submitted by the European Communities to the Secretariat of the Energy Charter pursuant to Art. 26(3)(b)(ii) of the Energy Charter Treaty: "The Communities and the Member States will, if necessary, determine among them who is the respondent party to arbitration proceedings initiated by an Investor of another Contracting Party. In such case, upon the request of the Investor, the Communities and the Member States concerned will make such determination within a period of 30 days."

例》的规定)?[1] 欧盟是否需要在短期内对此作出相应的声明?这一系列规则都有一个共同点,即这是一个内部决策机制。否则,欧盟原则上应成为适格的被申请人。

与较小的成员相比,国际组织往往更加具备经济实力与技术专长。故有理由认为多边投资法院成员中的国际组织,例如欧盟,更适合被认定为适格的被申请人。此外,必要时还可以通过规定在一定的短期限内,由国际组织及其有关成员共同发出声明,说明该国际组织的成员为被申请人。在基本法律中应当规定超国家组织有权决定此类规则并告知多边投资法院。如果《多

---

[1] Art. 9 Regulation (EU) No 912/2014 of the European Parliament and of the Council of 23 July 2014 establishing a framework for managing financial responsibility linked to investor-to-state dispute settlement tribunals established by international agreements to which the European Union is party, OJ L 257, 28. 8. 2014, p. 121, Respondent status: 1. The Member State concerned shall act as the respondent except where either of the following situations arise: (a) the Commission, following consultations pursuant to Article 6, has taken a decision pursuant to paragraph 2 or 3 of this Article within 45 days of receiving the notice or notification referred to in Article 8; or (b) the Member State, following consultations pursuant to Article 6, has confirmed to the Commission in writing that it does not intend to act as the respondent within 45 days of receiving the notice or notification referred to in Article 8. If either of the situations referred to in point (a) or (b) arise, the Union shall act as the respondent. 2. The Commission may decide by means of implementing acts, based on a full and balanced factual analysis and legal reasoning provided to the Member States, in accordance with the advisory procedure referred to in Article 22(2), that the Union is to act as the respondent where one or more of the following circumstances arise: (a) the Union would bear all or at least part of the potential financial responsibility arising from the dispute in accordance with the criteria laid down in Article 3; or (b) the dispute also concerns treatment afforded by the institutions, bodies, offices or agencies of the Union. 3. The Commission may decide by means of implementing acts, based on a full and balanced factual analysis and legal reasoning provided to the Member States in accordance with the examination procedure referred to in Article 22(3), that the Union is to act as the respondent where similar treatment is being challenged in a related claim against the Union in the WTO, where a panel has been established and the claim concerns the same specific legal issue, and where it is necessary to ensure a consistent argumentation in the WTO case. 4. In acting pursuant to this Article, the Commission shall ensure that the Union's defence protects the financial interests of the Member State concerned. 5. The Commission and the Member State concerned shall immediately after receiving the notice or notification referred to in Article 8 enter into consultations pursuant to Article 6 on the management of the case pursuant to this Article. The Commission and the Member State concerned shall ensure that any deadlines set down in the agreement are respected. 6. When the Union acts as the respondent in accordance with paragraphs 2 and 5, the Commission shall consult the Member State concerned on any pleading or observation prior to the finalisation and submission thereof. Representatives of the Member State concerned shall, at the Member State's request and at its expense, form part of the Union's delegation to any hearing and the Commission shall take due account of the Member State's interest. 7. The Commission shall immediately inform the European Parliament and the Council of any dispute in which this Article is applied and the manner in which it has been applied.

边投资法院规约》中默认超国家组织是被申请人,除非另行通知,当判决国际组织或超国家组织赔偿而实际引发争端的措施应归因于该组织的某个成员,应当允许将该成员列为被申请人。[1]

⑦提起诉讼的权利与申请事由

作为申请人的投资者应当说明被申请人的国家行为损害了其权利,或者至少说明其权利是被可归因于国家的行为所损害的。[2]在这一点上,需要明确的是多边投资法院的投资者可以主张的权利,特别是如国际投资协定中规定的"保护标准"之类权利是否需要完全源于国际投资协定?

不通过《多边投资法院规约》而应当在国际投资协定中规定的,除了保护标准外,是否可以在法院体系中因为一国违反其市场准入承诺而提起诉讼。这取决于国际投资协定的具体的保护范围,原则上应当允许。

国际投资协定还应当解决以下两个问题:第一,已经签署但尚未批准的条约是否授予了投资者在法院起诉的权利?第二,投资者是否可以由于起诉权利受侵害而在法院起诉(关于临时适用的问题可以参见《能源宪章条约》第45条)。

还需要解决一个问题,即是否只允许投资者依据其母国与作为法院成员的被申请人签订的国际投资协定中所规定的保护标准,还是也可以依据其与一国之间的(投资)协议提起诉讼?投资者仅可能在双方在投资者与国家间

---

〔1〕 In this regard, the Financial Responsibility Regulation provides an opportunity for the EU and Member states to agree on the legal costs as well the liability for damages in cases where the EU acts as a respondent, but the responsibility lies with the Member States. Art. 12 Regulation (EU) No 912/2014 of the European Parliament and of the Council of 23 July 2014 establishing a framework for managing financial responsibility linked to investor-to-state dispute settlement tribunals established by international agreements to which the European Union is party, OJ L 257, 28. 8. 2014, p. 121. Acceptance by the Member State concerned of potential financial responsibility where the Union is the respondent: "Where the Union acts as the respondent in any disputes in which a Member State would be liable to bear all or part of the potential financial responsibility, the Member State concerned may, at any time, accept any potential financial responsibility arising from the arbitration. To this end, the Member State concerned and the Commission may enter into arrangements dealing with, inter alia: (a) mechanisms for the periodic payment of costs arising from the arbitration; (b) mechanisms for the payment of any awards made against the Union. This Regulation applies to arbitration cases but not to a future MIC."

〔2〕 Cf. Art. 8. 18 para. 1 and 2 CETA: "claims to have suffered loss or damage."

的协议中明确表示同意时才能依据协议提起诉讼。

如果可能以违反国内法为由起诉，可能会导致极大的法律不确定性，特别是涉及诉讼事项的范围的问题。另外，国内法中规定的诉讼事项以及侵权行为一般都应当在国内法院提起诉讼。从欧盟法的角度来看，这还会影响欧盟法院的权利，从而导致很难与欧盟法协调。因此，在《加拿大与欧盟综合经济贸易协定》中，这种可能性是被明示排除的。[1]

⑧在法院陈述意见的权利

应当保证当事人有陈述意见的权利。[2]为了对当事人进行适当的通知，多边投资法院应当将起诉书送达给另一方，还应当协助双方交换相关文件。在任何情况下，都应当确保双方可以提交答辩状、法律意见等。应当基于双方可以提出意见的事实与证据作出判决。例如，如果出现陈述意见权利受损的情况，法院当然应当依据职权重新开始听证程序。尽管时间限制可能很短，但是当事人应当谨慎地确定时限，防止因此损害陈述意见的权利。

⑨口头听证程序以及对证据的"自由裁量"

出于保护投资者的商业秘密及被申请人的安全利益的考量，除非双方当事人要求，多边投资法院应当在举行口头听证程序后才可作出判决。依据《加拿大与欧盟综合经济贸易协定》[3]《欧盟与越南投资保护协

---

〔1〕 Art. 8. 31 para. 2 CETA："The Tribunal shall not have jurisdiction to determine the legality of a measure, alleged to constitute a breach of this Agreement, under the domestic law of a Party. For greater certainty, in determining the consistency of a measure with this Agreement, the Tribunal may consider, as appropriate, the domestic law of a Party as a matter of fact. In doing so, the Tribunal shall follow the prevailing interpretation given to the domestic law by the courts or authorities of that Party and any meaning given to domestic law by the Tribunal shall not be binding upon the courts or the authorities of that Party." See on this CJEU 1/17 of 30 April 2019, ECLI:EU:C:2019:341, para. 121 et seqq.

〔2〕 Cf. della Cananea (2010), p. 56 et seqq.

〔3〕 Art. 8. 36 para. 5 CETA："Hearings shall be open to the public. The Tribunal shall determine, in consultation with the disputing parties, the appropriate logistical arrangements to facilitate public access to such hearings. If the Tribunal determines that there is a need to protect confidential or protected information, it shall make the appropriate arrangements to hold in private that part of the hearing requiring such protection."

定》[1]《欧盟与新加坡投资保护协定》[2]《UNCITRAL 透明度规则》的规定，[3]口头听证程序应当公开进行。口头听证程序的原则与更高透明度的要求是一致的，[4]这些原则也反映在了最近的国际公约的透明度的要求中。口头听证程序过程中的细节应当规定在程序规则中，同时还应当保障申请人的商业秘密的安全性。

⑩诉讼费用

还需要考虑申请人是否需要向多边投资法院缴纳诉讼费用。例如，在德国联邦宪法法院的程序中，原告一般不需要缴纳诉讼费用。但如果出现滥诉的情况，可能会收取相应费用。[5]另外，欧洲人权法院中的个人原告也不需要缴纳手续费，欧盟法院也有相同规定。[6]然而，在国家层面，比如德国（除了联邦宪法法院）和奥地利，双方一般有义务缴纳诉讼费用。

然而，诉讼费用的规定有助于防止一种情况的发生，即多边投资法院的

---

〔1〕 Cf. Article 3. 59 para. 9 EU-Vietnam IPA: "At the request of one of the claimants, the consolidating division of the Tribunal may take appropriate measures as it sees fit in order to preserve the confidentiality of protected information of that claimant vis-à-vis other claimants. Such measures may include the submission of redacted versions of documents containing protected information to the other claimants or arrangements to hold parts of the hearing in private."

〔2〕 Article 3. 24 para. 12 EU-Singapore IPA.

〔3〕 Art. 6 para. 1 UNCITRAL Rules on Transparency in Treaty-based Investor-State Arbitration: "[...] hearings for the presentation of evidence or for oral argument('hearings') shall be public."

〔4〕 also calling for pertinent transparency rules for an investment court: Katz(2016), p. 188.

〔5〕 The proceedings before the Federal Constitutional Court of Germany are free of charge according to Art. 34 para. 1 BVerfGG(Act on the Federal Constitutional Court, Germany). No one should be prevented from invoking their fundamental rights owing to cost reasons. According to Art. 34 para. 2 BVerfGG(Act on the Federal Constitutional Court, Germany), misuse of this provision can be punished with a fine of up to EUR 2600.

〔6〕 Art. 139 Rules of Procedure of the General Court, OJ L 105, 23. 4. 2015, p. 1: "Proceedings before the General Court shall be free of charge, except that: (a) where a party has caused the General Court to incur avoidable costs, in particular where the action is manifestly an abuse of process, the General Court may order that party to refund them; (b) where copying or translation work is carried out at the request of a party, the cost shall, in so far as the Registrar considers it excessive, be paid for by that party on the Registry's scale of charges referred to in Article 37; (c) in the event of any repeated failure to comply with the requirements of these Rules or of the practice rules referred to in Article 224, requiring regularisation to be sought, the costs involved in the requisite processing thereof by the General Court shall, at the request of the Registrar, be paid for by the party concerned on the Registry's scale of charges referred to in Article 37." Correspondingly, see Art. 143 Rules of Procedure of the Court of Justice, OJ L 265, 29. 9. 2012, p. 1: "Proceedings before the Court shall be free of charge, except that..."

成员需要承担所有的一般性费用。特别是对于国际投资法的高度遵从可能导致有些国家一直都不在法院为被申请人出庭。然而,法院应当可归因于其成员时为投资者依法提供法律救济。另外,为了更高的政治认同,还需要考虑让使用法院的投资者通过缴纳诉讼费用来负担一些基础费用。当投资者在法院胜诉,其就可以获得相应费用报销。

为了法律稳定性以及程序的可预测性,《多边投资法院规约》或者细化规约的程序规则中应当对相关费用作出规定。但是,法院费用不应达到诉诸法院更加困难的程度。[1] 出于公平的考量,特别当投资者是中小型企业时,应依据要求降低成本。

法院在收到起诉书时可以作出关于诉讼费用承担的初步决定。但关于哪一方当事人将最终承担诉讼费用的问题,应当由最后诉讼结果决定。

如果是在案件受理时确定诉讼费用,秘书处无须咨询当事人,可以暂时确定争议金额,并依据该金额计算诉讼费用。当最终判决作出时,或诉讼因为其他原因终止时,最终判决中应当确定诉讼费用的承担。

需要建立一个关于诉讼费用的规则体系。总诉讼费用可以依据案件的经济意义和人力、物力支出决定。可以列出诉讼费用表,说明费用的最低额,以及可以增加的最高额。最高额费用应当确保涵盖所有可能的法院程序所需要的费用。

ICSID 的管理费是每年以整笔金额给付的。然而在 ICSID 仲裁中,管理费是和仲裁员费用分开收取的。由于多边投资法院的费用既包括了法官的费用,还包括了秘书处的管理费,如果使用按年度"整笔支付"的机制鲜有优势。就此问题,可以从《斯德哥尔摩仲裁院仲裁规则》中获得一些灵感。该规则规定仲裁员费用不是以日计算,而是以案件的争议金额计算的(某种程度上类似于仲裁管理费)。[2] 在此费用的基础上,法院可以依据实际支出,增加或减少诉讼费。

因此,费用导向型的收费方式更合理。例如,在德国的诉讼费用体系中,

---

[1] See also European Commission(2017),p. 57; European Union(2019),para. 33.

[2] Cf. http://www. sccinstitute. com.

诉讼费用不得过度超出法庭的实际支出。例如，如果在一个经济意义比较重大的案件中，案件涉及的争议金额很大，但是相对而言作出裁决非常容易，那么一开始秘书处基于案件争议金额作出的关于诉讼费的初步决定应当由法院在判决中适当减少。

另一个减少诉讼费用的决定性因素是申请人是否申请由独任法官审理案件。

如果申请人的母国不是法院成员，或者被申请人并非法院成员，假若这种诉讼在《多边投资法院规约》下是可行的，这种情况应当多取收诉讼费用，因为当事人及其母国参与诉讼的费用是没有包含法院的基本支出费用的。

⑪费用分摊方案、法律基金及法律援助

费用分摊的规则是法律原则的体现，直接与向法院起诉的权利相联系。《多边投资法院规约》应当规定当事人对诉讼程序中产生费用的分摊方案，以及法律基金的安排，相关的规则还应通过《程序规则》进一步细化。

费用分摊规则仅影响双方当事人对于诉讼费用的承担。一般法院的费用支出不应当由争议的当事方分摊。《多边投资法院规约》应当规定在一般费用支出的范围内的诉讼费用(由争议金额决定)，法院的费用分摊决定应当包括这一费用，同时也是当事人分摊费用的一部分。

多边投资法院在决定程序性费用上拥有较大的自由裁量权，这与现有的关于费用分摊的实践是不一致的。

大部分的投资仲裁的费用分摊的决定都遵循一项原则，即双方当事人应当负责各自的费用，并共同负担仲裁庭的费用。[1] 仅在某些案件中，仲裁庭会依据争端当事人在程序实践中的表现来分配双方应当负担的费用。直到最近，有部分的案件依据"诉讼费依诉讼结果而定"(costs follow the event)或"败诉方付费"(loser pays)的原则作出费用分摊决定。依据这两项原则，诉讼的败诉方应当负担所有的费用。[2] 还出现了一种常见的做法，即应当通过

[1] Dolzer and Schreuer(2012), p. 299.

[2] Bondar(2016), p. 46.

费用分摊决定惩罚在诉讼程序中怀有“恶意”的诉讼当事人。在大部分案件中，这样滥用程序行为包括没有事实根据的起诉、恶意诉讼、不正当拖延诉讼程序以及其他滥用程序权利的行为。[1]

但是，不应为费用分摊决定而制定过于僵化的规则。最终的决定应当主要通过多边投资法院的自由裁量权确定。还需要考虑“败诉方付费”的原则以防止滥诉[2]。依据这一原则，仅当另一方支出的费用是必须且合理时，败诉方才应该负担胜诉方的部分费用。除此之外，还有必要制定一套标准清单说明这一原则适用的例外情况以解决一些问题，如当中小型企业被要求负担所有费用时，它们是否应当付费？

关于费用的问题，还需要确定是否允许“法律基金”（第三方资助）的问题，以及如果允许，在法庭中需要在多大程度予以披露。[3]通过第三方提供的法律基金可以帮助经济实力较弱的投资者实现起诉的权利，[4]同时也有利于践行诉讼程序中的“当事人平等”（equality of arms）原则。[5]另外，如果诉讼获得法律基金的资助，可以被推测为不是“无意义的”或“徒劳的”的诉讼。[6]但从相反角度看，这也可能导致法官的偏见，因为他们可能认为该案已经得到了初步评估了。[7]另外，关于仲裁员利益冲突的可能性也是一个被热烈讨论的问题。仲裁员可能在其他程序中接受了诉讼资助人的费用，[8]或担任法律顾问。但后一种争议与全职法官无关，因为他们不可能在这一点上存在利益冲突，所以也不会成为反对法律基金的可行性的理由。因此，需

[1] Dolzer and Schreuer(2012), p. 299.

[2] Forwarding the same idea: Katz(2016), p. 187.

[3] See also Art. 8. 26 CETA: “1. Where there is third party funding, the disputing party benefiting from it shall disclose to the other disputing party and to the Tribunal the name and address of the third party funder. 2. The disclosure shall be made at the time of the submission of a claim, or, if the financing agreement is concluded or the donation or grant is made after the submission of a claim, without delay as soon as the agreement is concluded or the donation or grant is made.”

[4] Steinitz(2011), p. 1313; Lamm and Hellbeck(2013), p. 102; UNCITRAL Working Group Ⅲ (2018b), para. 63.

[5] Cf. von Goeler(2016), p. 87.

[6] Shaw(2017), p. 111 et seqq.

[7] Sharp and Marsh(2017).

[8] Scherer(2013), p. 96.

要考虑在使用法律援助的情况下，应当免除当事人相应的披露义务。

特别是对于中小企业而言，由于它们财力有限，可能很难实现自己的权利，所以的确应当考虑建立法律援助机制。[1]欧盟法院在其确认《加拿大与欧盟综合经济贸易协定》的投资法院系统与欧盟条约的兼容性的意见中从金融风险的角度处理了无障碍要求。[2] 在国际裁判机构中，比如常设仲裁院、WTO 争端解决机构及国际法院都有国家或者自然人、法人可以自愿捐款的基金，以此提供法律援助。[3]

在国际海洋法法庭的案件中，作为当事人一方的发展中国家可以申请资金援助，以此来支付它们在汉堡进行口头听证中发生的法律费用和代表的差旅费。这一资助是通过一个自愿信托基金实现的，联合国大会设立了这个基金，由联合国海洋事务和海洋法司管理。

⑫当事人不出庭与缺席判决

如果一方当事人不出席诉讼程序，应对如同各类程序规则的规定那样允许法院缺席判决。[4]这种做法在仲裁中得到了广泛的实践，例如"利比亚案"就是如此。[5]

当事人一方不出庭原则上不应当导致诉讼程序的终止，但出庭的一方（一般是申请人）应当被允许请求法院依据其诉求裁断争端。在这种案件中，法院应当审查案件的可诉性，同时还要审查在事实上和法律上是否有充分理由，还应当考虑依职权调查原则的适用。

---

〔1〕 Cf. Krajewski(2015), p. 20, Article 23.

〔2〕 CJEU 1/17 of 30 April 2019, ECLI: EU: C: 2019: 341, para. 208 et seqq.

〔3〕 Permanent Court of Arbitration, Financial Assistance Fund for Settlement of International Disputes, Terms of Reference and Guidelines (as approved by the Administrative Council on 11 December 1995); Secretary-General's Trust Fund to Assist States in the Settlement of Disputes through the International Court of Justice, A/59/37221, 21.9.2004; Bekker(1993), pp. 659 – 668.

〔4〕 Cf. Art. 41 Protocol No. 3 CJEU Statute: "Where the defending party, after having been duly summoned, fails to file written submissions in defence, judgment shall be given against that party by default. An objection may be lodged against the judgment within one month of it being notified. The objection shall not have the effect of staying enforcement of the judgment by default unless the Court of Justice decides otherwise." Similar provision in Art. 53 ICJ Statute: "Whenever one of the parties does not appear before the Court, or fails to defend its case, the other party may call upon the Court to decide in favour of its claim."

〔5〕 British Petroleum Co Ltd(Libya) v. Libya(1982); see also Mangoldt(1983), p. 503 et seqq.

⑬利益第三方参与听证

在其他国际争端解决程序中，当第三方的法律利益可能受到诉讼影响时，它们有时可以参与到争端解决程序之中。[1] 在欧盟关于《跨大西洋贸易与投资协定》的投资法院体系提案中也包含了这种规定。[2] 过去被公认的投资者与国家间争端解决程序仅对当事人产生影响的原则现在也在发生改变。

应当在《多边投资法院规约》或者《程序规则》中作如下规定：经法院同意，一个声称对未决争端（pending dispute）享有法律利益的法院成员可以作为第三方参与诉讼。当法院成员为（争端适用的）条约的缔约方之一，而此条约的解释与案件相关，参与解决程序会非常有必要。如果需要，甚至可以在法院成员身份还没有确定时就允许第三方参与。欧盟关于《跨大西洋贸易与投资协定》的提案中的投资保护章节对这个问题有更深入的规定，即在程序上有利害关系的任何自然人或法人都可以参与程序。[3]

如果允许第三方参与诉讼程序，还应当考虑费用分摊规则。由于程序的

---

〔1〕 Cf. Art. 62 para. 1 ICJ Statute："Should a state consider that it has an interest of a legal nature which may be affected by the decision in the case, it may submit a request to the Court to be permitted to intervene." Art. 10 para. 2 DSU："Any Member having a substantial interest in a matter before a panel and having notified its interest to the DSB (referred to in this Understanding as a 'third party') shall have an opportunity to be heard by the panel and to make written submissions to the panel. These submissions shall also be given to the parties to the dispute and shall be reflected in the panel report." See also Art. 36 ECHR and Art. 31 ITLOS Statute.

〔2〕 Art. 23 TTIP Proposal-Investment Chapter—Intervention by third parties.

〔3〕 Art. 23 TTIP Proposal-Investment Chapter："1. The Tribunal shall permit any natural or legal person which can establish a direct and present interest in the result of the dispute (the intervener) to intervene as a third party. The intervention shall be limited to supporting, in whole or in part, the award sought by one of the disputing parties. 2. An application to intervene must be lodged within 90 days of the publication of submission of the claim pursuant to Article 6. The Tribunal shall rule on the application within 90 days, after giving the disputing parties an opportunity to submit their observations. 3. If the application to intervene is granted, the intervener shall receive a copy of every procedural document served on the disputing parties, save, where applicable, confidential documents. The intervener may submit a statement in intervention within a time period set by the Tribunal after the communication of the procedural documents. The disputing parties shall have an opportunity to reply to the statement in intervention. The intervener shall be permitted to attend the hearings held under this Chapter and to make an oral statement. 4. In the event of an appeal, a natural or legal person who has intervened before the Tribunal shall be entitled to intervene before the Appeal Tribunal. Paragraph 3 shall apply mutatis mutandis. 5. The right of intervention conferred by this Article is without prejudice to the possibility for the Tribunal to accept amicus curiae briefs from third parties in accordance with Article 18. 6. For greater certainty, the fact that a natural or legal person is a creditor of the claimant shall not be considered as sufficient in itself to establish that it has a direct and present interest in result of the dispute."

对抗性,应当依据诉讼程序的原则来决定何种第三方可以参与诉讼程序。一般而言,参与诉讼程序中的私人利益第三方不得获得报销参与诉讼的费用。利益第三方是国家时情况可能有所不同,在某些例外情况下,可以由法院自由裁量是否可以对费用报销。

⑭专家

分庭可以就特别问题咨询专家意见。关于环境保护、特别技术、健康等领域的问题应当以书面形式或者在口头听证程序中作出答复。[1]

⑮起诉的撤回

除调查原则外,国际裁判机构还存在所谓的当事人"自由处分"原则。因此,申请人可以在几乎所有法律程序中撤回它们的申请或起诉。考虑到多边投资法院的诉讼程序仅可依申请而启动,争端的当事人也应当拥有处置案件标的完整的权利。因此申请人可以向法院申请撤回起诉,尽管当合适的时候法院仍可以作出关于费用的决定。[2]

⑯原因陈述与少数意见

多边投资法院的分庭原则上应在口头听证程序之后作出判决。为了确保法律规则的适用以及当事人对判决的信心,分庭应当在判决中进行充分说理。[3]

还需要确定一个问题,即在判决中可否附上法官的反对意见(dissenting opinion)或不同意见(concurring opinion)(如国际法院的判决就有此种可能)。[4]这种方式可以保证司法独立与判决的透明度。[5]因此,在多边投资法院的程

---

〔1〕 Cf. Art. 24 TTIP Proposal, Investment Chapter: "The Tribunal, at the request of a disputing party or, after consulting the disputing parties, on its own initiative, may appoint one or more experts to report to it in writing on any factual issue concerning environment, health, safety, or other matters raised by a disputing party in a proceeding."

〔2〕 Cf. Art. 89 Rules of Court of the ICJ: "1. If in the course of proceedings instituted by means of an application, the applicant informs the Court in writing that it is not going on with the proceedings, and if, at the date on which this communication is received by the Registry, the respondent has not yet taken any step in the proceedings, the Court shall make an order officially recording the discontinuance of the proceedings and directing the removal of the case from the list. A copy of this order shall be sent by the Registrar to the respondent."

〔3〕 Cf. della Cananea (2010), p. 56 et seqq.

〔4〕 Art. 57 ICJ Statute: "If the judgment does not represent in whole or in part the unanimous opinion of the judges, any judge shall be entitled to deliver a separate opinion." See also Art. 45 para. 2 ECHR.

〔5〕 Lamprecht (1992), p. 376.

序规则中，应当允许判决中包含反对意见或者不同意见。反对意见体现了法庭对案件进行了广泛的讨论，并通过额外的说理提升了判决的质量。对于判决的信心也将会提高，特别是通过披露相反的论证过程，有助于未来法律的进一步发展。另外，反对意见或不同意见也体现了法官的公平与独立。允许在判决中包含这些意见是支持设立多边投资法院可能带来的有利影响的有力论证。

⑰临时措施与申请人权利的保护

如同在国内法院、其他国际裁判机构以及 ICSID 仲裁庭出现的情况类似，[1]多边投资法院也需要相关的条款对申请人的权利进行初步保护。在法院的诉讼程序中，当事人应当遵守临时措施，使得最终作出的实体判决不会偏离其目的且丧失实效。上述情况的一个例子是，假若已经发生了严重且不可挽回的损害，同时赔偿也没有意义（此时的判决已经偏离目的并丧失实效）。还有一个值得探究的问题是临时措施是否会导致国家的不作为义务。最终判决一般仅要求国家支付赔偿，而不会要求停止特定的措施。[2]因此，不作为的临时措施虽然无法限制一般政治法规，[3]但可以使国家承担临时

〔1〕 Cf. Art. 47 ICSID Convention: "Except as the parties otherwise agree, the Tribunal may, if it considers that the circumstances so require, recommend any provisional measures which should be taken to preserve the respective rights of either party."

〔2〕 Art. 8. 34 CETA: "The Tribunal may order an interim measure of protection to preserve the rights of a disputing party or to ensure that the Tribunal's jurisdiction is made fully effective, including an order to preserve evidence in the possession or control of a disputing party or to protect the Tribunal's jurisdiction. The Tribunal shall not order attachment or enjoin the application of the measure alleged to constitute a breach referred to in Article 8. 23. For the purposes of this Article, an order includes a recommendation."

〔3〕 Cf. Perenco v. Ecuador, ICSID Case No. ARB/08/6, 8. 5. 2009, para. 50: "It is pertinent to recall that in any ICSID arbitration one of the parties will be a sovereign State, and where provisional measures are granted against it the effect is necessarily to restrict the freedom of the State to act as it would wish. Interim measures may thus restrain a State from enforcing a law pending final resolution of the dispute on the merits [...]. While the enactment of a law by a sovereign State, upheld as constitutional in that State, is a matter of importance, it cannot be conclusive or preclude the Tribunal from exercise of its power to grant provisional measures. [...] At this provisional stage, the Tribunal cannot approach the issue on the assumption that either party's contention is correct. Its role, analogous to that of the City Oriente Tribunal, is to dispose of disputes arising between the parties in connection with the Participation Contracts."

性的强制不作为措施与刑事诉讼的义务。[1]

临时措施应有利于诉讼程序中的证据采集。

⑱反诉

最近在投资保护法领域,反诉的问题得到了广泛讨论。一个需要确定的问题是,是否允许在多边投资法院提起反诉;或者相反,是否应当在法院的诉讼程序中明确排除反诉的可能性?在实践中,应当在反诉的背景下考虑申请人的行为。[2]但是,依据《加拿大与欧盟综合经济贸易协定》,反诉在某些情形下被明确排除。[3]即便允许反诉,也应当将其限制于一定的范围内。尽管反诉可以促进对于案件事实更全面的考量,但还需要考虑国内法的问题,因为反诉总是基于国内私法或行政法进行审查,而上述法律并非多边投资法院的适用法律的一部分。在特定案件中,法院成员提起反诉可以明示表示允许法院处理国内争端。还有可能是在计算最终赔偿数额时,提交一个最终的、可执行的、没有争议的反诉,法院最终只对差额进行确定。但因为需要确保不会因为滥用反诉而阻碍法院的合法诉讼,应仔细考虑反诉的可能性。

---

〔1〕 Cf. Quiborax S. A. ,Non-Metallic Minerals S. A. v. Bolivia,ICSID Case No. ARB/06/2,26. 2. 2010,para. 1 et seqq. :"1. The present decision deals with a Request for Provisional Measures [. . .] by which Claimants request that the Arbitral Tribunal:(1)Order Bolivia and/or Bolivia's agencies or entities to refrain from engaging in any conduct that aggravates the dispute between the parties and/or alters the status quo,including any conduct,resolution or decision related to criminal proceedings in Bolivia against persons directly or indirectly related to the present arbitration;(2)Order Bolivia and/or Bolivi's agencies or entities to discontinue immediately and/or to cause to be discontinued all proceedings in Bolivia,including criminal proceedings and any course of action relating in any way to this arbitration and which jeopardize the procedural integrity of these proceedings;(3)Order Bolivia and/or Bolivia's agencies or entities to discontinue immediately and/or to cause to be discontinued all proceedings in Bolivia,including criminal proceedings and any course of action relating in any way to this arbitration and which threaten the exclusivity of the ICSID arbitration. 2. In their Reply on Provisional Measures ('Claimants' Reply'), Claimants supplemented this request with a fourth request for relief:(4)Order Bolivia and/or Bolivia's agencies or entities to deliver to Claimants the corporate administration of NMM sequestered in the course of the criminal proceedings."

〔2〕 Hoffmann(2013),p. 438 et seqq. ; Bjorklund(2013),p. 461 et seqq.

〔3〕 Art. 8. 40 CETA:"A respondent shall not assert, and the Tribunal shall not accept a defence, counterclaim,right of setoff, or similar assertion, that an investor or, as applicable, a locally established enterprise,has received or will receive indemnification or other compensation pursuant to an insurance or guarantee contract in respect of all or part of the compensation sought in a dispute initiated pursuant to this Section."

⑲集体诉讼

还有另一个备受争议的问题是多边投资法院是否允许集体诉讼？当国际投资协定并未排除集体诉讼的可能之时，[1]依据晚近的实践，应部分准许集体诉讼。然而，也有人认为，在投资仲裁改革中应当考虑德国和欧洲大陆的法律传统，应当明示排除集体诉讼。[2]这种想法忽略了一个事实，即集体诉讼可以保护股东和中小型公司，因为除此之外，它们可能无法参加独立投资保护程序。因此，至少应当在《多边投资法院规约》中为特定案件允许集体程序提供可能性，比如，申请人是个人、股东以及中小型企业的情况。

⑳判决的终局性与法律效力

为了实现争端解决的快速原则（the principle of celerity），如果当事人在一定的较短期限内没有提出上诉，多边投资法院的判决应当具有终局性。

国际裁判机构的决定一般仅在当事人之间生效。[3]因为多边投资法院仅可以就个人补偿作出裁决，[4]故《多边投资法院规约》中应明示规定"仅在当事人之间生效"（the principle of inter-parties）的原则。

---

〔1〕 Cf. Abaclat and others v. Argentina, Decision on Jurisdiction and Admissibility, 4. 8. 2011, ICSID Case No. ARB/07/5, para. 551 (iii): "The procedure necessary to deal with the collective aspect of the present proceedings concern the method of the Tribunal's examination, as well as the manner of representation of Claimants. However, it does not affect the object of such examination. Thus, the Tribunal remains obliged to examine all relevant aspects of the claims relating to Claimants' rights under the BIT as well as to Respondent's obligations thereunder subject to the Parties' submissions." Ambiente Ufficio S. p. A. and others v. Argentine Republic (formerly Giordano Alpi and others v. Argentine Republic), ICSID Case No. ARB/08/9, Decision on Jurisdiction and Admissibility, 8. 2. 2013; see also Beess and Chrostin (2012), p. 514 et seqq.; van Houte and McAsey (2012), p. 235 et seqq.; Aggarwal and Maynard (2014), p. 825 et seqq.

〔2〕 Cf. Hindelang (2015), p. 20: "Solche Klagen werfen zahlreiche Probleme auf, die sich bei Investor-Staat-Schiedsverfahren schwer lösen lassen. Auch tragen sie zum Schutz des einzelnen Investors wenig bei. Insbesondere ist die Gefahr des Missbrauchs und des Entstehens einer Klageindustrie nicht ganz von der Hand zu weisen. Besonders gefährlich sind Sammelklagen, wenn sie-vergleichbar den class actions in den USA-mit einem sog. Opt-out-Verfahren ausgestaltet werden. Dieses problematische Rechtsinstitut darf daher keinesfalls in Deutschland und Europa übernommen werden und entsprechend auch nicht Eingang in von der EU abgeschlossenen Investitionsschutzabkommen finden."

〔3〕 Art. 59 ICJ Statute: "The decision of the Court has no binding force except between the parties and in respect of that particular case." Art. 296 para. 2 UNCLOS: "Any such decision shall have no binding force except between the parties and in respect of that particular dispute."

〔4〕 In this sense too: Katz (2016), p. 185.

㉑在多边投资法院的代理人

还有一个存在争议的问题,即是否需要严格规定代理人的条件。多边投资法院的成员可以由政府代表、公务人员或者律师代表。由于诉讼过程可能产生非常高昂的费用(可能因为诉讼被认定为滥诉,也可能因为"败诉方付费"的原则而导致),申请人一般更倾向在诉讼过程中依赖合格的代理人,似无必要规定相应的规则。

3. 二审程序(上诉)

迄今为止,针对国际裁判机构的决定的上诉机制很少见。例如,可以针对欧盟普通法院的判决上诉至欧盟法院。[1]

在国际投资法中,自 2002 年以来,许多国际投资条约中都考虑设置上诉程序,最值得注意的是美国的协定,[2]以及随后加拿大、[3]澳大利亚、[4]韩

---

〔1〕 Art. 256 para. 1 and 2 TFEU: "Decisions given by the General Court under this paragraph may be subject to a right of appeal to the Court of Justice on points of law only, under the conditions and within the limits laid down by the Statute."

〔2〕 Bipartisan Trade Promotion Authority Act, Trade Act of 2002, Public Law No. 107 – 210 dated 6. 8. 2002, 116 Stat. 933, 19 USC 3801, Section 2102(3) G. iv): negotiating objective of "providing for an appellate body or similar mechanism to provide coherence to the interpretations of investment provisions in trade agreements." See also US-Chile FTA 2003, Art. 10. 19 para. 10: "If a separate multilateral agreement enters into force as between the Parties that establishes an appellate body for purposes of reviewing awards rendered by tribunals constituted pursuant to international trade or investment agreements to hear investment disputes, the Parties shall strive to reach an agreement that would have such appellate body review awards rendered under Article 10. 25 in arbitrations commenced after the appellate body's establishment."

〔3〕 Canada-Korea FTA 2014, Annex 8-E: "Within three years after the date this Agreement enters into force, the Parties shall consider whether to establish a bilateral appellate body or similar mechanism to review awards rendered pursuant to Article 8. 42 in arbitrations commenced after they establish the appellate body or similar mechanism."

〔4〕 China-Australia FTA 2014, Art. 9. 23: "Within three years after the date of entry into force of this Agreement, the Parties shall commence negotiations with a view to establishing an appellate mechanism to review awards rendered under Article 9. 22 in arbitrations commenced after any such appellate mechanism is established. Any such appellate mechanism would hear appeals on questions of law." Korea-Australian FTA 2014, Annex 11-E: "Within three years after the date of entry into force of this Agreement, the Parties shall consider whether to establish a bilateral appellate body or similar mechanism to review awards rendered under Article 11. 26 in arbitrations commenced after they establish the appellate body or similar mechanism."

国、中国[1]所签订的一系列协定，还有《全面与进步跨太平洋伙伴关系协定》(Comprehensive and Progressive Agreement for Trans-Pacific Partnership, CPTPP)。[2]可见，大量国家已经表现出它们愿意引入上诉机制或考虑上诉机制的可能性。同时，在ICSID的框架下，上诉机制的设立已经获得了广泛的讨论，[3]尽管这种讨论还未得出确切的结论。[4]在OECD投资委员会中，这一议题也获得了广泛的讨论。[5]最近，在《加拿大与欧盟综合经济贸易协定》[6]《欧盟与越南投资保护协定》[7]以及《欧盟与新加坡投资保护协定》[8]中，已经有二审程序的相关规定。欧盟委员会已在《跨大西洋贸易与投资协定》的投资保护章节[9]及《欧盟与墨西哥协定》(正在谈判中)的投资保护章节[10]中提出建议，在未来的条约中进一步讨论二审程序。[11] 欧盟委员会关于投资争议解决多边改革的影响评估中还提到，在多边投资法院的背

---

〔1〕 China-Japan-Korea Agreement for the Promotion, Facilitation and Protection of Investment (Trilateral Investment Agreement) (2012).

〔2〕 Art. 9.23 para. 11 TPP, which is now part of the Comprehensive and Progressive Agreement for Trans-Pacific Partnership (CPTPP) by reference in Article 1 (1) CPTPP: "In the event that an appellate mechanism for reviewing awards rendered by investor-state dispute settlement tribunals is developed in the future under other institutional arrangements, the Parties shall consider whether awards rendered under Article 9.29 (Awards) should be subject to that appellate mechanism. The Parties shall strive to ensure that any such appellate mechanism they consider adopting provides for transparency of proceedings similar to the transparency provisions established in Article 9.24 (Transparency of Arbitral Proceedings)."

〔3〕 ICSID Secretariat (2004), p. 14 et seqq.

〔4〕 ICSID Secretariat (2005), p. 4: "it would be premature to attempt to establish such an ICSID mechanism at this stage, particularly in view of the difficult technical and policy issues raised."

〔5〕 Yannaca-Small (2008), p. 223 et seqq.

〔6〕 Art. 8.28 para. 1 CETA: "An Appellate Tribunal is hereby established to review awards rendered under this Section."

〔7〕 Article 3.39 EU-Vietnam IPA: "A permanent Appeal Tribunal is hereby established to hear appeals from awards issued by the Tribunal."

〔8〕 Article 3.10 para. 1 EU-Singapore IPA: "A permanent Appeal Tribunal is hereby established to hear appeals from provisional awards issued by the Tribunal."

〔9〕 Art. 10 para. 1 Section 3 Investment-Chapter TTIP-Draft: "A permanent Appeal Tribunal is hereby established to hear appeals from the awards issued by the Tribunal."

〔10〕 Section-Resolution of Investment Disputes-Article 12 EU-Mexico Agreement (under negotiation): "A permanent Appeal Tribunal is hereby established to hear appeals from the awards issued by the Tribunal."

〔11〕 the possible establishment of an appellate body as a second instance for an MIC is also mentioned in: UNCITRAL Working Group Ⅲ (2018b), para. 42.

景下，应该有提出上诉可能。[1]

接下来的部分将会讨论在多边投资法院如何设计的二审程序。特别是需要使得法院的设计符合《加拿大与欧盟综合经济贸易协定》投资保护章节的要求。

（1）上诉的一般程序

二审程序自一审程序的当事人提出申请时开始，这里的当事人指一审程序的申请人（投资者）或被申请人（东道国）。仅有一审程序的当事人可以启动二审程序。

如果针对一审判决提起上诉，则一审判决应当推迟生效。上诉人可以要求提供担保。[2]在需要提供基金的情况下，在被基金可能覆盖的范围下无须提供担保。如果是一审申请人（投资者）提起上诉，它应当在一审判决确定的费用分配的范围内提供担保。

还需要确定的一个问题是，第三方是否有提起上诉的权利。在 WTO 争端解决中，DSU 明示排除了这种可能性。[3]然而，和 WTO 上诉机构程序相似，至少应当授予第三方（在上诉程序中）提出意见的权利。[4]

与《加拿大与欧盟综合经济贸易协定》规定一样，二审原则上仅限于在一审判决的范围内进行审查，即必须是已决事项。仅当一审程序中法官的公正性存疑时，此规则才存在例外情况。

进一步说，应当仅允许当事人在较短时限内对一审判决提起上诉。如果没有在这段时间内提起上诉，一审判决就成为最终判决。例如，欧盟在《跨大

---

〔1〕 European Commission(2017), p. 48; the demand for a two-tiered structure is also mentioned in: European Union(2019), para. 13 et seqq.

〔2〕 Art. 29 para. 4 Section 3 Investment—Chapter TTIP—Draft: "A disputing party lodging an appeal shall provide security for the costs of appeal and for the amount provided for in the provisional award."

〔3〕 Cf. Art. 17 para. 4 sentence 1 DSU: "Only parties to the dispute, not third parties, may appeal a panel report."

〔4〕 Art. 17 para. 4 sentence 2 DSU: "Third parties which have notified the DSB of a substantial interest in the matter pursuant to paragraph 2 of Article 10 may make written submissions to, and be given an opportunity to be heard by, the Appellate Body." See also Working procedures for appellate review, WTO, Rule 24.

西洋贸易与投资协定》谈判中提出了 90 天的时间限制。[1] WTO 的 DSU 则为提起上诉设定了 60 天的时间限制。[2] 还有一个可供选择的更短时间限制是一个月(30 天)。当申请人提起上诉后,其可获得额外的一个月期限来提供上诉理由。[3] 当然,这会使提起上诉如同一项预防措施。在上诉理由起草完成后,或者在一审判决的详细分析开始后,这种上诉可能会被撤回。因此,与很多需要收费的情况类似,当事人一旦提起上诉程序就应收取相应的费用。将申请上诉的时间限制为 60 ~ 90 天的规定看起来较为合理。

上诉理由中应当说明上诉的范围、上诉人认为其权利被侵害的理由以及法律意见的基础。

二审程序的最终决定也应以判决的形式作出。

二审程序可以确认、修订或者撤销一审判决。[4] 另外,二审法庭应当有"将案件发回一审法庭重审"的权利。[5] 一审法庭有义务在考虑上诉程序的法律意见后,作出新的判决。在《加拿大与欧盟综合经济贸易协定》中,将案件发回重审可能得到鼓励,因为发回重审会使判决符合《ICSID 公约》规定的裁决的要求,从而可以依据《ICSID 公约》执行。但是,发回重审可能导致程序拖延的情况,也引发了人们的担心。就如同 WTO 争端解决程序一样,上诉程序应当直接作出最终判决,而不是将案件发回重审。[6]

另外,如果二审程序拥有广泛的调查权利似乎也没有必要将案件发回重审。[7]

---

〔1〕 Art. 29 para. 1 sentence 1 Section 3 Investment-Chapter, TTIP Draft: "Either disputing party may appeal before the Appeal Tribunal a provisional award, within 90 days of its issuance."

〔2〕 Art. 16 para. 4 sentence 1 WTO-DSU: "Within 60 days after the date of circulation of a panel report to the Members, the report shall be adopted at a DSB meeting unless a party to the dispute formally notifies the DSB of its decision to appeal or the DSB decides by consensus not to adopt the report."

〔3〕 Similar to WTO-DSU. Cf. Working procedures for appellate review, WTO, Rule 20.

〔4〕 Art. 8. 28 para. 2 CETA: "The Appellate Tribunal may uphold, modify or reverse the Tribunal's award [...]."

〔5〕 Cf. Art. 8. 28 para. 7 lit. b), para. 9 lit. c) subclause iii CETA.

〔6〕 Baetens (2016), p. 381. Criticism was however expressed about a possibility of unplanned return of cases in the WTO system. Cf. Pauwelyn (2007).

〔7〕 For more information on powers of the second instance, see American Bar Association Section on International Law (2016), Executive Summary & Conclusions and Recommendations, p. 80.

一审程序中的程序原则，诸如调查原则、快速原则、口头听证原则及透明度原则，都应准予在二审程序中得到类似适用。二审程序可能与一审程序很相似，并且应当被划分为口头程序与书面程序。在一般情况下，二审程序应当考虑一审程序中已提交的案件事实与证据。尽管一审程序中的某些证据可能需要提交而没有提交，又或者由于错过了时间限制而无法提交，但是只要是在一审程序中没有提交的证据与关键声明，一般不得在上诉程序中提交，除非满足严格的条件限制。

如同一审程序，应当允许上诉人在任何时候撤回上诉。但在这种情况下，如有必要，法院可能应被上诉人的请求对案件费用作出决定。撤回上诉会使得一审程序的判决发生法律效力，同时还会导致重新提起上诉程序的机会丧失。

（2）特别问题

①诉讼期限

例如，在《欧盟与越南投资保护协定》[1]或 WTO 的 DSU 中，[2]二审程序的最长诉讼时限是通过一审程序来确定的。二审程序合理的诉讼期限取决于二审程序是仅审查法律问题，还是也审查事实问题。《跨大西洋贸易与投资协定》的提案与《欧盟与越南投资保护协定》都将诉讼期限规定为 180

〔1〕 Article 3. 54 para. 5 EU-Vietnam IPA: "As a general rule, the appeal proceedings shall not exceed 180 days calculated from the date on which a party to the dispute formally notifies its decision to appeal to the date on which the Appeal Tribunal issues its decision. When the Appeal Tribunal considers that it cannot issue its decision within 180 days, it shall inform the disputing parties in writing of the reasons for the delay together with an estimate of the period within which it will issue its decision. Unless exceptional circumstances so require, the proceedings shall in no case exceed 270 days." A similar provision can be found in Article 3. 19 para. 4 EU-Singapore IPA.

〔2〕 Art. 17 para. 5 DSU: "As a general rule, the proceedings shall not exceed 60 days from the date a party to the dispute formally notifies its decision to appeal to the date the Appellate Body circulates its report. In fixing its timetable the Appellate Body shall take into account the provisions of paragraph 9 of Article 4, if relevant. When the Appellate Body considers that it cannot provide its report within 60 days, it shall inform the DSB in writing of the reasons for the delay together with an estimate of the period within which it will submit its report. In no case shall the proceedings exceed 90 days."

天，且在任何情况下，二审程序都不能超过270天。[1] WTO上诉程序时间原则上不超过60天，任何情况下不得超过90天。[2]如同应当在一审程序中适用快速原则，二审程序也应当适用这一原则。在案件情况基本清楚的情况下，全职法官应当在两个月之内作出判决。在个别的案件中存在重要的理由时，不同的分庭应当有权延长二审期限。

如果由于上诉机制受案量过大而一再导致诉讼期限延长，多边投资法院的大会应考虑增加二审程序的法官数量。

②上诉与调查程序的范围

在WTO争端解决程序中，上诉机构的权利仅限于专家组报告中处理的法律问题及专家组对相关规则的法律解释。[3]从根本上来看，上诉程序的目的是客观性的法律控制。特别严重的错误可能导致专家组报告被推翻。[4] 2004年《ICSID仲裁规则》修订讨论稿中提出了上诉程序的设想，上诉不仅可以依据《ICSID公约》第52条作出（与仲裁裁决）相反裁决，还可以依据“法律明显错误”及“事实严重错误”时作出相反裁决。[5] 同样地，在《加拿大与欧盟综合经济贸易协定》中，上诉除了可以基于《ICSID公约》第52条的理

---

〔1〕 Art. 29 para. 3 TTIP："As a general rule, the appeal proceedings shall not exceed 180 days from the date a party to the dispute formally notifies its decision to appeal to the date the Appeal Tribunal issues its decision. When the Appeal Tribunal considers that it cannot issue its decision within 180 days, it shall inform the disputing parties in writing of the reasons for the delay together with an estimate of the period within which it will issue its decision. In no case should the proceedings exceed 270 days."

〔2〕 Art. 17 para. 5 DSU："As a general rule, the proceedings shall not exceed 60 days from the date a party to the dispute formally notifies its decision to appeal to the date the Appellate Body circulates its report. In fixing its timetable the Appellate Body shall take into account the provisions of paragraph 9 of Article 4, if relevant. When the Appellate Body considers that it cannot provide its report within 60 days, it shall inform the DSB in writing of the reasons for the delay together with an estimate of the period within which it will submit its report. In no case shall the proceedings exceed 90 days."

〔3〕 Art. 17 para. 6 DSU："An appeal shall be limited to issues of law covered in the panel report and legal interpretations developed by the panel."

〔4〕 Ohlhoff (2003), C. I. 2, para. 106.

〔5〕 ICSID Secretariat (2004), Annex, p. 4.

由,[1]还可以基于"法律的适用或解释错误"和"明显的事实错误,包括相关国内法适用错误"。[2]有批评指出"撤销裁决"和"上诉"这两个不同的概念容易混淆。[3]但现在还不清楚为什么上诉程序没有管辖权去处理撤销裁决和上诉。特别是如果没有规定可以将案件发回一审法庭重审,那么二审程序应当拥有对于一审判决的进行审查和决定的广泛的管辖权。

一审程序的适用法律包括程序法,因此可能需要审查是否遵循了程序原则。这也是法治原则的要求。[4]一审程序是否正确地进行了事实调查也可以被视为法律问题,即需要确定是否作出了"对事实的客观评价"。[5]此外,依据先前提交的草案,还需要审查是否存在"严重的事实错误"。[6]

一般而言,需要明确是否应当引用《ICSID 公约》的第 52 条,这种情况应当更多考虑 ICSID 仲裁庭对此条款作出的解释;或者在《多边投资法院规约》中直接规定《ICSID 公约》第 52 条规定的撤销理由,这种情况会使法院拥有对条款完整、独立的解释的权利。鉴于设立一个独立的新机构和避免与其他机构的法律解释冲突或区分问题,后种选择更具有可操作性。

③分庭判决或全体判决

ICSID 关于设立上诉程序的提案中曾提出,上诉专家组中的 15 名法官

---

〔1〕 Art. 52 ICSID Convention: "(1) Either party may request annulment of the award by an application in writing addressed to the Secretary-General on one or more of the following grounds: (a) that the Tribunal was not properly constituted; (b) that the Tribunal has manifestly exceeded its powers; (c) that there was corruption on the part of a member of the Tribunal; (d) that there has been a serious departure from a fundamental rule of procedure; or (e) that the award has failed to state the reasons on which it is based."

〔2〕 Art. 8. 28 para. 2 CETA: "[...] (a) errors in the application or interpretation of applicable law; (b) manifest errors in the appreciation of the facts, including the appreciation of relevant domestic law; (c) the grounds set out in Article 52(1)(a) through (e) of the ICSID Convention, in so far as they are not covered by paragraphs (a) and (b)."

〔3〕 EFILA (2016), p. 29 et seqq.; American Bar Association Section on International Law (2016), p. 78.

〔4〕 Cf. Schill (2016b), p. 118.

〔5〕 Cf. Ohlhoff (2003), C. I. 2, para. 106.

〔6〕 making a similar proposal: European Commission (2017), p. 63.

应当具有不同的国籍。[1]然而,WTO 的上诉机构中仅有 7 名成员,每次由 3 名成员负责一个案件。[2]基于此,《加拿大与欧盟综合经济贸易协定》还规定二审程序应当由 3 名上诉机构成员组成专家组作出判决。[3]

在多边投资法院的二审程序中,可能由分庭或者全体法官作出判决。全体判决的意义更大,因为它还可以防止不同分庭之间出现实质性分歧的判决。然而,假若多边投资法院成功设立并被接受,法院及其二审程序的利用机会很大,这可能不便于作出全体判决。因此,应当限制适用全体判决的情形。除非争端案件的当事人有重要理由提出请求时,例如对于判决有分歧意见时,才可由全体法官作出判决,否则争端均应由分庭作出判决。

在设立多边投资法院时,应当允许足够数量的法官在更大的审判机构作出判决,这有利于使人接受判决。如果引入分庭的形式则应当规定上诉程序中所有的法官应当交流观点,就像 WTO 上诉机构一样。[4]

④二审判决作为先例

参照国际裁判机构的通常情况,多边投资法院的二审判决不应当作为案例法意义上的先例。从可预测性与法律确定性的原则出发,只应采用事实上的先例来解释已作出具体决定的协定的具体条款。但无论如何,通过分庭的稳定的人员设置以及当需要时有义务在二审程序就基本问题咨询全体法官的机制,二审判决的权威性将会持续发展。

---

〔1〕 ICSID Secretariat (2004), Annex, p. 3: "Such a set of ICSID Appeals Facility Rules could provide for the establishment of an Appeals Panel composed of 15 persons elected by the Administrative Council of ICSID on the nomination of the Secretary-General of the Centre. The terms of the Panel members would be staggered. Eight of the first 15 would serve for three years; all others would be elected for six year terms. Each member would be from a different country. They would all have to be persons of recognized authority, with demonstrated expertise in law, international investment and investment treaties."

〔2〕 Art. 17 para. 1 sentence 3 DSU: "It shall be composed of seven persons, three of whom shall serve on any one case. Persons serving on the Appellate Body shall serve in rotation."

〔3〕 Art. 8.28 para. 5 CETA: "The division of the Appellate Tribunal constituted to hear the appeal shall consist of three randomly appointed Members of the Appellate Tribunal."

〔4〕 Working procedures for appellate review, WTO, Rule 4.3: "In accordance with the objectives set out in paragraph 1, the division responsible for deciding each appeal shall exchange views with the other Members before the division finalizes the appellate report for circulation to the WTO Members. [...]"

（六）多边投资法院未决程序的合并

将多边投资法院的未决诉讼程序进行合并有利于诉讼效率、裁判一致性以及费用降低等目标的实现。[1]

在国际背景下，诸多法庭和仲裁庭都允许未决程序的合并。《国际法院程序规则》中的第47条规定，国际法院有权将两个或两个以上案件合并。[2]《国际海洋法法庭程序规则》第47条中也规定仲裁庭有类似的合并程序的权利。[3]

另外，不同的国际投资协定规定了合并未决程序的可能性。[4] 多边投资法院的规定中应当遵循这些先例，规定合并诉讼程序的可能性。

---

〔1〕 Kaufmann-Kohler et al. (2006).

〔2〕 Art. 47 ICJ Procedural Rules: "The Court may at any time direct that the proceedings in two or more cases be joined. It may also direct that the written or oral proceedings, including the calling of witnesses, be in common; or the Court may, without effecting any formal joinder, direct common action in any of these respects."

〔3〕 Art. 47 ITLOS Procedural Rules: "The Tribunal may at any time direct that the proceedings in two or more cases be joined. It may also direct that the written or oral proceedings, including the calling of witnesses, be in common; or the Tribunal may, without effecting any formal joinder, direct common action in any of these respects."

〔4〕 Art. 1126 para. 3 NAFTA; Art. 10.25 para. 2 CAFTA-DR; Art. 15.24 para. 2 US-Singapore FTA; Art. 33.3 Uruguay-US BIT; Art. 10.24 para. 2 US-Morocco FTA; Art. G.27.3 Canada-Chile FTA; Art. 83.2 Japan-Mexico FTA.

第四章 适用法律

设立多边投资法院的核心目的之一,是为避免相互矛盾的决定(裁决或判决)创立一个体制框架,并为解决投资争端作出一致的决定。

如果考虑到以前类似的投资保护标准被(仲裁庭)作出不完全相同的的解释,这种顾虑是可以理解的。但必须认识到,在现有的碎片化的投资仲裁中,对于投资标准的解释在很大程度上已经具有一致性。

尽管如此,有时法律解释仍存根本差异,表明仍有必要进行协调。例如《ICSID 公约》第 25 条关于投资的定义范围,[1]最惠国待遇条款在管辖和程序事项的适用,[2]引入保护标准,[3]所谓的“保护伞条款”范

---

〔1〕 See Manciaux(2008),p. 443; Schreuer et al. (2009),p. 128 et seqq.; Reinisch(2010),p. 749; Dupont(2011),p. 245; Dolzer and Schreuer(2012),p. 44 et seqq.

〔2〕 Gaillard(2005); Douglas(2011),p. 97; Maupin(2011),p. 157; Paparinskis(2011),pp. 14 – 58; Schill(2011),p. 353.

〔3〕 So far, arbitral awards generally accept, that MFN-clauses can help to “import” more preferable protection standards of other agreements. Cf. e. g. Berschader v. Russian Federation, SCC Case No. 080/2004, Award, 21.4.2006, para. 179: “[...] it is universally agreed that the very essence of an MFN provision in a BIT is to afford to investors all material protection provided by subsequent treaties [...].” See Dolzer/Schreuer, Principles of International Investment Law, 2012, p. 211: “The weight of authority clearly supports the view that an MFN rule grants a claimant the right to benefit from substantive guarantees contained in third treaties.” CETA and other EU agreements exclude the application of MFN-clauses on procedural aspects and to substantial protection provisions of other agreements. Cf. Art. 8.7 para. 4 CETA: “For greater certainty, the ‘treatment’ referred to in paragraphs 1 and 2 does not include procedures for the resolution of investment disputes between investors and states provided for in other international investment treaties and other trade agreements. Substantive obligations in other international

围，[1]公平公正待遇义务的范围，[2]以及国家危急情况的适用条件等。[3]

在可相比较的投资保护标准的不同解释的背景之下，国际投资仲裁庭对于有关投资保护标准作出过于有利于投资者的解释广受批评。[4]尤其是因为这种解释过于强调基于国际投资协定的目的和宗旨进行条约解释。国际投资协定通常明确地表明其目的和宗旨为促进外国直接投资和创造有利于

---

investment treaties and other trade agreements do not in themselves constitute 'treatment', and thus cannot give rise to a breach of this Article, absent measures adopted or maintained by a Party pursuant to those obligations."

〔1〕 See Alexandrov (2004), p. 555; Schreuer (2004), p. 231; Sinclair (2004), p. 411; Wälde (2005), p. 183.

〔2〕 Cf. Kläger (2011); Yannaca-Small (2008), p. 112; Jacob and Schill (2015), p. 700; Tudor (2008).

〔3〕 See Burke-White and von Staden (2007), p. 307; Reinisch (2007), p. 191; Schill (2007), p. 265; Waibel (2007) p. 637; Bjorklund (2008), p. 495; Alvarez and Khamsi (2009), p. 379; Binder (2009), p. 608; Bjorklund (2009), p. 479.

〔4〕 Weeramantry, Treaty Interpretation in Investment Arbitration, 2012, p. 191; Dolzer/Schreuer, Principles of International Investment Law, 2012, p. 30; Yen, The Interpretation of Investment Treaties, 2014, p. 91 et seqq.: "Interpreting general and vague treaty terms that can convey various meanings, tribunals have sought guidance in the treaty title and preamble. On that basis, they have found the prominent purpose of protecting and promoting investments to justify their pro-investment interpretations. [...] A more serious problem arises where reliance on this means of interpretation is accompanied with a disregard of other means under international rules on treaty interpretation." See also the critique of NGOs: Eberhardt/Olivet/Amos/Buxton, Profiting from Injustice: How law firms, arbitrators and financiers are fuelling an investment arbitration boom, 2012, Corporate Europe Observatory (CEO), p. 16: "This report argues that the alleged fairness and independence of investment arbitration is an illusion. The law and the consequential disputes are largely shaped by law firms, arbitrators [...]. This industry is also responsible for growing its own business with proinvestor interpretations of the treaties." Cf. also Open Letter from Lawyers to the Negotiators of the Trans-Pacific Partnership urging the Rejection of Investor-State Dispute Settlement, 8. 5. 2012, ttps://tpplegal. wordpress. com/open-letter/ (28. 5. 2017): "Simultaneously, the substantive rights granted by FTA investment chapters and BITs have also expanded significantly and awards issued by international arbitrators against states have often incorporated overly expansive interpretations of the new language in investment treaties. Some of these interpretations have prioritized the protection of the property and economic interests of transnational corporations over the right of states to regulate and the sovereign right of nations to govern their own affairs."

投资的环境。[1]的确，在投资者索赔的成功率相当低的情况下，对投资者过于友好的解释似乎并不会招惹众议。

尽管这些问题都可以在适用实体法的层面以及通过组织和程序安排来解决，但也必须在投资保护标准解释的一致性和有利于国家或投资者的投资保护标准解释的可能性之间作出概念性的区分。

至少在某种程度上，提高精确度和阐明投资保护的范围会有助于解决这些问题。

《里斯本条约》赋予欧盟缔结关涉外国直接投资的国际协定的专属权给适用实体法带来了崭新的和根本性的挑战。它源自欧盟、欧盟法的既定判例法，强调欧盟法院对欧盟法的专属解释权，且只有在欧盟法院保留对欧盟法的效力和解释事项的最终管辖权的情况下，欧盟参与国际争端解决才符合这种解释权的专属性。欧盟法院就 CETA 发表的意见中认为，在欧盟司法系统以外的仲裁庭无权解释和适用欧盟法，但国际协定除外；同时也无权作出影响欧盟机构根据欧盟宪法框架运行的裁决。[2] 因此欧盟协定无权赋予设想中的仲裁解释和适用欧盟法的权力，但在缔约方之间适用且已被视作国际法规则或原则的协定除外，且在此情况下仲裁庭也可作出阻止欧盟机构根据欧盟宪法运作的裁决。[3]

因此，就欧盟的法律角度而言，在欧盟法作为应予适用的实体法时，如果不考虑欧盟法院设置的条件，多边投资法院解释和适用欧盟法均会导致问

---

〔1〕 Cf. SGS Société Générale de Surveillance S. A. v. Republic of the Philippines, ICSID Case No. ARB/02/6, Decision on Jurisdiction, 29. 1. 2004, para. 116："The object and purpose of the BIT supports an effective interpretation of Article X(2). The BIT is a treaty for the promotion and reciprocal protection of investments. According to the preamble it is intended to create and maintain favourable conditions for investments by investors of one Contracting Party in the territory of the other. It is legitimate to resolve uncertainties in its interpretation so as to favour the protection of covered investments." Noble Ventures, Inc. v. Romania, ICSID Case No. ARB/01/11, Award, 12. 10. 2005, para. 52："The object and purpose rule also supports such an interpretation. While it is not permissible, as is too often done regarding BITs, to interpret clauses exclusively in favour of investors, here such an interpretation is justified. Considering, as pointed out above, that any other interpretation would deprive Art. Ⅱ(2)(c) of practical content, reference has necessarily to be made to the principle of effectiveness, also applied by other Tribunals in interpreting BIT provisions (see SGS v. Philippines, para. 116 and Salini v. Jordan, para. 95)."

〔2〕 CJEU 1/17 of 30 April 2019, ECLI:EU:C:2019:341, para. 118.

〔3〕 CJEU 1/17 of 30 April 2019, ECLI:EU:C:2019:341, para. 119.

题。应当首先考虑欧盟的"内部问题"，尽管其与设立多边投资法院的问题没有直接联系。

一、应予适用的实体法

在国际投资法领域，确定应予适用的实体法有两种模式：一种模式是通过争端解决机构的程序规则来决定，另一种模式则是通过双边或多边的国际投资协定中所包含的程序规则来决定。很有可能二者的相关条款都包含应予适用的实体法的规定。

例如，《ICSID 公约》规定基于争端双方意思自治，当事人基本上有权选择应予适用的实体法；在当事人没有选择适用法律的情况下，应当适用东道国国内法和国际公法。[1]

就投资者与国家间的投资协议而言，法律选择一般包含在协议的条款内。在实践中更为普遍的是在基于国际投资协定的投资争端中，法律选择由协定的缔约方进行约定。私人投资者依据该协定提出仲裁请求则意味着其接受缔约方关于法律选择"要约"，这与投资者接受仲裁"要约"的方式相同。[2]

按照《ICSID 公约》第 42 条的规定，经常适用东道国国内法和国际公法导致了概念性的问题。最初，ICSID 仲裁实践表明，适用国际公法起到的是对适用国内法的补充和纠错的功能。根据这一功能，国内法应当首先予以适用，国际公法仅用来填补空白和纠正国内法与国际法无法相容的结果。[3]

---

〔1〕 Art. 42 ICSID Convention: "The Tribunal shall decide a dispute in accordance with such rules of law as may be agreed by the parties. In the absence of such agreement, the Tribunal shall apply the law of the Contracting State party to the dispute (including its rules on the conflict of laws) and such rules of international law as may be applicable."

〔2〕 Schreuer et al. (2009), Art. 42, para. 23.

〔3〕 Cf. Amco v. Indonesia, Resubmitted Case: Award, 5. 6. 1990, para. 20, 1 ICSID Reports 580: "This Tribunal notes that Article 42(1) refers to the application of host-state law and international law. If there are no relevant host-state laws on a particular matter, a search must be made for the relevant international laws. And, where there are applicable host-state laws, they must be checked against international laws, which will prevail in case of conflict. Thus international law is fully applicable and to classify its role as 'only' 'supplemental and corrective' seems a distinction without a difference." Dolzer and Schreuer (2012), p. 292.

然而，现今人们普遍认为两个法律体系发挥着同样的作用，[1]国际公法，特别是关于国家责任、行为的归因及排除不法性问题，以及对东道国拒绝司法或征收进行保护等国际公法规则（在ICSID仲裁中越来越得到普遍适用）。[2]

大多数双边和多边国际投资协定都包含适用实体法的定义。作为一条规则，国际投资协定中的投资保护的实体标准在许多案件中均应结合一般国际法加以适用。除适用国际公法外，还有许多国际条约规定适用东道国国内法和投资者与国家间的投资协议。[3]相反的是，一些国际投资协定将适用法律限定为条约规定的投资保护的实体标准。[4]

从欧盟的角度来看，如果欧盟签订的国际投资协定或者《多边投资法院规约》规定了东道国国内法为适用法律，那么欧盟法将作为适用法律，由多边投资法院解释和适用。

虽然从国际公法的角度来看，上述观点并无问题，甚至具有允许多边投资法院可以直接考虑欧盟法的优势。但从欧盟的法律视角，特别是欧盟法院在关于保障其解释专属权的判例来看，这种法律选择是否符合欧盟法则可能会产生问题。

（一）欧盟法是否作为应予适用的实体法？

在欧盟内部出现了关于多边投资法院适用和解释欧盟法是否会破坏欧盟法院对欧盟法解释的专属权的探讨。

---

〔1〕 Wena Hotels v. Egypt, Decision on Annulment, 5. 2. 2002, 6 ICSID Reports 129, para. 40："What is clear is that the sense and meaning of the negotiations leading to the second sentence of Article 42(1) allowed for both legal orders to have a role. The law of the host State can indeed be applied in conjunction with international law if this is justified. So too international law can be applied by itself if the appropriate rule is found in this other ambit." Gaillard and Banifatemi(2003), p. 377.

〔2〕 Dolzer and Schreuer(2012), p. 288.

〔3〕 Cf. Art. 10 para. 7 Argentina-Netherlands BIT："The arbitration tribunal addressed in accordance ith paragraph(5) of this Article shall decide on the basis of the law of the Contracting Party which is a party to the dispute(including its rules on the conflict of law), the provisions of the present Agreement, special Agreements concluded in relation to the investment concerned as well as such rules of international law as may be applicable."

〔4〕 Cf. Art. 26 para. 6 ECT："A tribunal established under paragraph(4) shall decide the issues in dispute in accordance with this Treaty and applicable rules and principles of international law." Art. 1130 North American Free Trade Agreement (NAFTA) Governing Law："A Tribunal established under this Subchapter shall decide the issues in dispute in accordance with this Agreement and applicable rules of international law."

原则上,欧盟法院并不认为基于国际条约而设立的国际裁判机构与欧盟条约相抵触。[1] 欧盟委员会反而多次认为,就欧盟缔结的国际条约的适用和解释而言,具有约束力的国际争端解决规定符合欧盟法。[2] 它还认为,根据欧盟法,国际争端解决制度是应被允许的,只要它们不影响欧盟及其机构的权限或欧盟法律秩序的自治性。[3]

因此,如果国际裁判机构仅仅解释和适用国际条约,而不涉及对欧盟法的解释和适用,它们就符合欧盟法。正是出于这种原因,"欧洲和共同体专利法院"草案就被欧盟法院认为不符合欧盟条约。[4]

在欧盟法院就 CETA 发表意见[5] 之后,似乎已经澄清了在为多边投资法院立法时充分考虑欧盟法院在该意见中设置的条件之前,多边投资法院也应是兼容的,特别是法律适用方面[6] 的。

---

[1] See CJEU 1/17 of 30 April 2019, ECLI:EU:C:2019:341, para. 105 with further references.

[2] ECJ, Opinion 1/91, EEA I, ECLI: EU: C: 1991: 490, para. 40: "An international agreement providing for such a sytem of courts is in principle compatible with Community law. The Community's competence in the field of international relations and its capacity to conclude international agreements necessarily entails the power to submit to the decisions of a court which is created or designated by such an agreement as regards the interpretation and application of its provisions."

[3] CJEU 1/17of 30 April 2019, ECLI:EU:C:2019:341, para. 105 et seqq.

[4] ECJ, Opinion 1/09, European Patents Court, ECLI:EU:C:2011:123, para. 78: "By contrast, the international court envisaged in this draft agreement is to be called upon to interpret and apply not only the provisions of that agreement but also the future regulation on the Community patent and other instruments of European Union law, in particular regulations and directives in conjunction with which that regulation would, when necessary, have to be read, namely provisions relating to other bodies of rules on intellectual property, and rules of the FEU Treaty concerning the internal market and competition law. Likewise, the PC may be called upon to determine a dispute pending before it in the light of the fundamental rights and general principles of European Union law, or even to examine the validity of an act of the European Union." Cf. further para. 89: "Consequently, the envisaged agreement, by conferring on an international court which is outside the institutional and judicial framework of the European Union an exclusive jurisdiction to hear a significant number of actions brought by individuals in the field of the Community patent and to interpret and apply European Union law in that field, would deprive courts of Member States of their powers in relation to the interpretation and application of European Union law and the Court of its powers to reply, by preliminary ruling, to questions referred by those courts and, consequently, would alter the essential character of the powers which the Treaties confer on the institutions of the European Union and on the Member States and which are indispensable to the preservation of the very nature of European Union law."

[5] CJEU 1/17 if 30 April 2019, ECLI:EU:C:2019:341.

[6] CJEU 1/17 of 30 April 2019, ECLI:EU:C:2019:341, para. 130 et seqq.

即使一些投资仲裁庭裁定在投资争端中可将欧盟法的解释作为实体法予以适用，并认为根据克莱尔行为理论，[1]该法符合欧盟的法律秩序，但这些问题仍然没有得到解决。有关《能源宪章条约》的仲裁裁决也并未认为重复解释缩小了欧盟法院的专属管辖权，因为基于欧盟法的措施的评估不会涉及欧盟法的有效性，这是为欧盟主管机关保留的问题。[2]

因为一直存在的不确定性，《加拿大与欧盟全面经济贸易协定》的投资章节的谈判者在适用欧盟法的问题上非常谨慎是可以理解的。例如，该协定的第8.31条第2段规定，投资仲裁庭不享有依照国内法（包括欧盟法）确定有关措施合法性的管辖权。国内法可能只与事实问题相关，并且双边投资法庭对于国内法的解释对于缔约方法院和国家机构并没有约束力。[3]

因此，可以将实体法的适用条款嵌入《多边投资法院规约》内。这将从根本上将保护标准限定在那些予以适用的协定中。该条款还可规定，在这种

---

〔1〕 Achmea B. V. (formerly Eureko B. V.) v. Slovak Republic [I], PCA Case No. 2008 - 13, Award on Jurisdiction, Arbitrability and Suspension, 26. 10. 2010, para. 282 et seqq.: "The argument that the ECJ has an 'interpretative monopoly' and that the Tribunal therefore cannot consider and apply EU law, is incorrect. The ECJ has no such monopoly. Courts and arbitration tribunals throughout the EU interpret and apply EU law daily. What the ECJ has is a monopoly on the final and authoritative interpretation of EU law: but that is quite different. Moreover, even final courts are not obliged to refer questions of the interpretation of EU law to the ECJ in all cases. The acte clair doctrine is wellestablished in EU law." The acte clair doctrine is well-established in EU law.

〔2〕 Cf. Electrabel S. A. v. Republic of Hungary, ICSID Case No. ARB/07/19, Decision on Jurisdiction, Applicable Law and Liability, 30. 11. 2012, para. 4. 197 et seqq.: "The Tribunal recognises the special status of EU law operating as a body of supranational law within the EU. It also recognises the roles undertaken by the ECJ as the arbiter and gate-keeper of EU law comprising, in the words of ECJ Opinion 1/09, 'the fundamental elements of the legal order and judicial system of the EU' (paragraph 54). However, these important features do not arise in the present case. [...] Although the Tribunal is required in this arbitration to interpret the European Commission's Final Decision of 4 June 2008, and in that sense, to apply EU law to the Parties' dispute, the Tribunal is not required to adjudicate here upon the validity of that decision [...]. That adjudication remains a decision for the EU courts alone [...]."

〔3〕 Art. 8. 31 para. 2 CETA: "The Tribunal shall not have jurisdiction to determine the legality of a measure, alleged to constitute a breach of this Agreement, under the domestic law of a Party. For greater certainty, in determining the consistency of a measure with this Agreement, the Tribunal may consider, as appropriate, the domestic law of a Party as a matter of fact. In doing so, the Tribunal shall follow the prevailing interpretation given to the domestic law by the courts or authorities of that Party and any meaning given to domestic law by the Tribunal shall not be binding upon the courts or the authorities of that Party." See on this point CJEU 1/17 of 30 April 2019, ECLI: Eu: C: 2019: 341, para. 131 et seqq.

情况下多边投资法院可以就违反投资者与国家间的协议的事宜行使管辖权。

(二)保护标准的统一解释

显然,对投资保护标准进行统一解释只有在统一的协定文本的基础上才能得以实现。因此,实现统一解释的最理想的条件是只存在一部多边投资条约。从目前看来,国际社会在20世纪90年代缔结多边投资协定的努力失败之后,缔结此类条约在政治上是不可能的。[1]然而必须考虑现有和未来国际投资协定的适用问题。根据UNCTAD的评估,国际投资协定构成了一个相当庞大的法律体系,目前有3000多个双边和多边协定(特别是国际投资协定和贸易协定中的投资章节)。[2]

尽管现有的国际投资协定包含的有关投资保护的实体标准的条款大多类似,[3]但与第一代国际投资协定相比,[4]最近的协定所包含的条款更为详细。在这一背景下,20世纪60年代至90年代签订的较"旧"的国际投资协定中有关直接或间接征收的补偿问题,公平公正待遇,完全保护,安全、非歧视的相对标准化的规定,以及随后的一系列协定,并未对不同的保护标准进行更详细的规定。

上述协定的规定限制了对投资保护的标准进行统一解释的可能性。鉴于这些实质性保护标准的措辞明显不同,这些文本差异必须根据《维也纳条约法公约》中编纂的、被普遍接受的条约解释原则加以解释。[5]

然而,既存的投资仲裁实践表明,私人仲裁庭有能力也愿意解释并调和分歧性条款。

另外,有助于协调解释的程序性步骤也可以纳入《多边投资法院规约》中。这主要包括设立法院的常设条约解释者(与特设仲裁员相反)永久性、

---

〔1〕 Zuleta(2015),p. 405; Dolzer and Schreuer(2012),p. 10 et seqq.; Salacuse(2013),p. 354.

〔2〕 2.369 BITs in force and 303 agreements in force including investment provisions. Division on Investment and Enterprise, http://investmentpolicyhub.unctad.org/IIA(27.4.2017).

〔3〕 They are often based on comparable national standard investment protection contracts, that, in turn, are based on OECD standards. Cf. Vandevelde(2010), p. 57; Brown(2015), p. 182; De Brabandere(2014), p. 25.

〔4〕 Brown(2015), p. 183.

〔5〕 Vienna Convention on the Law of Treaties of 23.5.1969, 1155 UNTS 331.

明确性、协调性的解释工作。[1]

1. 多边投资法院作为常设条约解释者

如上所述,之所以出现了对投资保护标准的解释不同,不仅是因为国际投资协定的规定在"客观上"存在不同,有时也因为这些协定的解释者不同。因此,条约解释者对于协定实现"标准化"的解释将是达到预期结果的又一重要步骤。

在既有的投资仲裁实践中已经存在相似的基本步骤。例如,通过形式上合并私人程序,[2]在不同但相关的程序中任命相同的仲裁员,[3]以尽可能避免不同的解释。

事实上,在不同的仲裁程序中重复任命某些仲裁员,形成了一些"常设"仲裁员有助于条约解释更加统一。[4] 1972 年至 2006 年,在现有仲裁程序中的 361 名仲裁员席位中,其中 176 个席位由相同的 43 名仲裁员担任。[5]近年来,这种趋势愈演愈烈,这有助于发展相同的法律意见和促进判决的一致性。[6]

---

〔1〕 Marceddu(2016),p. 44.

〔2〕 Cf. examples from the past "de facto consolidation": Kurtz(2014),pp. 257,271; Kaufmann-Kohler et al. (2006),p. 74.

〔3〕 Cf. e. g. the composition of the tribunals in Sempra and CMS(CMS Gas Transmission Company v. The Republic of Argentina,ICSID Case No. ARB/01/8,Award,12. 5. 2005): Francisco Orrego Vicuna has served as President and Marc Lalonde as member of both tribunals. In general,the decisions are identical, the tribunal in Sempra Energy International v. The Argentine Republic,ICSID Case No. ARB/02/16,Award, 28. 9. 2007,para. 346 finds that: "While two arbitrators sitting in the present case were also members of the tribunal in the CMS case the matter has been examined anew. " Cf. additionally more critical Burke-White (2010),p. 425 et seqq. ; Dugan et al. (2008),p. 89 et seqq.

〔4〕 Commission(2007),p. 136: "The question as to whether or not ad hoc tribunals with ever-changing members can truly create precedent,and a distinct jurisprudence,is not a new one. As to investment treaty decisions and awards emanating from ICSID tribunals,however,the tribunal members are no longer ever-changing. Put simply,their backgrounds,qualifications,experiences in international law and their regular interactions,both professionally and otherwise,have contributed to the development of an esprit de corps amongst ICSID and other investment treaty arbitrators. " Cf. regarding the previous common practice of numerous reappointments of certain arbitrators Shihata and Parra(1999),p. 311.

〔5〕 Commission(2007),p. 141; Fontoura Costa(2011),p. 11: "For instance,group of only 12 arbitrators(4. 4%)of the ICSID population accounts for about a quarter of nominations [...] the 12 people (first quartile) who account for over a quarter of the ICSID nominations are present in 60% of the tribunals, i. e. in 158 out of 263 tribunals. In other words,the group of more frequent arbitrators spreads their influence not only on a quarter of tribunals,but well over half of them. "

〔6〕 Commission(2007),p. 141.

设立多边投资法院无疑会加强这种条约解释的“标准化”功能，多边投资法院可以设立一个单一的机构来确定条约标准的解释和适用，[1]而非通过特设仲裁庭。

可以预期的是，由同一群体或在相似职位的一小群人，解释相同或相似的投资保护标准，将更有助于解释的一致性和协调性。多边投资法院的情况即是如此。

2. 协调解释的作用

在对相同或相似的投资保护标准进行解释时，为了实现更高程度的一致性，需要强调由多边投资法院对应予适用的条款尽可能作出统一解释。

其他争端解决机制也有对于条约适用者和条约解释者类似的解释义务。例如，WTO 的 DSU 规定，WTO 争端解决体系的主要目的是为法律的确定性和可预测性服务，并且明确规定 WTO 争端解决体系应当遵守国际条约解释的国际习惯原则，不能进行“立法性”解释。[2]事实上，WTO 专家组在条约解释中的过于激进的做法也广受诟病，且上诉机构也为成员所担忧。[3]因此，WTO 争端解决机制必须包含精确的解释性指令规定。[4]

类似地，不仅让多边投资法院遵守条约解释的习惯规则是可行的，以不完全相同的方式制定最一致的投资保护标准解释也是可行的。例如，这种解

---

〔1〕 Cf. the statements on the influence of the presence of permanent judges (as opposed to ad-hoc) on harmonised decisions on the occasion of the establishment of the Statute of the Permanent Court of International Justice (PCIJ), the predecessor of the International Court of Justice. Procès-Verbaux of the Proceedings of the Advisory Committee of Jurists, Annex No. 1, 695 (1920): “In the Court of Arbitration, there is no permanent tie between the sitting judges, and consequently, no esprit de corps nor progressive continuity in jurisprudence; on the other hand, the Court of International Justice, being composed of judges, permanently associated with each other in the same work, and, except in rare cases, retaining their seats from one case to another, can develop a continuous tradition, and assure the harmonious and logical development of International Law.”

〔2〕 Art. 3. 2 DSU: “The dispute settlement system of the WTO is a central element in providing security and predictability to the multilateral trading system. The Members recognise that it serves to preserve the rights and obligations of Members under the covered agreements, and to clarify the existing provisions of those agreements in accordance with customary rules of interpretation of public international law. Recommendations and rulings of the DSB cannot add to or diminish the rights and obligations provided in the covered agreements.”

〔3〕 Jackson (1998), p. 342.

〔4〕 Van Damme (2010), p. 606 et seqq.

释义务可以通过强调《维也纳公约》第31条第(3)款规定的体系解释方法在投资仲裁实践中的适用以实现,[1]或者也可以选择另一种措辞,要求多边投资法院对于应予适用的实体法的解释实现一致性和连贯性。

(三)确保对投资保护标准的解释公正、客观

另一个有关解释的问题是如何避免各方商定的投资保护标准被解释的过于偏向投资者或者东道国。现有评论大多认为,有关国际投资协定以及其他条约中的保护标准被认为被仲裁庭作出过于偏向投资者的解释,因此应考虑改变这种做法。

现有的建议涵盖了明确和限制投资标准、缔约方设置纠正措施,例如条约的真实目的解释,甚至包括建议多边投资法院以消除投资者指定仲裁员的影响。

与一致性相类似,在投资保护标准的解释中,"公正客观"本身也是一个解释问题,而且还涉及如何衡量冲突利益。[2]因此,很有必要通过多边投资法院,使得解释和作出裁决的过程成为一个整体。

1.在国际投资协定中阐明和限制投资保护标准

仲裁庭在解释国际投资协定的实践中,往往被认为作出了偏向投资者的解释而修订了协定中的投资保护标准。事实上,欧盟委员会在《加拿大与欧

---

[1] Article 31 VCLT: "(1) A treaty shall be interpreted in good faith in accordance with the ordinary meaning to be given to the terms of the treaty in their context and in the light of its object and purpose. [...] (2) There shall be taken into account, together with the context: a) any subsequent agreement between the parties regarding the interpretation of the treaty or the application of its provisions; b) any subsequent practice in the application of the treaty which establishes the agreement of the parties regarding its interpretation; c) any relevant rules of international law applicable in the relations between the parties." Phoenix Action Ltd. v. Czech Republic, ICSID Case No. ARB/06/5, Award, 15. 4. 2009, para. 78: "It is evident to the Tribunal that the same holds true in international investment law and that the ICSID Convention's jurisdictional requirements—as well as those of the BIT—cannot be read and interpreted in isolation from public international law, and its general principles." Alpha Projektholding GmbH v. Ukraine, ICSID Case No. ARB/07/16, Award, 8. 11. 2010, para. 233: "The Tribunal will apply the provisions of the UABIT and interpret the UABIT in a manner consistent with customary international law." See for the systemic interpretation also Hofmann and Tams (2011), p. 53; McLachlan (2005), p. 279.

[2] El Paso v. Argentina, ICSID Case No. ARB/03/15, Decision on Jurisdiction, 27. 4. 2006, para. 70: "This Tribunal considers that a balanced interpretation is needed, taking into account both State sovereignty and the State's responsibility to create an adapted and evolutionary framework for the development of economic activities, and the necessity to protect foreign investment and its continuing flow." Weeramantry (2012), p. 193.

盟综合经济贸易协定》《跨大西洋贸易与投资协定》以及最近的一些其他投资协定中都明确包含限制投资者权利的条款。[1]

有关间接征收的规定可以很好地说明这一点。在最早的“第一代”国际投资协定中，直接征收和间接征收被认为是一样的，这便引发了原则上要进行补偿的义务。[2]但是在投资仲裁实践[3]以及条约起草实践中，各国为公共目的（如健康、环境保护或者一般公共安全）而采取的非歧视性管制措施原则上不能被视作等同于征收的措施，这种观点已被普遍接受。[4]

限制投资者的权利或者其他投资保护标准的做法也存在于其他国际投资协定[5]中。例如，《加拿大与欧盟综合经济贸易协定》通过仅将极端违反投资仲裁庭实践中所认定的公平公正待遇要素的行为定义为违反协定，这极

---

〔1〕 See on this also CJEU 1/17 of 30 April 2019, ECLI:EU:C:2019:341, para. 155 et seqq.

〔2〕 Dolzer/Schreuer, Principles of International Investment Law, 2012, p. Dolzer and Schreuer (2012), p. 101 et seqq.; Vandevelde (2010), p. 285 et seqq.: "Like the [first] German BITs, the Abs-Shawcross Convention also explicitly recognized the distinction between a direct and an indirect expropriation. [...] The concept of an indirect expropriation in these early instruments quickly gained recognition in general BIT practice." See e. g. Article 7 Switzerland-Guinea BIT 1962: "Falls eine Vertragspartei Vermögenswerte, Rechte oder Interessen von Staatsangehörigen [...] enteignet oder verstaatlicht oder gegen diese Staatsangehörigen, Stiftungen, Vereinigungen oder Gesellschaften irgendeine andere Massnahme der direkten oder indirekten Besitzentziehung ergreift." Article 3 Netherlands-Tunisia BIT 1965: "Where one Party expropriates or nationalizes property, rights or interests [...] or takes any measure which results directly or indirectly in the dispossession of such nationals or corporations [...]." Similarly also Article 3 BLEU (Belgium-Luxembourg Economic Union)-Tunisia BIT 1964.

〔3〕 Cf. Methanex v. USA, UNCITRAL (NAFTA), Final Award, 3. 8. 2005, Part IV, D., para. 7: "[...] as a matter of general international law, a non-discriminatory regulation for a public purpose, which is enacted in accordance with due process and, which affects, inter alios, a foreign investor or investment is not deemed expropriatory and compensable unless specific commitments had been given by the regulating government to the then putative foreign investor contemplating investment that the government would refrain from such regulation." Saluka Investments BV (The Netherlands) v. The Czech Republic, Partial Award, 17. 3. 2006, para. 262: "[...] '[...]' [...] the principle that a State does not commit an expropriation and is thus not liable to pay compensation to a dispossessed alien investor when it adopts general regulations that are 'commonly accepted as within the police power of States' forms part of customary international law today."

〔4〕 See e. g. Annex B(4) 2012 US Model BIT; Annex B. 13(1) 2004 Canada Model FIPA; Annex 8-A(3) CETA: "For greater certainty, except in the rare circumstance when the impact of a measure or series of measures is so severe in light of its purpose that it appears manifestly excessive, nondiscriminatory measures of a Party that are designed and applied to protect legitimate public welfare objectives, such as health, safety and the environment, do not constitute indirect expropriations."

〔5〕 See on this also CJEU 1/17 of 30 April 2019, ECLI:EU:C:2019:341, para. 156 et seqq.

大降低了公平公正待遇的标准。[1]类似地,该协定的文本通过明确限制保护标准以防止第三方威胁,而采用充分保护和安全标准。[2]

依据《维也纳条约法公约》[3]进行条约解释的起点是一个条款的措辞,[4]对投资者权利的预期限制似乎是最安全和最妥当的方法,这可以避免以牺牲东道国利益为代价作出的过于偏向投资者的条约解释。然而,多数情况下过分的限制可能会使投资者认为给予它们的保护不充分,[5]并很有可能因此转向采用其他争端解决方法。[6] 这些方法包括重新启动外交保护

---

〔1〕 See e. g. Art. 8. 10 para. 2 CETA: "A Party breaches the obligation of fair and equitable treatment referenced in paragraph 1 if a measure or series of measures constitutes: a) denial of justice in criminal, civil or administrative proceedings; b) fundamental breach of due process, including a fundamental breach of transparency, in judicial and administrative proceedings; c) manifest arbitrariness; d) targeted discrimination on manifestly wrongful grounds, such as gender, race or religious belief; e) abusive treatment of investors, such as coercion, duress and harassment; or f) a breach of any further elements of the fair and equitable treatment obligation adopted by the Parties in accordance with paragraph 3 of this Article."

〔2〕 See e. g. Art. 8. 10 para. 5 CETA: "For greater certainty, 'full protection and security' refers to the Party's obligations relating to the physical security of investors and covered investments."

〔3〕 Art. 31 para. 1 VCLT: "A treaty shall be interpreted in good faith in accordance with the ordinary meaning to be given to the terms of the treaty in their context and in the light of its object and purpose."

〔4〕 Cf. the comments of the ILC to Article 31 VCLT, in ILC, Draft Articles on the Law of Treaties with commentaries, Yearbook of the International Law Commission, 1966, Vol. II, p. 220: "The article as already indicated is based on the view that the text must be presumed to be the authentic expression of the intentions of the parties; and that, in consequence, the starting point of interpretation is the elucidation of the meaning of the text, not an investigation ab initio into the intentions of the parties." See also Methanex v. USA, UNCITRAL (NAFTA), Final Award, 3. 8. 2005, Part II, B, para. 22: "[...] the approach of the Vienna Convention is that the text of the treaty is deemed to be the authentic expression of the intentions of the parties." Wintershall v. Argentina, ICSID Case No. ARB/04/14, Award, 8. 12. 2008, para. 78: "The carefully-worded formulation in Article 31 is based on the view that the text must be presumed to be the authentic expression of the intention of the parties. The starting point of all treaty-interpretation is the elucidation of the meaning of the text, not an independent investigation into the intention of the parties from other sources (such as by reference to the travaux preparatoires, or any predilections based on presumed intention."

〔5〕 Newcombe (2013), p. 23; Alvarez (2011), p. 235; Tan and Bouchenaki (2015), p. 253 et seqq.; Levesque and Newcombe (2013), p. 40.

〔6〕 Ryan, Meeting Expectations: Assessing the Long-term Legitimacy and Stability of International Investment Law, The University of Pennsylvania Journal of International Law 29 (2008), p. Ryan (2008), p. 761: "That means that all participants will be required to adjust their expectations if the system is to flourish. The United States is attempting to more clearly define the scope of protections accorded to investors through changes to its Model BIT. In doing so, it has arguably narrowed the scope of protections available to investors. Investors, in turn, may be required to adjust their expectations in such a way that will allow them to operate in the changing legal environment."

（通常伴随着争端的政治化），[1]订立含有单独仲裁条款的投资者与国家间的协议，以及基于现有国际投资协定在具有较高保护水平的国家进行投资的策略。

就投资保护标准的一致性解释的目的而言，这样重新定向的效果可能适得其反。然而，只要投资协定可以平衡东道国和投资者之间的合法利益，对保护标准的阐明不仅看起来是没有问题的，甚至是很可行的。这可以为条约解释者，即未来的多边投资法院作决定提供更坚实的基础。

2. 限制解释权限

还应该考虑是否用明确的解释规则来指导多边投资法院。例如，国际投资协定的缔约方可以在各自协定的文本、前言、附件中阐明投资保护标准的解释应当客观中立，或赋予特定的解释要素约束力。解释以及阐明公平公正待遇、完全保护、安全标准不能构成间接征收的做法并不是一个有用的例证，因为这些条款在应予适用的国际投资协定中已有规定，投资者不能声称其面临了出乎意料的解释。

作为已纳入适用的国际投资协定的替代方案，可以考虑是否可以将相应的解释性指令纳入管理多边投资法院运作的文件中。

在这种情况下，可能有必要区分某个解释是否在原有文本设想的范围之内，还是超过了这个范围。例如，对《加拿大与欧盟综合经济贸易协定》中的公平公正待遇标准的要素的阐明是基于仲裁庭业已确立的解释原则而作出的。[2]但对于

---

〔1〕 Schreuer（2015），p. 881 et seqq.

〔2〕 Cf. Art. 8. 10 para. 2 CETA："A Party breaches the obligation of fair and equitable treatment referenced in paragraph 1 if a measure or series of measures constitutes：a）denial of justice in criminal，civil or administrative proceedings；b）fundamental breach of due process，including a fundamental breach of transparency，in judicial and administrative proceedings；c）manifest arbitrariness；d）targeted discrimination on manifestly wrongful grounds，such as gender，race or religious belief；e）abusive treatment of investors，such as coercion，duress and harassment；or f）a breach of any further elements of the fair and equitable treatment obligation adopted by the Parties in accordance with paragraph 3 of this Article."

对合法预期的辅助保护,[1]以及完全缺乏稳定性、可预测性的解释,仍是有问题的。[2]

与阐明应予适用的国际投资协定的投资保护标准的内容,或者在其中(或者在多边投资法院运作的一般性文件中)设置某些解释规则相比而言,以纠正偏向投资者裁决为基础的另外两种解释似乎更有问题。这两种方法是协定双方所谓的真实解释和任命对偏向国家的法官作为条约解释者。

3. 缔约方的真实意图解释

除了指定的争端解决机构可以对国际投资协定作出"常规"解释之外,许多国际投资协定还规定缔约方对于协定的解释具有约束力。[3]易言之,多边投资法院(取代以前的临时仲裁庭)和国际投资协定的缔约方原则上有权解释国际投资协定。因此,《多边投资法院规约》可在适用法律的范围内阐明法院必须考虑缔约方对应予适用的国际投资协定的解释性声明。需要注意,多边投资法院的大会无权对双边国际投资协定进行解释,它至多对解释《多边投资法院规约》有管辖权。

上述解释方式在现实中极少得到使用,这表明它的作用仅限于纠正仲裁庭作出的偏向投资者的解释。一个明显的例子就是《北美自由贸易协定》的自由贸易委员会对公平公正待遇的解释。该解释性声明指出,协定第11章

[1] Cf. Art. 8. 10 para. 4 CETA: "When applying the above fair and equitable treatment obligation, the Tribunal may take into account whether a Party made a specific representation to an investor to induce a covered investment, that created a legitimate expectation, and upon which the investor relied in deciding to make or maintain the covered investment, but that the Party subsequently frustrated."

[2] Cf. Kriebaum(2014), p. 482.

[3] Cf. Art. 30 para. 3 US Model BIT 2012: "A joint decision of the Parties, each acting through its representative designated for purposes of this Article, declaring their interpretation of a provision of this Treaty shall be binding on a tribunal, and any decision or award issued by a tribunal must be consistent with that joint decision." Art. 31 US Model BIT 2012: "Where a respondent asserts as a defense that the measure alleged to be a breach is within the scope of an entry set out in Annex Ⅰ, Ⅱ, or Ⅲ, the tribunal shall, on request of the respondent, request the interpretation of the Parties on the issue. [...] 2. A joint decision issued under paragraph 1 by the Parties, each acting through its representative designated for purposes of this Article, shall be binding on the tribunal, and any decision or award issued by the tribunal must be consistent with that joint decision. If the Parties fail to issue such a decision within 90 days, the tribunal shall decide the issue." Art. 1131 para. 2 NAFTA: "An interpretation by the Commission of a provision of this Agreement shall be binding on a Tribunal established under this Section."

(投资章节)规定的公平公正待遇标准并不低于国际习惯法下的最低标准。[1]

只要协定的解释在各自设立的投资保护标准范围内,并且不超出该范围而事实上导致修订了协定,[2]并且只要协定可预期适用,缔约方的这种"真实意图"解释似乎是帮助其主张权利的合法工具。[3]

然而,授予国际投资协定缔约方如此宽泛的权限突破了其在诉讼中的法律地位,这似乎是有问题的。[4]这不仅与"每个人不得作自己案件的法官"的原则相违背,也与公平审判这一基本法律原则相矛盾。[5]因此需要特别指出,协定各方所作的"真实意图"解释即使是为了回应多边或其他争端解决机构的解释,也不能对未决诉讼施加影响。[6]

4. 由公正而独立的法官组成多边投资法院

另一种保证投资保护标准的解释公正与独立的方法,似乎已包含在多边投资法院的架构中。任命多边投资法院的法官的目的是让偏向投资者的仲裁员,无论是在个别案件中,还是从长远来看都将不能对投资保护标准作出

〔1〕 NAFTA Free Trade Commission Clarifications Related to NAFTA Chapter 11, Decisions of 31. 7. 2001, www. worldtradelaw. net/nafta/chap11interp. pdf (28. 5. 2017): "B. 1. Article 1105 (1) prescribes the customary international law minimum standard of treatment of aliens as the minimum standard of treatment to be afforded to investments of investors of another Party. 2. The concepts of 'fair and equitable treatment' and 'full protection and security' do not require treatment in addition to or beyond that which is required by the customary international law minimum standard of treatment of aliens."

〔2〕 Cf. Pope & Talbot Inc. v. Canada, Award in Respect of Damages, 31. 5. 2002, para. 47: "[w]ere the tribunal required to make a determination whether the commission's action is an interpretation or an amendment, it would choose the latter."

〔3〕 Roberts (2010), pp. 179 – 225; Ewing-Chow and Losari (2015), p. 103; Dolzer and Schreuer (2012), p. 33.

〔4〕 Kaufmann-Kohler (2011), pp. 181 – 183.

〔5〕 Plama v. Bulgaria, Decision on Jurisdiction, para. 149; Ishikawa (2015), p. 141; UNCTAD (2011), p. 4.

〔6〕 See in this regard CJEU 1/17 of 30 April 2019, ECLI: EU: C: 2019: 341, para. 237. A potential risk of breaching certain procedural minimum garantuees in the sense of due process could be avoided, if there would be a mechanism of consultations in advance to a procedure. One possibility would be the establishment of a state-to-state mechanism of consulatations that would enable an interpretative dialogue between the arise of a dispute and the beginning of the dispute settlement procedure. Cf. Ishikawa (2015), p. 145.

支持投资者的解释。

在传统仲裁中，当事人指定仲裁员的影响由第三名仲裁员（通常是首席仲裁员）来平衡。[1]另外，有关仲裁员的独立性和公正性的规则也可防止投资者或国家对仲裁庭带来不当影响。[2]如前所述，这应该主要由相应的《多边投资法院法官行为准则》来规定，并可以选择纳入有细微差别但已得到广泛使用的《国际律师协会关于国际仲裁利益冲突指引》之中。[3]

如前述所，多边投资法院法官的任期应该尽可能长，不能连任或者只能连任一届会产生问题，而且还会怀疑那些由潜在的被申请人专门任命的法官的独立性和公正性。的确，这一点可以被以下事实反驳，即国家不仅要保护其作为被申请人时的国家利益免受外国投资者的侵害，同时还要保护它们在国外的投资者的利益。因此，国家有兴趣平衡多边投资法院的法官的任命。然而，即使有这些考虑也不能改变这样一个事实，即多边投资法院的法官的

---

〔1〕 Carbonneau(2003), p. 1211: "The tradition in prior practice had been to require only that the presiding arbitrator (the 'neutral' arbitrator) be fully impartial. There was an expectation that party-designated arbitrators would be sympathetic to the position of the appointing party and would favor that position in the deliberations." Franck(2009), p. 443 et seqq.: "All arbitrators are generally required to be impartial and to contribute to the adjudicatory outcome. Nevertheless, the presiding arbitrator performs a different role than the party-appointed arbitrator and his or her appointment is a matter of vital importance. The presiding arbitrator can 'influence the style of an international arbitration' and make critical procedural decisions. Some suggest that presiding arbitrators resolve disputes between party-appointed arbitrators and, in some cases, become the ultimate decision makers." Böckstiegel(2003), p. 371.

〔2〕 Cf. Art. 6(7) UNCITRAL Arbitration Rules 2010: "independent and impartial arbitrator." Art. 14 para. 1 ICSID Convention: "Persons [...] of high moral character and recognized competence in the fields of law, commerce, industry or finance, who may be relied upon to exercise independent judgment." Article 18 para. 1 SCC Arbitration Rules 2017: "Every arbitrator must be impartial and independent. [...]." Article 10.1 London Court of International Arbitration (LCIA) Arbitration Rules 2014: "The LCIA Court may revoke any arbitrator's appointment upon its own initiative, at the written request of all other members of the Arbitral Tribunal or upon a written challenge by any party if: [...] (iii) circumstances exist that give rise to justifiable doubts as to that arbitrator's impartiality or independence." Article 10 para. 1 Singapore International Arbitration Centre (SIAC) Investment Arbitration Rules 2017: "Any arbitrator appointed in an arbitration under these Rules, whether or not nominated by the Parties, shall be and remain at all times independent and impartial. [...]." Poudret and Besson(2007), p. 346 et seqq.; Lawson(2005), p. 22; Dimitropoulos(2016), p. 415 (proposed standards for the investment arbitration).

〔3〕 IBA Guidelines on Conflicts of Interest in International Arbitration, Resolution of the International Bar Association Council of 23.10.2014. Wuschka(2016), p. 165.

选择将完全掌握在法院成员的手中。[1]

因此,不应仅限于司法机关的任命,还应尽量减少影响法官公正性的其他因素(可以参见关于法官独立性和公正性的论述)。

如上所述,法官任期应该尽可能长,不能无法连任或者只可连任一届。排除或限制连任通常被认为是防止司法决策者依赖推选国家的主要手段。此外,也应该考虑排除与潜在的争端有密切关系的人担任法官。具体而言,这不仅意味着排除《加拿大与欧盟综合经济贸易协定》中规定的政府官员和投资者的政党代表,[2]也排除了过去在某一国家或欧盟组织担任过政治或行政职务的人。

二、应予适用的程序法和程序原则

目前,临时仲裁庭基于国际投资协定形成了碎片化的投资争端解决体系存在多种解决方案。投资者通常可以自行决定是否按照《ICSID 公约》、《ICSID 附加便利规则》、《UNCITRAL 仲裁规则》(可能由 PCA 管理)或者按照其他机构的仲裁规则(如国际商会仲裁院、斯德哥尔摩商会仲裁院、伦敦国际仲裁院等仲裁规则)提起仲裁。

这些仲裁规则在程序的核心方面没有显著差异。但应该指出,《ICSID 公约》以及《ICSID 附加便利规则》仅适用于投资仲裁程序,其他的仲裁规则(除了《UNCITRAL 透明度规则》之外)还适用于商事仲裁。[3]

由于在所有这些程序规则中,仲裁程序只受基本和非正式规则的限制,

---

〔1〕 Sandrock(2015),p. 627.

〔2〕 Art. 8. 30 para. 1 CETA: "The Members of the Tribunal shall be independent. They shall not be affiliated with any government. They shall not take instructions from any organisation, or government with regard to matters related to the dispute. They shall not participate in the consideration of any disputes that would create a direct or indirect conflict of interest. They shall comply with the International Bar Association Guidelines on Conflicts of Interest in International Arbitration or any supplemental rules adopted pursuant to Article 8. 44. 2. In addition, upon appointment, they shall refrain from acting as counsel or as party-appointed expert or witness in any pending or new investment dispute under this or any other international agreement." This so called "German professors-clause" shall clarify that university professors, in countries where the universities are statefinanced are not excluded. See on this also CJEU 1/17 of 30 April 2019, ECLI:EU:C:2019:341, para. 240.

〔3〕 UNCITRAL Rules on Transparency in Treaty-based Investor-State Arbitration, in force since 1. 4. 2014.

因此只有很小的差别。这些仲裁规则的核心是当事人意思自治和尊重双方的听证权。[1]

因此,在实践中,(当事人)主要是基于ICSID仲裁裁决和其他程序规则下作出的仲裁裁决之间不同的执行机制来选择仲裁规则。ICSID仲裁裁决根据《ICSID公约》的执行机制加以执行;而其他仲裁裁决的执行一般由《纽约公约》加以规范。另外,《ICSID公约》的管辖权特别规则,[2]及其撤销制

---

〔1〕 Art. 17 para. 1 UNCITRAL Arbitration Rules: "Subject to these Rules, the arbitral tribunal may conduct the arbitration in such manner as it considers appropriate, provided that the parties are treated with equality and that at an appropriate stage of the proceedings each party is given a reasonable opportunity of presenting its case. The arbitral tribunal, in exercising its discretion, shall conduct the proceedings so as to avoid unnecessary delay and expense and to provide a fair and efficient process for resolving the parties' dispute." Art. 22 ICC Arbitration Rules 2017: "(2) In order to ensure effective case management, the arbitral tribunal, after consulting the parties, may adopt such procedural measures as it considers appropriate, provided that they are not contrary to any agreement of the parties. [...] (4) In all cases, the arbitral tribunal shall act fairly and impartially and ensure that each party has a reasonable opportunity to present its case." The right to be heard before the court is also reflected in the following articles of the ICSID Arbitration Rules 2006: Schreuer et al. (2009), p. 987: "The principle that both sides must be heard on all issues affecting their legal 305 position is one of the most basic concepts of fairness in adversarial proceedings. [...] It is reflected throughout the ICSID Arbitration Rules (see esp. Rules 20, 21, 27, 31, 32, 37, 39, 40, 41, 42, 44, 49, 50, 54, 55)." Petrochilos (2004), p. 254: "By ineluctable inference from the reference in Article 52 of the ICSID Convention to 'fundamental' procedural rules, an ICSID tribunal must respect the minimum standards of due process, namely the equality of the parties and the right to be heard." Cf. Blackaby et al. (2009), para. 6.11 et seqq.; Wälde (2011).

〔2〕 Art. 25 ICSID Convention: "(1) The jurisdiction of the Centre shall extend to any legal dispute arising directly out of an investment, between a Contracting State (or any constituent subdivision or agency of a Contracting State designated to the Centre by that State) and a national of another Contracting State, which the parties to the dispute consent in writing to submit to the Centre. When the parties have given their consent, no party may withdraw its consent unilaterally. (2) 'National of another Contracting State' means: (a) any natural person who had the nationality of a Contracting State other than the State party to the dispute on the date on which the parties consented to submit such dispute to conciliation or arbitration as well as on the date on which the request was registered pursuant to paragraph (3) of Article 28 or paragraph (3) of Article 36, but does not include any person who on either date also had the nationality of the Contracting State party to the dispute; and (b) any juridical person which had the nationality of a Contracting State other than the State party to the dispute on the date on which the parties consented to submit such dispute to conciliation or arbitration and any juridical person which had the nationality of the Contracting State party to the dispute on that date and which, because of foreign control, the parties have agreed should be treated as a national of another Contracting State for the purposes of this Convention."

度,[1]也影响程序的选择。[2]投资者怀疑其投资是否与在ICSID仲裁实践中形成的、所谓的“Salini投资标准”或者《ICSID公约》第25条设置的国籍标准相一致,或者投资者希望避免根据《ICSID公约》项下的撤销的可能性以致程序延迟,而可能选择UNCITRAL仲裁或其他非ICSID仲裁。

现行的采纳既存程序规则的制度是继续维持,还是为其提供单独的程序规则才是根本问题。《程序规则》可以直接整合进《多边投资法院规约》,也可由大会采纳作为《多边投资法院规约》的二级规则。

这个根本问题取决于几个因素:裁决的执行力、特殊的程序要求,如透明度、效率(尤其是成本效率以及缩短程序时长等)、避免程序滥用等。

这些目标一部分可以通过采纳现行程序规则实现,另一部分可以通过制定单独的程序规则来实现。

下文将更详细地解释ICSID仲裁裁决适用特别有效的执行机制,根据该机制,《ICSID公约》的所有缔约国(现有161个)原则上都有义务强制执行裁决,[3]就好像是本国法院的最终判决一样。只有执行程序中的国家豁免才可能构成一个可受理的异议。在《纽约公约》成员国(现有159个)执行该公约项下的仲裁裁决同样有效。[4]然而,也有其他理由不予承认和执行《纽约公约》项下的裁决。适用这两部公约来提高多边投资法院判决的强制执行机制的效力的一个先决条件是,法院作出的判决可以被视为构成ICSID仲裁裁决或《纽约公约》意义上的仲裁裁决。

将多边投资法院的判决视为ICSID仲裁裁决还是《纽约公约》意义上的仲裁裁决,这一根本问题取决于其符合ICSID程序规则的程度以及多大程度上满足《纽约公约》的程序规则的要求。

---

〔1〕 Art. 52 para. 1 ICSID Convention: “Either party may request annulment of the award by an application in writing addressed to the Secretary-General on one or more of the following grounds: (a) that the Tribunal was not properly constituted; (b) that the Tribunal has manifestly exceeded its powers; (c) that there was corruption on the part of a member of the Tribunal; (d) that there has been a serious departure from a fundamental rule of procedure; or (e) that the award has failed to state the reasons on which it is based.”

〔2〕 Dolzer and Schreuer (2012), p. 241.

〔3〕 As of 6.8.2018.

〔4〕 As of 6.8.2018.

一系列旨在提高程序效率的措施和规则,最终偏离了仲裁中普遍存在的当事人意思自治原则,而走向更为集权化的司法程序,从而与这一目标背道而驰。然而,这些应当在多边投资法院全面改革投资争端解决办法的文本中详细讨论。

(一)透明度

透明度原则最近一直是关于国际仲裁的各种讨论和改革的主题。透明度的问题一般包括公布文件、与诉讼有利益相关的第三方参与仲裁以及公众参加听证会。透明度原则被视为体现了法律基本原则的要求。为确保《UNCITRAL透明度规则》能通过简易的方法适用,而不必对所有现有的国际投资协定进行重新谈判,联合国大会在2014年年底通过了《毛里求斯公约》[1]。

在各种投资争端解决机制中,对于透明度问题有不同的处理方式。一方面,关于保密义务还是透明义务的一般定义都存在分歧;[2]另一方面,在其他有关透明度的执行机制上也存在差异。[3]

以2013年《UNCITRAL透明度规则》中规定的透明度义务作为多边投

---

〔1〕 United Nations Convention on Transparency in Treaty-based Investor-State Arbitration, A/RES/69/116 of 10.12.2014.

〔2〕 Cf. Art. 28 para. 3 Norway Model BIT 2007, Draft version 191207: "All awards and substantive decisions of the Tribunal shall be made publicly available."

〔3〕 Cf. the opportunity not to publish decisions under ICSID and the Secretariat's obligation to publish excerpts of the legal reasoning of the tribunal: Art. 48 para. 5 ICSID Convention: "The Centre shall not publish the award without the consent of the parties." And Art. 48 para. 4 ICSID Arbitration Rules: "The Centre shall not publish the award without the consent of the parties. The Centre shall, however, promptly include in its publications excerpts of the legal reasoning of the Tribunal." Or the rules on transparency in Art. 29 para. 1 US Model BIT 2012 concerning the publication of process documents: "the respondent shall, after receiving the following documents, promptly transmit them to the nondisputing Party and make them available to the public: (a) the notice of intent; (b) the notice of arbitration; (c) pleadings, memorials, and briefs submitted to the tribunal by a disputing party and any written submissions submitted pursuant to Article 28(2) [Non-Disputing Party submissions] and (3) [Amicus Submissions] and Article 33 [Consolidation]; (d) minutes or transcripts of hearings of the tribunal, where available; and (e) orders, awards, and decisions of the tribunal)." As well as Art. 29 para. 2 concerning the publicity of hearings: "The tribunal shall conduct hearings open to the public and shall determine, in consultation with the disputing parties, the appropriate logistical arrangements. However, any disputing party that intends to use information designated as protected information in a hearing shall so advise the tribunal. The tribunal shall make appropriate arrangements to protect the information from disclosure." Ortino, Transparency of investment awards, in: Nakagawa (ed.), Transparency in International Trade and Investment Dispute Settlement, 2013, p. 121.

资法院的基础，[1]在很大程度上是无可争议的。经过多年的谈判，这些规则已经稳定并符合国家和投资者间仲裁程序的具体需要，是一套“量身定制”的规则，可以显著提高投资仲裁的透明度。[2]

因此，如果以《加拿大与欧盟综合经济贸易协定》为例，多边投资法院将《UNCITRAL 透明度规则》纳入其适用规则是有用的。[3]毕竟，这可以避免依据 2014 年 4 月 1 日前签订的国际投资协定而提起的适用《UNCITRAL 仲裁规则》的争端能否适用《UNCITRAL 透明度规则》的问题。这个问题必须通过一个特别的多边条约（《毛里求斯公约》）加以解决。[4]

需要特别指出的是，在投资争端解决体制透明度的问题上，争论集中在以下事项：获取有关诉讼程序启动的信息、公开的听证方式、第三方参与听证的可能性以及程序性文件的公开，特别是终局裁决的公开。[5]

如上所述，在提起诉讼请求之后应当公布起诉书。《UNCITRAL 透明度规则》也规定与争端有关的所有文件必须公布。根据《毛里求斯公约》，全部裁决

---

[1] United Nations Convention on Transparency in Treaty-based Investor-State Arbitration (Mauritius Convention on Transparency), concluded the 10.12.2014 and entered into force the 18.10.2017.

[2] Loken (2013), pp. 1302 – 1303.

[3] Art. 8.36 CETA: "(1) The UNCITRAL Transparency Rules, as modified by this Chapter, shall apply in connection with proceedings under this Section. (2) The request for consultations, the notice requesting a determination of the respondent, the notice of determination of the respondent, the agreement to mediate, the notice of intent to challenge a Member of the Tribunal, the decision on challenge to a Member of the Tribunal and the request for consolidation shall be included in the list of documents to be made available to the public under Article 3(1) of the UNCITRAL Transparency Rules. (3) Exhibits shall be included in the list of documents to be made available to the public under Article 3(2) of the UNCITRAL Transparency Rules. (4) Notwithstanding Article 2 of the UNCITRAL Transparency Rules, prior to the constitution of the Tribunal, Canada or the European Union as the case may be shall make publicly available in a timely manner relevant documents pursuant to paragraph 2, subject to the redaction of confidential or protected information. Such documents may be made publicly available by communication to the repository. (5) Hearings shall be open to the public. The Tribunal shall determine, in consultation with the disputing parties, the appropriate logistical arrangements to facilitate public access to such hearings. If the Tribunal determines that there is a need to protect confidential or protected information, it shall make the appropriate arrangements to hold in private that part of the hearing requiring such protection. (6) Nothing in this Chapter requires a respondent to withhold from the public information required to be disclosed by its laws. The respondent should apply those laws in a manner sensitive to protecting from disclosure information that has been designated as confidential or protected information."

[4] Ortino (2013), p. 126.

[5] Dolzer and Schreuer (2012), p. 286.

和相关程序性文件都必须公布,如当事方的书面请求、听证记录和裁决。

过去经常讨论有关透明度的问题上"利益第三方"的参与的问题。[1]广义而言,保障利益相关者的程序参与权也起到了保护少数人的作用。例如,根据《加拿大与欧盟综合经济贸易协定》的指南,通常应当允许"法庭之友"提交书面陈述。按照《UNCITRAL 透明度规则》第 4 条的规定,仲裁庭对于是否允许"法庭之友"提交书面陈述有自由裁量权。如今,在不同的透明度规定中已全面规定了第三方参与制度。[2]

根据《UNCITRAL 透明度规则》,口头听证程序原则上也应公开,除非逻辑上行不通。

特别地,通过向公众公开口头听证程序可以实现透明,但应当以保密方式保守商业和交易秘密,且任何被申请人都不得披露有关其保密利益的信息。还需要确定透明度不能有损程序的"正当性",例如妨碍取证、胁迫证人、当事人代表或者仲裁员。

(二)效率

现今的国际投资仲裁程序平均持续 3 年 8 个月。[3]为了新体制(多边投资法院)的效率以及认同度,应当限制程序时长。因此,除了容易受到成本波动的影响,现行制度还经常因程序时间过长而受到批评。[4]缩短争端解决程序的时间将自动导致总费用的减少。[5]

在传统仲裁中,程序效率一部分取决于仲裁庭,但主要还是由当事人决定如何处理具体的仲裁程序。由于仲裁庭有义务对当事人提交的对争端的

---

〔1〕 Cf. e. g. Böckstiegel et al. (2005); Brekoulakis(2010); Ruthemeyer(2014).

〔2〕 Cf. e. g. Art. 4 UNCITRAL Rules on Transparency in Treaty-based Investor-State Arbitration.

〔3〕 European Federation for Investment Law and Arbitration, TTIP Consultation Submission, 2014, p. 8; Hodgson, Investment Treaty Arbitration: How much does it cost? How long does it take?, Allen Overy Publications of 18.2.2014.

〔4〕 Schill(2015b), p. 3.

〔5〕 Schill(2015b), p. 9.

所有诉求均作出裁决,仲裁程序的时间效益和成本效益会更难实现。[1]

最重要的是,在实践中当事人所拥有的对案件的陈述权通常使仲裁庭不得不受理当事人的诉求,[2]即使处理这些诉求会导致仲裁程序延误,否则仲裁裁决就有被撤销的风险。[3]

在多边投资法院的诉讼程序则可以为上述效率损失提供有效救济。应当指出,在适当情况下,为了降低成本和提高效率,多边投资法院采取的程序性规则通常不能被视为限制了正当法律程序。

在此,以改革后的 WTO 争端解决谅解备忘录或者东南亚国家联盟(Association of South East Asian Nations,ASEAN)[4]或北美自由贸易协定[5]

---

〔1〕 Cf. Art. 48 para. 3 ICSID Convention: "The award shall deal with every question submitted to the Tribunal, and shall state the reasons upon which it is based." Art. 46 ICSID Convention: "Except as the parties otherwise agree, the Tribunal shall, if requested by a party, determine any incidental or additional claims or counterclaims arising directly out of the subject-matter of the dispute provided that they are within the scope of the consent of the parties and are otherwise within the jurisdiction of the Centre."

〔2〕 Art. 17 UNCITRAL Arbitration Rules: "The Arbitral Tribunal, in exercising its discretion, shall conduct the proceedings so as to avoid unnecessary delay and expense and to provide a fair and efficient process for resolving the parties' dispute."

〔3〕 According to the grounds of rescission of Art. 52 ICSID Convention, that is at most Art. 52 para. 1 lit. d) ICSID Convention: "serious departure from a fundamental rule of procedure", the right to be heard before the court can be asserted. Cf. Malicorp Limited v. The Arab Republic of Egypt, ICSID Case No. ARB/08/18, Decision on the Application for Annulment, 3. 7. 2013, para. 36: "[...] the Parties agree on the substance of the principe du contradictoire and on the fact that it is a rule of procedure that ensures equality of the parties in an adversarial proceeding. The Committee further notes that this principle is closely related to the right to be heard. This right of parties to present their case has been recognized as part of that 'set of minimal standards' considered fundamental for a fair hearing. The Committee thus concludes that the principe du contradictoire is a fundamental rule of procedure." But an award that does not deal with the pleadings can also be contested under Art. 52 para. 1 lit. b) ICSID Convention. See Schreuer/Malintoppi/Reinisch/Sinclair, The ICSID Convention: A Commentary, 2009, p. 816 et seqq.: "An award that is not comprehensive and exhaustive of the parties' questions amounts to an excess of powers just like a decision on questions that have not been submitted to the tribunal."

〔4〕 60 days of mediation and consultation before the proceeding, 45 days for the establishment of the panel, decision (report) within 60 to 70 days. See ASEAN Protocol on Enhanced Dispute Settlement Mechanism.

〔5〕 Art. 1904 para. 14 NAFTA: "Chapter 19-decisions have to be made within 315 days." See also Rule 2 NAFTA Art. 1904 Panel Rules: "These rules are intended to give effect to the provisions of Chapter Nineteen of the Agreement with respect to panel reviews conducted pursuant to Article 1904 of the Agreement and are designed to result in decisions of panels within 315 days after the commencement of the panel review. The purpose of these rules is to secure the just, speedy and inexpensive review of final determinations in accordance with the objectives and provisions of Article 1904. [...]"

等区域性组织的相关规定为例,来探讨为多边投资法院的诉讼程序设定时间框架看起来是可取的。通过遵守 WTO 的 DSU 规定的期限,在旧关贸总协定体制下长期存在的争端在某些情况有助于该体制转变为高效的争端解决机制。[1]

对于多边投资法院的第一审程序的全部过程,从提交起诉书到作出判决,可以设定一个最长期限,只有在法院的分庭有特别理由时才可以偏离该期限。基于 WTO 的 DSU、《加拿大与欧盟综合经济贸易协定》和《欧盟与越南自由贸易协定》的投资争端解决机制也都规定了最长期限。这一期限在国际投资仲裁中尚未规定。多边投资法院的一审程序最长不得超过 18 个月,二审再延长 6 个月。

尽管规定最长期限和争议事项对于提高争端解决效率具有积极影响,[2]但在 WTO 争端解决体制的背景下也存在一些疑问。特别是有人批评这种安排在短期内可能具有节省成本的效果,但在长期内可能具有相反的效果,[3]因为存在多个"程序阶段"的不确定性会增加。[4]

作为结果,将来多边投资法院应被授予自由裁量权,即根据特定案件的复杂性来调整程序期限。因此,在案件特别复杂或确定事实确有困难的情况下,法院也应当有可能对规定的时限作出延长。

应当指出,多边投资法院的一审法官原则上应是专职法官,而不应该与

---

〔1〕 Butler(2015),p. 356.

〔2〕 Sevilla(1998).

〔3〕 Moonhawk(2008),pp. 657 – 686:"For example, stricter time limits can increase time pressure on bureaucracies. The possibility-in fact high likelihood-for review by the Appellate Body on issues of law further increases and countries' need for deeper expertise in the WTO law increases."

〔4〕 Busch and Reinhardt(2003),p. 467 et seqq.:"To that end, we note that the legal reforms of the DSU may actually raise the transaction costs inherent in settling disputes by affording opportunities for longer delays, increasing incentives for foot-dragging in litigation, and motivating defendants to delay concessions. Granted, each separate stage of the process now operates according to a tighter timeline, but this fact is overwhelmed by the new possibility, indeed, the inevitability of successive rounds of litigation in the same dispute, [...] Further, the added stages of litigation, tight enforcement of terms of reference, the legal disincentives for disclosure, and the rules on standing, all serve to put the onus on disputants and third parties to legally mobilize as soon as possible in order to avoid losses on technicalities(ie, having the panel or AB deem a certain argument outside its terms of reference) later on."

《加拿大与欧盟综合经济贸易协定》或 WTO 的 DSU(任命特设专家组)一样。因此设置一个更短的诉讼程序期限应该是合理的，并且必须有理由才能延长该期限，比如复杂的案件事实。在专职法官的情况下，一审最长期限为6个月或180天是被普遍接受的，但也可以被延长，比如如果全面认定事实需要很长时间或在损害赔偿的法律评估或计算方面有特殊困难而必须征求专家意见的情况下。多边投资法院的专职法官在程序中的角色并不像 WTO 专家组成员那样可以组织当事人延长程序并增加额外成本。

结合对诉讼期限的介绍，似乎应当遵循快速原则。因此，在所有工作中，多边投资法院的分庭都应审慎行事，而不应无故妨碍诉讼的进行。在这方面，应当为该分庭提供加速执行程序的手段，如可以拒绝采纳在某一时点之后提交的证据、只提供口头听证或要求执行严格的申诉义务。然而同时必须牢记，法院在诉讼时应在充分和全面确立事实和追求快速诉讼程序之间寻求平衡。

从多边投资法院的分庭提出延长审理期限的理由之时起，在作出判决前就不得为该分庭分配新的案件。如果所有的分庭都很忙或者都因合理的理由而申请延长了审理期限，则法院院长可以向大会提议增加法院的法官数量。

(三)司法调查实践和争议事项的限制

在德国公法、[1]欧洲法、[2]和国际公法程序中，[3]进行司法审查被广泛接受。[4]多边投资法院没有理由偏离这一点。法院主要审查公权力机构的行为是否符合主观上的法律立场。因此，应当允许法院依职权进行事实审查。

---

〔1〕 Cf. in Germany e. g. Article 86 VwGO(Code of Administrative Court Procedure); Article 26 BVerfGG(Act on the Federal Constitutional Court).

〔2〕 Art. 24 Protocol No. 3 ECJ Statue: "The Court of Justice may require the parties to produce all documents and to supply all information which the Court considers desirable. Formal note shall be taken of any refusal. The Court may also require the Member States and institutions, bodies, offices and agencies not being parties to the case to supply all information which the Court considers necessary for the proceedings."

〔3〕 E. g. Art. 49-51 ICJ Statute.

〔4〕 Schill(2016), p. 118.

这也就意味着,多边投资法院可以不受当事人提交的诉求和请求(动议)的约束,[1]可以自主收集证据。同时也应规定,只有申请人的诉求所引用的论点清晰明确的情况下,法院才可以进行实质性审查。另外还应当考虑法院是否应如WTO争端解决机构,[2]或国际商会仲裁那样,[3]通过确立争端解决协议来确定或限制争议事项。这也有助于在程序中关注实际争议点。《加拿大与欧盟综合经济贸易协定》有同样的目标,该协定规定,申请人在其主张中不得提出在协商请求中尚未提出的任何措施。[4]

多边投资法院的分庭应在其认为必要的范围内澄清争议事项以作出判决。因此,职权调查原则或司法调查原则与申请人的部分处分原则是相适的。然而,这种审查的范围应当限于厘清申请人的权利是否受到损害,即申请人依据某一特定的国际投资协定的权利是否受侵犯。因

---

〔1〕 Under German law, the principle of investigation applies in all proceedings whose subject touches particularly public interests.

〔2〕 Art. 7 DSU: "1. Panels shall have the following terms of reference unless the parties to the dispute agree otherwise within 20 days from the establishment of the panel: 'To examine, in the light of the relevant provisions in (name of the covered agreement (s) cited by the parties to the dispute), the matter referred to the DSB by (name of party) in document... and to make such findings as will assist the DSB in making the recommendations or in giving the rulings provided for in that/those agreement (s).' 2. Panels shall address the relevant provisions in any covered agreement or agreements cited by the parties to the dispute. 3. In establishing a panel, the DSB may authorize its Chairman to draw up the terms of reference of the panel in consultation with the parties to the dispute, subject to the provisions of paragraph 1. The terms of reference thus drawn up shall be circulated to all Members. If other than standard terms of reference are agreed upon, any Member may raise any point relating thereto in the DSB."

〔3〕 Art. 23 ICC Arbitration Rules: "As soon as it has received the file from the Secretariat, the arbitral tribunal shall draw up, on the basis of documents or in the presence of the parties and in the light of their most recent submissions, a document defining its Terms of Reference. This document shall include the following particulars: a) the names in full, description, address and other contact details of each of the parties and of any person (s) representing a party in the arbitration; b) the addresses to which notifications and communications arising in the course of the arbitration may be made; c) a summary of the parties' respective claims and of the relief sought by each party, together with the amounts of any quantified claims and, to the extent possible, an estimate of the monetary value of any other claims; d) unless the arbitral tribunal considers it inappropriate, a list of issues to be determined; e) the names in full, address and other contact details of each of the arbitrators; f) the place of the arbitration; and g) particulars of the applicable procedural rules and, if such is the case, reference to the power conferred upon the arbitral tribunal to act as amiable compositeur or to decide ex aequo et bono."

〔4〕 Art. 8.22 para. 1 lit. e) CETA.

此,若多边投资法院成员的行为不影响申请人自身保护标准的,则不应由法院处理。

与民事诉讼法中法定代表原则和证据开示原则不同,分庭根据司法调查原则可以自行确定调查的方式和范围。若分庭认为需要进一步调查,分庭原则上应用尽一切合理可行、法律上可接受的方法来澄清有关事实。然而,在许多案件中,分庭的调查只能局限于申请人提出的主张以及其他明显和严重的侵权行为。是故,应当在多边投资法院程序规则中进一步细化取证手续,例如法院可以审查宣誓,对于未出庭的的证人和专家处以罚款,或者法院在这方面也有权向其成员了解情况。[1]

当事人推进诉讼程序的义务原则上应当与分庭依职权查明有关事实的义务相互作用。如果一方当事人不履行保证程序顺利进行的义务,那分庭将会认为这对不遵守规定的一方不利。如果合理考虑,调查事实和确定事实的义务只有在当事人各方的论点(或者其他事实)能够提供充分理由的情况下才应发挥作用。因此,在司法审查原则、效率原则和快速原则的相互作用下,如果申请人未能以足够迅速的方式履行其义务,则应终止该程序。[2]

若没有收到详细的事实陈述,分庭没有义务主动调查。反之,根据这种互动理论,如果当事人的事实陈述或其他事实给予了监督机构充分的理由进行审查,则应当有义务进一步进行职权调查和司法审查。法律事实的举证责任应当由主张权利的一方来承担。

---

〔1〕 For legally relevant facts that can be proven,the plaintiff must designate the available evidence. Concerning the fact-finding, the participants of the dispute have to be obliged to co-operation. The participants must point out and clarify circumstances that lie in their sphere. This obligation to cooperation serves the fact-finding. Therefore,in the case,that facts could be clarified by one participant especially in his own favour,the chamber must not investigate all conceivable courses of events. The plaintiff has to designate all legally relevant and provable facts as available evidences.

〔2〕 Art. 8. 35 CETA:“If,following the submission of a claim under this Section,the investor fails to take any steps in the proceeding during 180 consecutive days or such period as the disputing parties may agree,the investor is deemed to have withdrawn its claim and to have discontinued the proceeding. The Tribunal shall,at the request of the respondent,and after notice to the disputing parties,in an order take note of the discontinuance. After the order has been rendered the authority of the Tribunal shall lapse.”

在多边投资法院程序中应当适用自由心证原则。这是司法调查原则的结果。分庭应遵守法律逻辑规则、公认的经验原则和解释方法来评估事实。在评估中,除了采取证据外,分庭还可以包括当事人的事实陈述、对相关当局的知识以及对所有情况的总体印象作为一个整体来进行评估。

第五章　判决的作出及效力

为了对多边投资法院判决的作出提出具体建议，不妨参考国际争端解决机构，特别是投资仲裁庭作出的裁决的法律效力和后果。

一、国际争端解决机构的决定之法律效力

从理论上讲，国际争端解决机构的决定具有广泛的法律效力。无论决定处理的是不产生严格的遵守义务的纯粹宣告性决定，还是对有争议的法律行为的废止，都是法律效力的变更。

然而，在实践中通常存在混合形式，如宣告性裁决、咨询意见、强制当事方必须遵守并在实质上作出某种行为的决定，或仅与争端解决机构内部的组织行为相关的宣告无效的决定等。在实践中不存在国际裁判机构的决定真正废止某一国内立法而修订某一法律权利的先例。这种做法可能也与该机构的制度相左。

典型的国际裁判机构的诉讼程序通常会作出有宣告作用的决定，并导致对争端各方产生遵守该决定的明确义务。[1]易言之，即使国际裁判机构认定某一国的法律行为（法律、行政法规、国内判决或其他行为）不符合国际公法

---

〔1〕 Art. 59 ICJ Statute in conjunction with Art. 94 para. 1 UN Charter; Art. 49 para. 1 ECHR; Art. 296 para. 1 UNCLOS concerning the binding nature of decisions for the parties; Harris et al. (2009), p. 162 et seqq.; Shaw (2014), p. 798.

的规定,该法律行为本身并不受此判决影响,但责任国必须确保该行为的(国际)不法性被排除。例如,当国际法院或欧洲人权法院作出此种判决时,可能会产生必须废止此种法律行为的国家责任。[1]

国际法院的判决不导致国家通过支付补偿作为排除国际不法行为的不法性的结果,但有时人权法院会作出这种决定。[2]在20世纪70年代的利比亚石油特许权案中,早期的投资仲裁实践也对此进行了讨论,[3]部分仲裁庭允许征收国对原则上要求恢复原状的违反国际法的征收进行补偿。[4]

如果从法律政策的角度来看,多边投资法院的判决不应包含废止国家的法律行为的次级义务,这种观点应当被明确规定。[5]

对其他国际裁判机构而言,宣告性判决的法律效力可能更弱。WTO的专家组和上诉机构仅有权查明违法行为,并没有权力命令其成员废止不法行

---

〔1〕 See e. g. ICJ, Democratic Republic Congo v. Belgium, ICJ Reports, 2002, p. 31 et seqq. The ICJ finds the duty of Belgium to cancel a Belgian warrant of arrest instead of reversing the warrant as direct consequence of the decision; ECt HR(GC), N. 32772/02, Verein gegen Tierfabriken(Vg T) v. Switzerland (No 2), para. 85 et seqq.; IACHR, Aloeboetoe et al. v. Suriname, Judgment, 10. 9. 1993, IACHR(Ser. C) No. 15(1993).

〔2〕 See e. g. ECt HR, No. 27527/03, L. v. Lithuania, Judgment, 11. 9. 2007, para. 74, where the ECt HR adjudicates the opportunity of compensation, if the required change in the law is not made within three months.

〔3〕 Libyan American Oil Company (Liamco) v. Libya, Award, 12. 4. 1977, 62 ILR (1981) 140; British Petroleum v. Libya, Award, 10. 10. 1973 and 1. 8. 1974, 53 ILR(1973)297.

〔4〕 See Texaco Overseas Petroleum Company and California Asiatic Oil Company v. Libya, (1979) 53 ILR 389, para. 111, and Antoine Goetz and others v. Republic of Burundi, ICSID Case No. ARB/95/3, Award, 10. 2. 1999, para. 136 et seqq., where the tribunals awarded such an option to mere financial compensation to the states.

〔5〕 See e. g. Art. 34 US Model BIT 2012: "1. Where a tribunal makes a final award against a respondent, the tribunal may award, separately or in combination, only: (a) monetary damages and any applicable interest; and(b) estitution of property, in which case the award shall provide that the respondent may pay monetary damages and any applicable interest in lieu of restitution." Art. 1135 NAFTA: "1. Where a Tribunal makes a final award against a Party, the Tribunal may award, separately or in combination, only: (a) monetary damages and any applicable interest; (b) restitution of property, in which case the award shall provide that the disputing Party may pay monetary damages and any applicable interest in lieu of restitution."

为或者提供赔偿。[1]确切地说,WTO 争端解决机构的权力仅限于向 WTO 成员"建议"符合 WTO 规则的行为。若 WTO 成员不遵循这些建议,WTO 争端解决机构只能通过批准受影响的 WTO 成员实施反措施("贸易报复")来弥补预期的经济损失。

上述纯粹宣告性判决所带来的法律后果当然对敦促争端各方在消除违法性的限度内执行其内容具有指导作用。

各个区域经济组织的法院往往体现出判决效力的特殊性。需要特别注意的是欧盟法院,其针对成员之间的诉讼和欧盟委员会针对违反欧盟法的成员提起的侵权诉讼所作的判决均是宣告性的。但根据《欧盟运行条约》的规定,各成员均有义务排除判决中查明的违法行为的非法性。[2]此种排除行为能够使判决具有更深远的效果,然而这些行为仅针对欧盟机构的行为。排除行为将导致欧盟二级立法的废止,[3]然而这仅是对欧盟机构的法律的准宪法性的司法控制。需要注意的是,即便是欧盟法院对成员的不法行为也没有管辖权。

总之,可以认为,一般国际法并未规定国际司法机构的判决对国内法的直接效力,目前仅规定国家具有依照国际公法排除任何违法的国家行为的非法性的国际义务。这种违法也可以通过单纯的补偿得以减轻。

---

〔1〕 The WTO cannot adjudicate compensation, if the defendant party accepts this obligation voluntarily, cf. Art. 22.2 DSU: "If the Member concerned fails to bring the measure found to be inconsistent with a covered agreement into compliance therewith or otherwise comply with the recommendations and rulings within the reasonable period of time determined pursuant to paragraph 3 of Article 21, such Member shall, if so requested, and no later than the expiry of the reasonable period of time, enter into negotiations with any party having invoked the dispute settlement procedures, with a view to developing mutually acceptable compensation. If no satisfactory compensation has been agreed within 20 days after the date of expiry of the reasonable period of time, any party having invoked the dispute settlement procedures may request authorisation from the DSB to suspend the application to the Member concerned of concessions or other obligations under the covered agreements." See Bronckers and van den Broak(2005), p. 101.

〔2〕 Art. 260 TFEU.

〔3〕 Art. 264 TFEU.

二、投资仲裁庭的裁决之法律效力

投资仲裁庭的裁决之法律效力一般不会明确规定在国际投资协定中。进一步说,其效力源于所选择的程序法或有关国家责任的一般国际公法原则。[1]

根据《ICSID 公约》第 53 条的规定,ICSID 仲裁裁决对各争议方均有约束力且不可上诉(除非可能需要废除、解释和修订《公约》规定的计算错误)。[2]

根据《UNCITRAL 仲裁规则》第 34 条第 2 款的规定,[3] UNCITRAL 仲裁裁决是最终裁决,具有约束力。该裁决无法上诉或通过其他方式取得救济,[4]当事方必须立即执行。[5]

除上述之外,诸如国际商会仲裁院、[6]伦敦国际仲裁院、[7]斯德哥尔摩商会仲裁院[8]的仲裁规则都包含条款,声明依照各自仲裁规则所作出的仲裁裁决是终局的且具有约束力。

---

〔1〕 The International Law Commission lists the possibilities of "restitution, compensation and satisfaction" in Art. 34 ILC Draft Articles on State Responsibility. The consequences of a "specific performance" are not explicitly stated by the ILC Articles. Gray(1999), p. 419 et seqq., assumes that the ILC "specific performances" can be subsumed as "restitution".

〔2〕 Art. 53 para. 1 ICSID Convention: "The award shall be binding on the parties and shall not be subject to any appeal or to any other remedy except those provided for in this Convention. Each party shall abide by and comply with the terms of the award except to the extent that enforcement shall have been stayed pursuant to the relevant provisions of this Convention."

〔3〕 UNCITRAL Arbitration Rules 1976, 15 ILM 701 (1976), www.uncitral.org/uncitral/en/uncitraltexts/arbitration/1976Arbitration_rules.html; UNCITRAL Arbitration Rules (as adopted in 2013), www.uncitral.org/pdf/english/texts/arbitration/arb-rules 2013/UNCITRAL-Arbitration-Rules-2013-e.pdf.

〔4〕 The UNCITRAL Rules accept an interpretation and correction of misspellings or miscalculations. The majority of all legal systems accept the opportunity of setting aside of an arbitral award for special reasons, following the UNICTRAL Model Law. Therefore, the finality of awards in national law of the forum arbitri is not absolute. See Caplan(2013) p. 740.

〔5〕 Art. 34 para. 2 UNCITRAL Arbitration Rules: "All awards shall be made in writing and shall be final and binding on the parties. The parties shall carry out all awards without delay."

〔6〕 Art. 35 para. 6 ICC Arbitration Rules 2017.

〔7〕 Art. 26 para. 8 LCIA Arbitration Rules 2014.

〔8〕 Art. 46 SCC Rules 2017.

在一些具有投资章节的部门性及区域性条约中也存在这样的规定。例如《北美自由贸易协定》[1]及《能源宪章条约》。尽管这些条约在原则上提到了各种程序规则,但仍特别规定了其决定具有终局性和约束力。[2]

这意味着,在实践中仲裁庭既可以查明违反国际投资协定所设标准的行为,也能确定对合法征收的补偿。对于非法征收或其他违反投资保护标准的行为,它还可以裁定赔偿金或颁布特定履行令。

仲裁庭要求将情势恢复至违反条约之前的状况(恢复原状)会构成对国家主权的干涉。因此,仲裁庭迄今都拒绝裁决改变一国法律秩序。[3]即便在一般国际公约视野下,根据《联合国国际法委员会国家责任条款》第34条的规定,[4]补偿仅是一种次级救济,只有在无法恢复至违反条约前的原状或这种做法不合适之时方可适用。[5]仲裁裁决通常只是强制一国作出赔偿。[6]

然而,普遍认为仲裁庭也能在裁决中采取非金钱救济。[7]反对者的主要理由是在投资仲裁中采取此种救济将可能引发实际问题。[8]尽管《ICSID公约》第54条仅规定了因仲裁裁决而产生的金钱债务的可执行性,但也无法断定ICSID仲裁庭不应采取非金钱救济措施,如要求履行条约义务。[9]事实

---

〔1〕 Art. 1136 NAFTA.

〔2〕 Art. 26 para. 8 ECT.

〔3〕 Cf. de Brabandere(2014), p. 184 et seqq.; LG&E v. Argentinia, ICSID Case No. ARB/02/1, Award on Damages, para. 87: "[...] the judicial restitution required in this case would imply modification of the current legal situation by annulling or enacting legislative and administrative measures that make over the effect of the legislation in breach. The Tribunal cannot compel Argentina to do so without a sentiment of undue interference with its sovereignty."

〔4〕 Art. 34 ILC Articles on State Responsibility: "Full reparation for the injury caused by the internationally wrongful act shall take the form of restitution, compensation and satisfaction, either singly or in combination, in accordance with the provisions of this chapter."

〔5〕 Permanent Court of International Justice, Factory at Chorzow, Judgment No. 13, 1927, p. 47; de Brabandere(2014), p. 179 et seqq.

〔6〕 Mc Lachlan et al. (2008), p. 341; Gray(1987), p. 11; Brower and Brueschke(1998), pp. 473–477; Toope(1990), pp. 165–167.

〔7〕 McLachlan et al. (2008), p. 341; Schreuer(2004), p. 325; de Brabandere(2014), p. 187.

〔8〕 See a summary of these critical opinions in Dermikol(2015), pp. 403, 408.

〔9〕 Schreuer(2004), p. 325, bases his opinion on the travaux préparatoires and the international practice of arbitral tribunals.

上,部分 ICSID 仲裁庭[1]和非 ICSID 仲裁庭[2]抓住了采取非金钱救济的机会。[3]由于 ICSID 能够强制执行的救济仅限于补偿,因此投资者可能需要援引《纽约公约》才能强制执行非金钱救济。[4]

从法律上讲,限制现有国际条约法规定的补救方法是有可能的。大量的国际投资协定对损害赔偿方式作出限制,从而排除非金钱救济方法。[5]

多边投资法院的判决的范围基本上应限于查明违反投资保护标准的行为,同时法院有权判决给予胜诉方赔偿的救济。此外,还应当规定法院在国际投资协定有特别规定的情况下有权查明(合法的)普遍的间接征收的存在,并确定应当补偿的金额。

---

[1] Ioan Micula and others v. Romania, ICSID Case No. ARB/05/02, Decision on Jurisdiction and Admissibility, 24. 9. 2008, paras. 166 – 168; ATA Construction v. Jordan, ICSID Case No. ARB/08/2, Award, 18. 5. 2010; Franck Charles Arif v. Moldova, ICSID Case No. ARB/11/23, Award, 8. 4. 2013.

[2] Ioan Micula and others v. Romania, ICSID Case No. ARB/05/02, Decision on Jurisdiction and Admissibility, 24. 9. 2008, para. 166 – 168; ATA Construction v. Jordan, ICSID Case No. ARB/08/2, Award, 18. 5. 2010; Franck Charles Arif v. Moldova, ICSID Case No. ARB/11/23, Award, 8. 4. 2013.

[3] Goetz and others v. Republic of Burundi, ISCID Case No. ARB/95/3, Award, 10. 2. 1999, para. 136 et seqq. is an interesting case concerning the possibility of awarding non monetary legal remedies. As requested, the ICSID Tribunal awarded a two-tiered legal remedy: only if Burundi will not have fulfilled his contractual obligation to perform within a fixed period of time, Burundi would have to pay damages. Although there was an obligation for an act with legal consequences directly to national law, it could only be enforced voluntarily. This solution enables the state to decide autonomously, if a change in the law respectively performance of the contract or performance of damages could better be implemented.

[4] Schreuer et al. (2009), p. 1138 et seqq.

[5] See e. g. Art. 34 US Model BIT 2012; Art. 1135 NAFTA; Art. 26 para. 8 ECT.

第六章　判决的承认与执行

任何争端解决机制的核心问题是决定的效力问题。事实证明,这不仅体现在决定的终局性和约束力上,还体现在能够在必要时可依法获得执行。

区分承认裁决和执行裁决没有实际意义。[1]特别是在《ICSID 公约》[2]或《纽约公约》[3]这种国际执法机制中并不需要单独的承认程序(在双重执行的意义上)来保障执行的实施。

这种决定的可执行性理论上可以由国际机构来确保(如联合国安理会关于执行国际法院判决的措施),[4]但实际上通常需要一国法院的支持才能得到保障。

目前,投资仲裁裁决承认与执行的主流模式是裁决通过《ICSID 公约》或《纽约公约》在第三国国内法院得到承认与执行。这两部公约均规定,仲裁裁决是终局的且对争端当事人有约束力,并且裁决能够在未参与投资争端的其他公约缔约国得到承认与执行。

---

[1] Toope(1990), p. 102 et seqq.; however, an important distinction is, that a decision, indeed, can be accepted as res judicata, but, at the same time can be unenforceable e. g. due to state sovereiginty.

[2] Convention on the Settlement of Investment Disputes between States and Nationals of Other States of 18. 3. 1965, 575 UNTS 159; 4 ILM 532(1965).

[3] Convention on the Recognition and Enforcement of Foreign Arbitral Awards 1958, 330 UNTS 38; 7 ILM 1046(1968).

[4] Art. 94 para. 2 UN Charter provides powers for the UN Security Council to enforce ICJ decisions.

在实践中,败诉方缔约国经常不履行裁决施加的义务。在这种情形下,如果败诉方在第三国有可供执行的资产,胜诉方才能够成功执行裁决。因此,多边投资法院的执行程序若能够至少保障其判决在法院成员国和第三国均能同等执行将会是十分有利的。同时还必须考虑是否存在通过制度设计使法院的判决被视为仲裁裁决并通过《ICSID 公约》和《纽约公约》得到执行的可能性。这种设计的优势在于,法院的判决可以在两个公约的诸多缔约国直接执行而无须设立单独的或新的执行机制。

ICSID 裁决具有极强的可执行性。根据《ICSID 公约》的规定,缔约国必须承认 ICSID 裁决的约束力。全体缔约国(目前有 162 个[1])的国内法院必须将 ICSID 裁决中的金钱内容(补偿和损害赔偿)视为本国法院作出的最后判决并得到同等执行。[2]这意味着缔约国必须不得对 ICSID 裁决的内容进行是否符合公共道德或其他类似的审查。唯一被公约允许的可执行性限制是执行程序中的国家豁免。[3]

相反,非 ICSID 裁决则受《纽约公约》的约束,可在《纽约公约》159 个缔约国获得执行。[4] 非 ICSID 裁决包括 ICSID 附加便利裁决,[5]适用《UNCITRAL 仲裁规则》作出的临时仲裁裁决,或适用国际商会仲裁院、[6]斯

---

〔1〕 As of 28. 4. 2017.

〔2〕 Art. 54 ICSID Convention: "Each Contracting State shall recognise an award rendered pursuant to this Convention as binding and enforce the pecuniary obligations imposed by that award within its territories as if it were a final judgment of a court in that State. [...]"

〔3〕 Art. 55 ICSID Convention: "Nothing in Article 54 shall be construed as derogating from the law in force in any Contracting State relating to immunity of that State or of any foreign State from execution."

〔4〕 As of 5. 5. 2017.

〔5〕 Schreuer et al. (2009), p. 1120 et seqq.; see also Art. 3 Additional Facility Rules: "Since the proceedings envisaged by Article 2 are outside the jurisdiction of the Centre, none of the provisions of the Convention shall be applicable to them or to recommendations, awards, or reports which may be rendered therein."

〔6〕 ICC Rules of Arbitration 2012, www. iccwbo. org/Data/Documents/Buisness-Services/Dispute-Resolution-Services/Mediation/Rules/2012-Arbitration-Rules-and-2014-Mediation-Rules-ENGLISH-version/ (28. 5. 2017).

德哥尔摩商会仲裁院[1]或伦敦国际仲裁院[2]的仲裁规则所作出的裁决。

尽管有时投资仲裁裁决被认为是无须在某一缔约国领土内作出的“非国家”或“去国家化”的裁决,但根据主流观点,作为非国内仲裁裁决,[3]它们至少受《纽约公约》的管辖。[4]

同时,尽管投资仲裁裁决具有特殊性(通常会包含对主权国家行为的审查),但必须被视为对《纽约公约》[5]宣布相应保留的缔约国的“商事争端”。[6]这一观点已被广泛接受,特别是一些国际投资协定已对此作出明确规定。[7]

此外还需考虑基于国际条约的投资仲裁。这种仲裁并不需要争端当事人事前达成书面仲裁协议,而是依据国际投资协定的自身条款来仲裁。[8]这

---

〔1〕 Arbitration Rules of the Arbitration Institute of the Stockholm Chamber of Commerce 2010, www. sccinstitute. com/media/40120/arbitrationrules_eng_webbversion. pdf(28. 5. 2017).

〔2〕 LCIA, Arbitration Rules 1998, 37 ILM 669 (1998), www. lcia-arbitration. com/; LCIA, Arbitration Rules 2014 www. lcia. org/dispute_Resolution_Services/lcia-arbitration-rules-2014. aspx.

〔3〕 Art. I para. 1 NYC: “This Convention shall apply to the recognition and enforcement of arbitral awards made in the territory of a State other than the State where the recognition and enforcement of such awards are sought, and arising out of differences between persons, whether physical or legal. It shall also apply to arbitral awards not considered as domestic awards in the State where their recognition and enforcement are sought.”

〔4〕 See Delaume(1993), p. 48 et seqq.; Delaume(1995), p. 170; Choi(1995 – 1996), p. 190 et seqq.

〔5〕 See United Mexican States v. Metalclad, Canada, Supreme Court of British Columbia, 2. 5. 2001, [2001] BCSC 664, 5 ICSID Reports 236; United Mexican States v. Feldman Karpa, Canada, Ontario Court of Appeal, 11. 1. 2005, 9 ICSID Reports 508, 516, para. 41; Czech Republic v. CME Czech Republic BV, Sweden, Svea Court of Appeal, 15. 5. 2003, 9 ICSID Reports 439, 493.

〔6〕 Art. I para. 3 NYC.

〔7〕 E. g. Art. 1136 para. 7 NAFTA: “A claim that is submitted to arbitration shall be considered to arise out of a commercial relationship or transaction for purposes of Article I of the New York Convention and Article I of the Inter-American Convention.” Art. 26 para. 5 lit. b) ECT: “Any arbitration under this Article shall at the request of any party to the dispute be held in a state that is a party to the New York Convention. Claims submitted to arbitration hereunder shall be considered to arise out of a commercial relationship or transaction for the purposes of Article I of that Convention.”

〔8〕 Cf. Paulsson(1995), p. 232.

种规定实际上不会妨碍满足《纽约公约》所规定的书面仲裁协定要求。[1]

与《ICSID 公约》类似,《纽约公约》要求全体缔约国承认并执行符合公约规定的仲裁裁决。[2]主权豁免限制可能会导致执行被拒绝。另外,《纽约公约》第 5 条体现了更广泛的例外情况。根据这些规定,如果存在违反公共秩序、仲裁协议无效(如由于当事人无行为能力或缺乏仲裁意图)、未能陈述案情、仲裁庭缺乏管辖权、仲裁庭组成有缺陷或缺乏约束力和(或)根据仲裁地法或居住国法仲裁裁决无效等情形,均有可能导致裁决执行被拒绝。[3]

---

〔1〕 Art. II para. 1 NYC: "Each Contracting State shall recognise an agreement in writing under which the parties undertake to submit to arbitration all or any differences which have arisen or which may arise between them in respect of a defined legal relationship, whether contractual or not, concerning a subject matter capable of settlement by arbitration." See Republic of Ecuador v. Occidental Exploration and Production Company, England, Court of Appeal, 9. 9. 2005, [2005] EWCA 1116, 12 ICSID Reports 129. Cf. Art. 26 para. 5 lit. a) ECT: "The consent given in paragraph (3) together with the written consent of the Investor given pursuant to paragraph (4) shall be considered to satisfy the requirement for: [...] (ii) an 'agreement in writing' for purposes of article II of the United Nations Convention on the Recognition and Enforcement of Foreign Arbitral Awards, done at New York, June 10, 1958 [hereinafter referred to as the New York Convention]." Cf. also Art. 25 para. 2 lit. b) US Model BIT 2004; Art. 28 para. 2 lit. b) Canadian Model BIT 2004.

〔2〕 Art. III NYC: "Each Contracting State shall recognise arbitral awards as binding and enforce them in accordance with the rules of procedure of the territory where the award is relied upon, under the conditions laid down in the following articles. There shall not be imposed substantially more onerous conditions or higher fees or charges on the recognition or enforcement of arbitral awards to which this Convention applies than are imposed on the recognition or enforcement of domestic arbitral awards."

〔3〕 Art. V NYC: "1. Recognition and enforcement of the award may be refused, at the request of the party against whom it is invoked, only if that party furnishes to the competent authority where the recognition and enforcement is sought, proof that: (a) The parties to the agreement referred to in article II were, under the law applicable to them, under some incapacity, or the said agreement is not valid under the law to which the parties have subjected it or, failing any indication thereon, under the law of the country where the award was made; or (b) The party against whom the award is invoked was not given proper notice of the appointment of the arbitrator or of the arbitration proceedings or was otherwise unable to present his case; or (c) The award deals with a difference not contemplated by or not falling within the terms of the submission to arbitration, or it contains decisions on matters beyond the scope of the submission to arbitration, provided that, if the decisions on matters submitted to arbitration can be separated from those not so submitted, that part of the award which contains decisions on matters submitted to arbitration may be recognized and enforced; or (d) The composition of the arbitral authority or the arbitral procedure was not in accordance with the agreement of the parties, or, failing such agreement, was not in accordance with the law of the country where the arbitration took place; or (e) The award has not yet become binding on the parties, or has been set aside or suspended by a competent authority of the country in which, or under the law of which, that award was made. 2. Recognition and enforcement of an arbitral award may also be refused if the competent authority in the country where recognition and enforcement is sought finds that: (a) The subject matter of the difference is not capable of settlement by arbitration under the law of that country; or (b) The recognition or enforcement of the award would be contrary to the public policy of that country."

虽然根据《ICSID 公约》执行裁决具有使裁决免于执行地国审查的优势，但是《纽约公约》也被认可为是一种有效的裁决执行机制。

两部公约均允许在十分有限的范围内对公约进行修订（保留），同时成功的申请人只需要执行国认定裁决可执行。这些公约的另一个优点是已有许多法院的实践经验。因此，执行法院可以借助于已有的法院经验为指导，争端各方也可在一定程度上依赖于过去的案例。

如果多边投资法院的判决能够满足《ICSID 公约》或《纽约公约》关于仲裁裁决的要求，对其有效执行是非常有利的。这应当会使欧盟委员会将《加拿大与欧盟综合经济贸易协定》《欧盟与越南自由贸易协定》《跨大西洋贸易与投资协定》草案中设计的投资法院的判决定义为《ICSID 公约》意义上的仲裁裁决。

本书将在后续部分研讨在多大程度上可将多边投资法院的判决视为《ICSID 公约》意义上的仲裁裁决。

然而，首先必须指出，在《ICSID 公约》和《纽约公约》的执行机制中，由对执行有管辖权的缔约国法院负责解释和适用公约。公约的大多数条款都依据各国国内法进行解释，因而全世界没有统一的解释和执行的实践。各国的冲突法规则和仲裁地法也会对国内法院适用公约的结果产生影响。基于此，取决于具体执行判决的国家，多边投资法院的判决的执行方式也可能是非常多样的。

一、多边投资法院的判决被视为 ICSID 仲裁裁决

《ICSID 公约》明确规定了公约适用于“本公约下的仲裁裁决”，[1] 即只有 ICSID 裁决才能受益于《ICSID 公约》的高效的执行机制。

多边投资法院的判决似乎难以被视为 ICSID 仲裁裁决。《ICSID 公约》规定了组成仲裁庭的特定方式和确定的程序规则，并排除了上诉等法律救济

〔1〕 Art. 54 ICSID Convention：“Each Contracting State shall recognise an award rendered pursuant to this Convention as binding and enforce the pecuniary obligations imposed by that award within its territories as if it were a final judgment of a court in that State. [. . .]”

措施，只提供了非常有限裁决审查机制，包括裁决的撤销程序以及裁决的更正与解释。[1]鉴于多边投资法院及其判决的设计方式与这些条件全部矛盾，必须满足这些要求才能使法院裁决被视为 ICSID 裁决。

也可以考虑通过在多边投资法院和《ICSID 公约》的共同成员之间彼此修订《ICSID 公约》使多边投资法院的判决被视为符合《ICSID 公约》要求的裁决，这种修订仅在这些成员之间生效，而不会对《ICSID 公约》全体缔约国生效。根据《维也纳条约法公约》的规定，这种对多边条约的彼此修订不得影响其他条约缔约方的权利和义务，也不能与条约的目的和宗旨不符。[2]

根据《ICSID 公约》的规定，修订公约可能并不会影响其他缔约国的义务。评估能否修订的关键取决于《ICSID 公约》的目的与宗旨。如果《ICSID 公约》的目的与宗旨如其第 1 条第（2）款所规定的那样，是为了提供一种投资者与国家间的争端解决机制而非现行特定的争端解决方式，则可能对《ICSID 公约》作出修订以允许多边投资法院的判决的执行。[3]然而这并非毫无争议。[4]但即使根据《ICSID 公约》允许这种特定缔约国间的修订，由此产生的判决也不是合格的 ICSID 仲裁裁决，充其量是作出修订的缔约国视其为 ICSID 裁决，只有如此它们才有义务执行裁决。

因此，为使多边投资法院的判决能够被视为 ICSID 仲裁裁决而具有广泛的可执行性，对《ICSID 公约》进行一般性修订是更好的选择。《ICSID 公约》

---

〔1〕 Reinisch(2016), p. 765 et seqq.

〔2〕 Cf. Art. 41 VCLT.

〔3〕 A modification of the ICSID Convention between states consenting hereto, requires that the remaining Member States neither are affected in their rights nor in their obligations, and that the modification is not contradictory with the object and the purpose of the treaty as a whole (as stated in Art. 41 VCLT and, even though not undisputed, provided in customary law). Since a modification most probably would not affect the rights and obligations of ICSID Member States, the admissibility of the modification dependes on the object and purpose of the ICSID Convention. If the object and purpose of the ICSID Convention would be a dispute settlement mechanism between investors and states, in reference to Art. 1 para. 2 ICSID Convention, and the concrete design of this dispute settlement would not belong to the object and purpose, a modification for MIC decisions would presumably be admissible. For a closer look on this topic, see Reinisch, Will the EU's Proposal Concerning an Investment Court System for CETA and TTIP Lead to Enforceable Awards? -The Limits of Modifying the ICSID Convention and the Nature of Investment Arbitration, Journal of International Economic Law 19(2016), p. 761.

〔4〕 Calamita(2017).

要求全体缔约国同意方可修订公约。出于实际原因，这种共识很难达成。[1]因此，探明多边投资法院的判决能否被视为《纽约公约》意义上的仲裁裁决而获得承认与执行似乎更为合理。

二、多边投资法院的判决被视为《纽约公约》仲裁裁决

根据《纽约公约》的规定，[2]多边投资法院的判决只有被认为是仲裁裁决时才落入《纽约公约》的管辖范围。[3]"仲裁裁决"并没有一个明确的定义。《纽约公约》和《联合国国际贸易法委员会国际商事仲裁示范法》（《UNCITRAL 仲裁示范法》）[4]均未包含对该术语的法律定义。因此，对执行裁决有管辖权的法院或相应国家的法律体制将有权将多边投资法院的判决定性为仲裁裁决。[5]

---

〔1〕 Schreuer et al. (2009), p. 1265.

〔2〕 Art. I NYC: "(1) This Convention shall apply to the recognition and enforcement of arbitral awards made in the territory of a State other than the State where the recognition and enforcement of such awards are sought, and arising out of differences between persons, whether physical or legal. It shall also apply to arbitral awards not considered as domestic awards in the State where their recognition and enforcement are sought. (2) The term 'arbitral awards' shall include not only awards made by arbitrators appointed for each case but also those made by permanent arbitral bodies to which the parties have submitted."

〔3〕 See on the contrary Petrochilos (2004), p. 378, para. 8. 100, who considers that the classification of a decision as arbitral award by a legal order is no ratione materiae requirement for the applicability of the NYC; he disagrees expressly with Sanders by arguing that the NYC uses the term "awards" in a "rudimentary legal manner": "to refer to what is commonly known as 'award' and 'arbitration' [...] it uses autonomous terms, without reference to any law, to refer to the intrinsic characteristics of as type of proceedings." According to Petrochilos, the NYC should clarify explicitly, that "awards" are defined pursuant to a certain legal order like in other provisions of the NYC (e. g. Art. V NYC).

〔4〕 Art. 31 UNCITRAL Model Law regulates only "form and content of award". Herefrom it can be concluded that the awards are made by "arbitrators" of an "arbitral tribunal".

〔5〕 Ehle (2012), pp. 32 – 34, concluding that from national laws and decisions no uniform or only predominant practice can be derived about whether the lex fori, the lex arbitri, a combination of both or an autnomous interpretation of the NYC is decisive for the characterisation of awards. Bermann Recognition and Enforcement of Foreign Arbitral Awards: The Application of the New York Convention by National Court, 2014, p. 13 et seqq., concludes from a comparative law perspective that a considerable number of legal orders do not state a significant definition of awards, neither by law, nor by case law; in and about the same number of legal orders have a very broad definition of awards and a smaller group requires the finality and the legally binding effect of the decision for the definition of awards by copying Art. 31 UNCITRAL Model Law. Born, International Commercial Arbitration, 2014, p. 246 et seqq.

但我们可以通过相关文献和国内法院关于仲裁裁决的定义中推知一些共性。无论如何,"实质重于形式"的原则占据主导,即仅使用裁决之名并不自动使一项决定成为仲裁裁决。[1]

一项决定构成仲裁裁决需要四个要素:第一,争端由当事人自愿提交;第二,争端解决具有法律约束力和终局性;第三,裁判者是非国家裁判者;第四,仲裁员由当事人指定。对最后一个要素重要性的认识存在差异。[2]因此,一项决定是否构成《纽约公约》下的仲裁裁决最终仍应由有管辖权执行法院来决定,此处只是尝试评估多边投资法院的判决在《纽约公约》下的可执行性。

(一)争端由当事人自愿提交

《纽约公约》第1条第(2)款规定的可根据《纽约公约》强制执行的裁决包括"当事方已提交的"。这种自愿提交是仲裁和法院的强制管辖权之间的重大区别。[3]

在自愿提交仲裁的声明中所体现的当事人意思自治是仲裁裁决中非常重要的因素。对于这种自愿提交仲裁的声明能否适用于强制性为争端解决提供仲裁的国际投资协定依然存在争议。多边投资法院将建立一个强制性的争端解决机制,在《多边投资法院规约》规定了法院对争端具有管辖权的情况下,属于该规约适用范围内的投资者只能向法院起诉东道国,这种管辖

---

〔1〕 Ehle(2012),p. 35.

〔2〕 Kaufmann-Kohler and Potestà (2016), para. 86; see Born (2014), p. 240, remarking on the prerequisites of "due process"; Ehle(2012), pp. 34 – 36, identifying two characteristics of all awards: they are made by a tribunal and are final and legally binding. This opinion focuses on the definition of the term "arbitral tribunal", which corresponds to the above mentioned "awards": "a private panel of one or more arbitrators appointed to resolve a dispute by way of arbitration instead of state court proceedings, deriving its authority and jurisdiction from an agreement between the parties." Ehle considers the compliance with principles of fair trial as a characteristic of arbitral tribunals. Additionally, the attribute, that tribunals are ad hoc institutions is repeatedly mentioned. However, in the context of the enforcement of MIC decisions through the New York Convention this characteristic does not have to be addressed, since Article I para. 2 NYC explicitly declares awards of permanent arbitral institutions as enforceable.

〔3〕 See e. g. Altain Khuder LLC v. IMC Mining Inc, Victoria State Court, 2011, para. 295: "unlike court proceedings, arbitration proceedings are consensual." Born(2014), pp. 249 – 251.

权无须投资者的同意。[1]因此，法院的判决是否源于当事方自愿提交争端将是判决在《纽约公约》意义上可执行性问题的关键之一。

签订包含一般强制性争端解决机制的国际投资协定符合缔约国自愿提交的要求是无可争辩的。[2]但如果投资者希望依据协定而非国内法向一国索赔，投资者会将争端提交给协定所规定的争端解决机制进行仲裁。如果这一争端解决机制是《ICSID 公约》所提供的，主流意见是裁决结果不仅能通过《ICSID 公约》执行，还能通过《纽约公约》执行。[3]

但是依据美伊求偿庭的规定，如果投资者将争端自愿提交给求偿庭的同时还将争端提交给另一仲裁庭，这样是否满足《纽约公约》关于提交仲裁的要求是有争议的。由于美国或伊朗的投资者针对伊朗或美国的投资争端可能只会提交求偿庭而非两国国内法院，因此相关文献[4]以及

---

〔1〕 A similar constellation is explicitly provided in Article 26 para. 5 ECT. This provision states that the consent of all parties to the ECT regarding the submission to arbitral tribunals is to be considered compliant with the ICSID Convention and New York Convention enforcement requirements. Art. 26 para. 5 ECT: "(5)(a) The consent given in paragraph(3) together with the written consent of the Investor given pursuant to paragraph(4) shall be considered to satisfy the requirement for: (i) written consent of the parties to a dispute for purposes of Chapter II of the ICSID Convention and for purposes of the Additional Facility Rules; (ii) an 'agreement in writing' for purposes of article II of the United Nations Convention on the Recognition and Enforcement of Foreign Arbitral Awards, done at New York, 10 June 1958 (hereinafter referred to as the 'New York Convention'); and (iii) 'the parties to a contract [to] have agreed in writing' for the purposes of article 1 of the UNCITRAL Arbitration Rules. (b) Any arbitration under this Article shall at the request of any party to the dispute be held in a state that is a party to the New York Convention. Claims submitted to arbitration hereunder shall be considered to arise out of a commercial relationship or transaction for the purposes of article I of that Convention." See also Republic of Ecuador v. Occidental Exploration and Production Company, England, Court of Appeal, 9. 9. 2005, [2005] EWCA 1116, 12 ICSID Reports 129; cf. also Art. 25 para. 2 lit. b) US Model BIT 2004; Art. 28 para. 2 lit. b) Canadian Model BIT 2004; Art. 1136 para. 6 NAFTA.

〔2〕 Paulsson(1995), p. 233; van Harten and Loughlin(2006), p. 128 et seqq.

〔3〕 Van den Berg(1981), p. 99; Cane(2004), p. 444 et seqq.; Schreuer et al. (2009), p. 1119; Tawil(2009), p. 335, fn. 42; Lew et al. (2003), p. 801; Verhoosel(2009), p. 310 et seqq.

〔4〕 Ehle(2012), p. 54 et seqq. takes the view that IUSCT cannot make awards in the sense of the New York Convention, since the Algiers Accords was made admissible based on public international law treaties and not based on private law declarations; hence, the element of voluntary submission, according to Ehle, is missing Ehle concludes that arbitral tribunals established by law can never make arbitral awards in the sense of the NYC, based partly on the text of the convention, partly on the travaux préparatoires. Kaufmann-Kohler and Potestà(2016), p. 38 et seqq., identify this point as the main problem of possible enforceability of arbitral awards of a permanent international arbitral tribunal under the NYC.

法院[1]都认为,缺乏替代性争议解决方式将使提交仲裁的自愿性受损。

但在少数依据《纽约公约》执行裁决并将决定定性为仲裁裁决的案件中,[2]法院总体上得出的结论是,私人投资者的自愿提交仲裁可以被相关政府同意将争端提交给求偿庭所替代,[3]或可认为投资者将争端提交求偿庭审理构成一种自愿提交。[4]

学术文献中有这样一种观点,只要投资者在解决争端时仍可在国际投资仲裁和国内法院之间作出选择,则可以满足自愿提交的要求,且仲裁裁决就依据《纽约公约》得到执行。[5] 依照《纽约公约》的规定,投资者根据 ICSID 程序的将争端提交仲裁被认为是足够自愿且能被视为产生仲裁裁决。由此可知该观点是合理的。

因此,如果多边投资法院能够让投资者选择国内管辖,那么法院更有可能认为自愿提交的要素得以满足。

---

[1] See Ministry of Defense of the Islamic Republic of Iran v. Gould Inc. et al. ,US Court of Appeals for the Ninth Circuit,Nos. 88 – 5879 and 88 – 5881,1989,France No. 33; Abrahim Rahman Golshani v. The Government of the Islamic Republic of Iran,Bureau for International Legal Services,Cour d' Appel(Court of Appeal),28. 6. 2001.

[2] In other cases,the characterisation of IUSCT decisions as awards in the sense of the New York Convention was not mentioned.

[3] In Ministry of Defense of the Islamic Republic of Iran v. Gould,the court held that the President can replace a voluntary submission for arbitral awards under the New York Convention(according to Article I para. 2 as permanent arbitral award) with an Executive Order submitting US citizens to the jurisdiction of the IUSCT. Alternatively,the circumstance,that Gould had brought the case before the IUSCT voluntarily, would constitute a ratification of the submission by the President. In the cases,Iran Aircraft Industries v. AVCO and Flatow v. Iran,the courts had decided correspondingly. In France,the court had equally decided in Golshani v. Iran, that Golshani could not argue, that no declaration of submission existed, since he had voluntarily brought the case before the IUSCT.

[4] In 1985,the English High Court had made an obiter dictum in Dallal v. Bank Mellat,that the NYC would not be applicable for the enforcement of the IUSCT in England. The High Court had not held the decision as an award under the NYC,since according to the lex arbitri(according to the High Court Dutch law),an award would require a declaration of submission in writing and signed by both parties. However,the High Court in Dallal had solely to decide on the admissibility of the IUSCT and not on the question whether the NYC would be applicable to IUSCT decisions. The High Court had decided that Dallal had submitted himself voluntarily to the IUSCT by bringing the case before the tribunal and, therefore, at least had established the jurisdiction of the tribunal. In any case,according to the High Court,the prerequisites of a voluntary submission were fulfilled.

[5] Kaufmann-Kohler and Potestà(2016),para. 88.

(二)争端解决具有约束力和终局性

事实上,多边投资法院的判决并不会在满足《纽约公约》对于争端解决必须是终局且有约束力的要求上产生任何问题。[1]仲裁是国家管辖权的真正替代。在仲裁中,双方期望中立的第三方作出类似于法院程序中所作的具有约束力的裁决。[2]与此相反的是,调解程序或简易仲裁报告并不能被认为是仲裁裁决,因而无法根据《纽约公约》执行。

无论如何,多边投资法院无疑具有类似法院的特征,这将满足在类似法院程序中由中立第三方对争议进行终局性解决的要求。

(三)非国家裁判者

国内法院判决和相关文献的主流意见均同意仲裁庭的一个本质特征是其私人、非政府性质,这把仲裁庭与法院或政府机构相区分。[3]

由此便产生了多边投资法院应当被视为公共实体还是私人实体的问题。一些学者认为常设性的多边投资法院似于国际法院和欧洲人权法院,虽然不是国家司法机构,但绝非"私人"实体。[4]还有其他学者认为,法院类似于美伊求偿庭,构成自成一类的机构。[5]

解决这一问题的办法是给予多边投资法院足够的"私人"要素,使之成为《纽约公约》意义上的仲裁机构。例如,常设司法机构可能与私人主体的特征相冲突。但是,裁判者选举程序中使用的具体候选人名单可以解决这个问题。[6]这一要素与第四个要素,即仲裁员由当事人指定有所重叠,将在下文讨论。

---

〔1〕 Ehle(2012),p. 37,para. 32.

〔2〕 Ehle(2012),p. 37.

〔3〕 Born(2014),pp. 255 – 258 accepts the difference between arbitration and choice of jurisdiction clauses in court proceedings: in the case of arbitral proceedings, a dispute is transferred to another, non-state level and will not be decided by state officials, whereas, in the case of choice of jurisdiction clauses, only a specific national court was chosen by the parties. Additionally, in the case of choice of jurisdiction clauses, the parties do not choose the individuals who take the decision, but the judges out of an existing judiciary, that are chosen by the court, independent from the parties' wishes.

〔4〕 Kaufmann-Kohler and Potestà(2016),p. 36 et seqq.

〔5〕 Toope(1990),p. 284.

〔6〕 Kaufmann-Kohler and Potestà(2016),p. 36 et seqq.

多边投资法院不太可能比美伊求偿庭更缺乏私人因素。在根据《纽约公约》的裁决执行程序中，关于美伊求偿庭在性质上究竟是国家机构还是私人机构的问题并未得到解决。[1] 在根据《纽约公约》将求偿庭的裁决作为仲裁裁决执行的国家，这一要素不成问题。一般来讲，第三个要素不能独立评估，而只能从在其与其他要素的重叠中阐释加以澄清。

（四）仲裁员由当事人指定

仲裁裁决的最后一个要素在相关文献中并未得到同等关注。[2]

如果多边投资法院仅由其成员永久设立并管理，且这些成员对于选任法院的法院的法官具有专属权，而投资者却对此毫无发言权，那么人们将会质疑法院的私人性质。这也和 ICSID 仲裁存在明显差异：ICSID 仲裁的裁判者是私人性的，东道国和投资者作为争端双方对仲裁庭的组成有同样的影响。

对美伊求偿庭的检视在此处同样有用。由伊朗、美国和该两国所指定的仲裁员各自选出九名仲裁员的 1/3。[3] 因此，只有国家而非投资者能对求偿庭的决策产生影响。不过在依据《纽约公约》执行求偿庭裁决的决定中，这样安排仲裁员并不是一个问题。[4]

另一个有争议的问题是现代仲裁并不要求仲裁员必须由当事人选择。正如一些仲裁庭所确认的，仲裁的重点在于当事人的自愿提交争端。[5]

使多边投资法院更像仲裁庭的一种可能做法是，除了各国任命的常任法官外，还应当由投资者在每个案件中指定专案法官。这种安排为当事人意思自治创造了条件，并可能使法院的性质更接近仲裁庭的性质。

---

〔1〕 Neither Ministry of Defense of the Islamic Republic of Iran v. Gould, Flatow v. Iran nor Dallal v. Bank Mellat discuss this aspect.

〔2〕 Ehle(2012) for example, does not mention this element at all; however, Kaufmann-Kohler and Potestà(2016), p. 37, discuss the choice of arbitrators by the parties as a controversial potential feature of arbitral awards.

〔3〕 Brower and Brueschke(1998), p. 10.

〔4〕 Neither Ministry of Defense of the Islamic Republic of Iran v. Gould, Flatow v. Iran nor Dallal v. Bank Mellat discuss this aspect.

〔5〕 Kaufmann-Kohler and Potestà(2016), see the sources in para. 96.

(五)外国裁决与非国内裁决

《纽约公约》第1条第(2)款包含的另一个要素可能与多边投资法院的判决能否依据该公约执行相关:只有在"另一国领土内作出的"("外国")和"不被视为国内的"("非国内")仲裁裁决才属于《纽约公约》的适用范围。

外国仲裁裁决遵循属地原则,即只要仲裁裁决不是在执行国的领土内作出即为外国裁决;如果执行国没有依《纽约公约》第1条第(3)款作出互惠保留,则公约应当适用,无论仲裁裁决的作出地国或当事人如何。[1]根据主流观点,仲裁裁决被认为是在仲裁庭所在国"作出"的。[2]

因而产生的问题是,在多边投资法院诉讼的东道国不是判决的执行地国时,法院的判决能否被视为"外国仲裁裁决"?在只考虑仲裁庭地理位置的属地原则情况下,[3]这种解释可能是可行的。[4]

如果仲裁裁决并不是依据执行地国的属地原则作出,却未适用执行地国国内法,则构成非国内仲裁。该术语的定义对执行多边投资法院的判决并不重要,而属于国内法院的职权范围,在相关案例中被表述为"非国家的""非本地化的"。通过研究判例和相关文献表明,按照国内法或外国法作出裁决不会对多边投资法院判决的执行产生不利影响,而该判决基于哪个国家的国内法或是否基于国内法作出才是非常重要的。[5]

---

〔1〕 Ehle(2012), pp. 56 – 59. Petrochilos (2004), p. 352, para. 8. 35 concludes that it is both sufficient and necessary, if the award was made in another state than the enforcement forum, for applying the NYC.

〔2〕 Ehle(2012), p. 57, para. 99.

〔3〕 Ehle(2012), p. 56, para. 95. Ehle(2012), p. 60, considers an absolute geographical interpretation as inappropriate, since the focus should be on the word "made"-an award would not be made where it is signed, but at the legal formal seat of the tribunal.

〔4〕 Additionally, Petrochilos(2004), p. 357 concludes that it is sufficient and necessary, if an arbitral award was made in another state than the enforcement forum, for applying the NYC.

〔5〕 Kaufmann-Kohler and Potestà(2016), p. 57 define anational/delocalized awards as "awards not made under domestic law" and point out how much attention the possible enforcement of such awards under the NYC has gained recently.

部分学者,[1]尤其是法国[2]和美国[3]的法官声称,美伊求偿庭的裁决可以根据《纽约公约》作为非国内仲裁裁决来执行。[4]无论如何,如前所述,ICSID 裁决(作为一种非国内仲裁)可以依据《纽约公约》来执行。[5]因此,有学者在相关文献中表示,既然如此,为何其他国际仲裁庭的裁决不能依据《纽约公约》执行?[6]

理解《纽约公约》的另一种方式是,拒绝执行的理由仅存在于公约第 5 条。《纽约公约》第 5 条明确规定这些理由必须依据某个法律体系被评估。该条进一步明确了"仲裁地法和仲裁裁决所依据的法律"的区别,[7]这可以

---

〔1〕 According to Ehle(2012),p. 60 et seqq. ,the majority opinion favours the idea that arbitration should or must be established,especially by the agreed seat-state and/or the lex arbitri. Ehle argues this with the following reasoning: a subsumption is neither under the term foreign, nor under the term non-domestic possible; a historical interpretation of anational awards under the NYC is also not possible, since a national award were not a topic discussed within the NYC negotiations. Petrochilos(2004), p. 371 instead concludes that there is no proof that the NYC could not be applied to awards, which have been rendered under merely international law. Toope(1990), pp. 127 – 129 does as well conclude that a-national awards do exist and can be enforced under the NYC. The UNCITRAL Guide on the NYC, para. 63, however, assumes that the text of Art. 1 para 1 NYC permits the enforcement of anational awards, so that the domestic or anational nature of the awards would be without effect on the applicability of the NYC.

〔2〕 Cour de Cassation, Les Cahiers de l'Arbitrage 2007, 44 25(4) ASA Bull. 829(2007) XXXII Y. B. Com. Arb. 299(2007).

〔3〕 See Ministry of Defense of the Islamic Republic of Iran v. Gould Inc. et al. , Court of Appeals for the Ninth Circuit, 23. 10. 1989, 887 F. 2d 1357, the court denied that there was a condition under the NYC, that the award had to be rendered under domestic law. The reasons for refusal of an enforcement were stated explicitly in the NYC. None of these reasons required the award to be rendered under domestic law(1364 – 1365).

〔4〕 Cases regarding the enforcement of awards SEEE v. Yugoslavia(26. 10. 1973, Hoge Raad) and SEEE v. Yugoslavia(13. 11. 1984, Cour d'appel de Rouen); Götaverken v. France, LIAMCO and Gould are commonly been referred to as proofs of judicial practice regarding the enforcement possibility of anational awards under the NYC.

〔5〕 Schreuer et al. (2009), p. 1122 et seqq. explain that an enforcement of ICSID awards under the NYC will probably not come up in the future, but such a case would need to be handled in a manner similar to the enforcement of ICSID additional facility awards. Additional facility awards should be enforced under the NYC, since a majority of legal scholars and some court decisions assumed as well that "international, a-national and denationalized awards" fall within the scope of the NYC. Kaufmann-Kohler and Potestà(2016), p. 58 therefore saw in their legal opinion no reason why an award of another international arbitral tribunal should not be enforced under the NYC.

〔6〕 Kaufmann-Kohler and Potestà(2016), p. 58.

〔7〕 Art. V para. 1 lit. e) NYC: "of the country in which, or under the law of which."

作为仲裁裁决不必需依据特定国家的法律作出的依据。基于这个论点，美国法院在“古尔德”(Gould)案中得出的结论是，《纽约公约》的对事管辖同样适用与非国内仲裁，因为公约第5条和第1条并不存在仲裁的国家性质这一前提。

(六)自然人或法人之间的诉讼

对于《纽约公约》第1条第(1)款中的“法人”的定义已达成共识(同时也被公约的起草者和法院判决所确认)。“法人”包含了公法法人，比如国家和国际组织。[1]因此，在执行多边投资法院判决的过程中对该术语的解释并不成问题。[2]

(七)多边投资法院作为《纽约公约》第1条第(2)款“常设仲裁机构”

《纽约公约》第1条第(2)款明确规定“不仅每一案件选定的仲裁员所作出的裁决，也包括由常设仲裁机构经当事人的申请而作出的裁决”均可依据公约执行。

诸如国际商会仲裁院，[3]芬兰中央商会仲裁员(the Arbitration Institute of the Finnish Central Chamber of Commerce)[4]和新加坡国际仲裁中心(the Singapore International Arbitration Centre, SIAC)，[5]已被纳入《纽约公约》第1

---

[1] Ehle(2012)p. 69.

[2] According to the travaux préparatoires, the majority of states did not want to implement such rules into the NYC, since they considered it redundant. The Union of Soviet Socialist Republics (USSR) and Czechoslovakia, who wanted to make the awards rendered by their arbitral institutions enforceable under the NYC, were finally able to gain acceptance for their proposal. It can be extracted from the travaux that the supreme topic of negotiations regarding Article I para. 2 was the voluntary submission to these permanent arbitral bodies. The majority of the states were of the opinion that awards from permanent arbitral tribunals would also fall into the scope of Article I para. 1 NYC, as long their jurisdiction was not compulsory. The free choice of arbitrators was e. g. not discussed in the negotiations. A German court followed this strong focus on voluntary submission and denied the enforcement of a Polish tribunal's decision under the NYC, since the jurisdiction of the tribunal was compulsory. Kammergericht Berlin (Court of Appeal), decision of 7. 3. 1995 – 14 U 2979/93; see as well BGH (Federal Supreme Court), decision of 20. 1. 1994 – III ZR 143/92, BGHZ 125, 7.

[3] FG Hemisphere Associates LLC v. Democratic Republic of Congo, Supreme Court of New South Wales, 1. 11. 2010.

[4] Brandenburgisches Oberlandesgericht (Higher Regional Court of Brandenburg), decision rendered on 13. 6. 2002 – 8 Sch 02/01.

[5] Transpac Capital Pte Ltd. v. Buntoro, Supreme Court of New South Wales, 7. 7. 2008.

条第(2)款所规定的“常设仲裁机构”的范围。[1]美伊求偿庭亦以该条规定的“常设仲裁机构”的身份审理了“古尔德”(Gould)案。无论如何,该条明确表明多边投资法院的常设性并不会对其判决依据《纽约公约》的可执行性造成问题。

(八)《纽约公约》第1条第(3)款“商事”保留

《纽约公约》第1条第(3)款规定成员国可以通过声明作出两项保留。[2]许多缔约国在加入公约时已根据该条作出了保留声明,这些缔约国将仅根据《纽约公约》执行因“商事法律关系”争端而产生的仲裁裁决。[3]出于该原因,多边投资法院判决的实际可执行性将取决于其审理的争端根据《纽约公约》能否被视为“商事法律关系”争端相关。更进一步,问题在于能否将投资者与国家间的争端解释为“商事法律关系”争端,抑或“商事法律关系”只包括私人之间的国际商法争端。

根据《纽约公约》第1条第(3)款的规定,“商事关系”的定义取决于作出保留的缔约国的国内法。截至目前,国内法院对商事保留作出了大量的解释。根据国际投资协定所产生的国家与投资者之间的法律争端和同私人之

[1] Ministry of Defense of the Islamic Republic of Iran v. Gould Inc. et al. ,Court of Appeals for the Ninth Circuit,23. 10. 1989,887 F. 2d 1357.

[2] Art. I para 3 NYC: “When signing, ratifying or acceding to this Convention, or notifying extension under article X hereof, any State may on the basis of reciprocity declare that it will apply the Convention to the recognition and enforcement of awards made only in the territory of another Contracting State. It may also declare that it will apply the Convention only to differences arising out of legal relationships, whether contractual or not, which are considered as commercial under the national law of the State making such declaration.”

[3] In 2012, out of the 147 state parties of the NYC, 46 had applied reservations for commercial matters.

间的争端的一样，都属于“商事法律关系”的类别。[1]例如，尽管美国宣布了商事保留，[2]但在实践中美国法院依据《纽约公约》执行美伊求偿庭的裁决时并不涉及该保留的问题。因此，认为国家与投资者之间的投资争端属于“商事法律关系”似乎是合理的。[3]

无论如何，加拿大法院根据《UNCITRAL 仲裁示范法》将基于《北美自由贸易协定》第 11 章产生的投资仲裁裁决确认为“商事法律关系”裁决。[4]此外，瑞典 Svea 上诉法院也将“CME 诉捷克共和国”案[5]的裁决视“国际商事仲裁”裁决。[6]

由上可知，商事保留可能不会妨碍根据《纽约公约》执行多边投资法院的判决。

---

〔1〕 According to Ehle(2012), p. 81 et the interpretation of "commercial matters" has not so far created problems in practice, since the states interpret the term widely. Also, he concludes that courts have a tendency to interpret "commercial matters" as broadly as envisaged in the UNCITRAL Model Law (footnote 2 of the UNCITRAL Model Law defines "commercial" as "[...] Relationships of a commercial nature include, but are not limited to, the following trans-actions: any trade transaction for the supply or exchange of goods or services; distribution agreement; commercial representation or agency; factoring; leasing; construction of works; consulting; engineering; licensing; investment; financing; banking; insurance; exploitation agreement or concession; joint venture and other forms of industrial or business cooperation; carriage of goods or passengers by air, sea, rail or road."); Born (2014), p. 302 et seqq., defines "commercial matters" as "relationship involving an economic exchange where one (or both) parties contemplate realizing a profit or other benefit." This definition would also be consistent with the tenor of national court decisions regarding the NYC.

〔2〕 See U. S. Federal Arbitration Act(FAA)9 U. S. C. § 201; according to § 202 the NYC applies "only to differences arising out of legal relationships, whether contractual or not, which are considered as commercial under the national law of the United States."

〔3〕 However, Born(2014), p. 300 et seqq. shows that in the context of state immunity, space for different interpretation is given. In cases of public law, such as trusts law, concession and other contracts which are based on national sovereignty, doubts concerning the interpretation of the term "commercial matters" seem to be significant. According to Born, the parties of concession con-tracts, however, intend arbitration clauses in a way that they constitute commercial matters in the sense of the NYC, since effective enforcement would be one of the fundamental goals of international arbitration treaties.

〔4〕 United Mexican States v. Metalclad, Canada, Supreme Court of British Columbia, 2. 5. 2001, [2001] BCSC 664, 5 ICSID Reports 236; United Mexican States v. Feldman Karpa, Canada, Ontario Court of Appeal, 11. 1. 2005, 9 ICSID Reports 508, 516, para. 41.

〔5〕 CME Czech Republic B. V. (The Netherlands) v. Czech Republic, Partial Award, 13. 9. 2001, 9 ICSID Reports 121.

〔6〕 Czech Republic v. CME Czech Republic BV, Sweden, Svea Court of Appeal, 15. 5. 2003, 9 ICSID Reports 439, 493.

三、多边投资法院判决的承认与执行

从上述分析中可得出，通过《ICSID 公约》在第三国执行多边投资法院的判决是行不通的。因为多边投资法院的程序设计与《ICSID 公约》有重大分歧，所以多边投资法院的判决不能构成 ICSID 仲裁裁决。

相较而言，依据《纽约公约》执行多边投资法院的判决在法律上是可行的，但能否成功执行取决于执行地国的国内法院的态度。不同的国内法制度将导致不同结果。将法院的判决作为仲裁裁决加以承认和执行的困难，更多在于在于争端当事人向多边投资法院"自愿提交"争端的问题和各国对"非国内仲裁"裁决的可执行性有争议。

无论是根据《ICSID 公约》还是《纽约公约》，多边投资法院的判决能否作为仲裁裁决都存在法律不确定性，故最佳解决方案似乎是在《多边投资法院规约》中加入一个类似于《ICSID 公约》规定的执行多边投资法院的判决的义务。目前来看，这意味这仅有《多边投资法院规约》的成员受到规约（该义务）的约束。但随着多边投资法院获得更广泛的接受，这个解决方案在法律上应当是明确的。

此外，除了在《多边投资法院规约》中设置的自治性的法院判决执行机制外，还可设立一个基金体系。美伊求偿庭采取了一种有趣的方式保证求偿庭的裁决的执行。1979 年，美国驻德黑兰大使馆遇袭后，伊朗在人质危机发生时在美国银行"安全账户"中存入的 10 亿美元资产是《阿尔及尔协定》签订后给美国投资者可能依据求偿庭裁决获赔的预付基金。[1] 同时，伊朗有义务补足该基金的金额，确保基金有不低于 5 亿美元。伊朗无权使用该"安全账户"，因此伊朗获赔需要通过常规执行途径。由于伊朗很少获得赔偿，因此求偿庭的执行机制的偏见可以忽略不计。[2] 尽管如此，这种执行机制已被证明十分有效，这也解释了为何美伊求偿庭的裁决很少依据《纽约公约》执

〔1〕 See Brower and Brueschke(1998), p. 8.

〔2〕 Toope(1990), p. 280.

行。[1]当然,为多边投资法院设立类似的机制绝非易事。然而,考虑到法院判决将产生的赔偿要求,设立一项用于解决执行判决的基金可能是值得的。

通过上述方法确保多边投资法院的判决能够迅速有效执行的举措,是多边投资法院的成员设立基金。支付金额是基于成员的经济状况还是所有成员支付同等金额需要预先确定。反对后一种方法的一个观点是,经济实力更强的国家会从法院中受益更多,因为这些国家的投资者更活跃。但这种观点假设外国投资的数量和投资案件的数量成正比是不对的。此外,由于多边投资法院的判决中可能作出的赔偿金额也不是基于各国的经济实力,因此把经济实力作为基金的融资标准似乎不是一个合理的做法。

该基金可对胜诉的投资者立即支付最高金额的赔偿,同时可以对支付金额设置一个上限。但无论如何,基金体量绝不能低于某个特定的最低金额。如果法院有 40 名或更多成员,每个成员支付数百万美元应当能使基金保持运行。至少这种基金制度能够作为一种特殊的执行机制来尽快满足中小企业的要求,在多边投资法院对法院成员的索赔将转至法院本身。

多边投资法院的执行机制和基金的执行机制之间不应相互排斥。但可以认为,只有在其他形式的执行被证明十分困难的情况下才可诉诸基金制度。

[1] Toope(1990),p. 281:"the practical importance of the Account cannot be overstated."

第七章　多边投资法院与既有制度的联结与整合

结合上文论述并考虑到多边投资法院的各项特定要求,一国是否能将多边投资法院的判决视为《纽约公约》意义上的仲裁裁决并加以执行是存疑的。因此,保证多边投资法院的有效性的最佳方案是将其设立成一个独立的机构,并设计自有的程序规则,执行条款,甚至独立的资金运转体系。[1]

这不仅能确保投资标准得到一致适用,还能使多边投资法院的判决得到有效执行。法院同时应当对其他国家和区域经济一体化组织(REIOs)开放。

一、设立多边投资法院的可行性

国际争端解决机构基于一项条约国际争端解决机构基于一项条约或其他的国际协定而设立,为此,有几种不同的基本模式可用。

争端解决机构往往被设计成国际组织(或国际组织的机构),它们是独立的国际组织或者仅作为条约的实施机构或适用机构。[2] 例如,国际法院是

---

〔1〕 For a similar recommendation see European Union(2019),para. 31.

〔2〕 Giorgetti(2016),p. 890.

联合国的主要机构之一,[1]欧盟法院是欧盟的机构,[2]南斯拉夫国际刑事法庭(International Criminal Tribunal for Former Yugolsavia,ICTY)和卢旺达国际刑事法庭(International Criminal Tribunal for Rwanda,ICTR)均为联合国安全理事会的附属机构。[3]另外,许多国际裁判机构,如国际刑事法院则是独立的国际组织。[4]此外,还有一些国际条约所设立的争端解决机制要么为常设法院(如依据《联合国海洋法公约》而设立的国际海洋法法庭,[5]依据《欧洲人权公约》而创建的欧洲人权法院[6]),要么仅仅作为适用条约的机构(如《公民权利和政治权利国际公约》下设的人权委员会)。[7]

在投资争端解决领域,有两个机构同样被认为是国际组织,即使它们没有发挥任何争端解决功能,而是作为支撑仲裁庭运转的行政机构。基于 1965 年《ICSID 公约》而成立的 ICSID 是一个有着明确国际法律人格的国际组织,[8]基

〔1〕 Art. 7 para. 1 UN-Charter:"There are established as principal organs of the United Nations:a General Assembly, a Security Council, an Economic and Social Council, a Trusteeship Council, an International Court of Justice and a Secretariat." Art. 1 ICJ Statute:"The International Court of Justice established by the Charter of the United Nations as the principal judicial organ of the United Nations shall be constituted and shall function in accordance with the provisions of the present Statute."

〔2〕 Art. 13 para. 1 TEU:"[...] The Union's institutions shall be:the European Parliament,the European Council,the Council,the European Commission(hereinafter referred to as 'the Commission'),the Court of Justice of the European Union,the European Central Bank,the Court of Auditors."

〔3〕 Giorgetti(2016),p. 892.

〔4〕 Article 4 para. 1 ICC Statute:"The Court shall have international legal personality. It shall also have such legal capacity as may be necessary for the exercise of its functions and the fulfilment of its purposes." Schabas(2010),p. 94.

〔5〕 United Nations Convention on the Law of the Sea,10 December 1982,UN Doc A/CONF 62/122 (1982),www.un.org/Depts/los/convention_agreements/texts/unclos/unclos_e.pdf(22.5.2017);Boisson de Chazournes,The International Tribunal for the Law of the Sea,in:Giorgetti(ed.),The Rules,Practice, and Jurisprudence of International Courts and Tribunals,2012,p. 111.

〔6〕 Art. 19 Protocol No. 11 to the Convention for the Protection of Human Rights and Fundamental Freedoms,restructuring the Control Machinery established thereby:"To ensure the observance of the engagements undertaken by the High Contracting Parties in the Convention and the protocols thereto,there shall be set up a European Court of Human Rights,hereinafter referred to as the Court. It shall function on a permanent basis."

〔7〕 Amerasinghe(1996),p. 160 et seqq.

〔8〕 Art. 18 ICSID Convention:"The Centre shall have full international legal personality." Schreuer/Malintoppi/Reinisch/Sinclair,The ICSID Convention:A Commentary,2009,p. 59:"Despite close legal ties between the Centre and the World Bank, the Centre is an autonomous international organisation,enjoying its own international legal personality."

于1899年《海牙公约》而成立的常设仲裁院亦是一个国际组织。[1]这两个国际组织都以条约为基础,以国家为成员,并向潜在的缔约国开放。

同样,就成立多边投资法院而言,通过国际条约(《多边投资法院规约》)将其设立成一个独立的国际组织无疑是最为适宜的选择。[2] 设立一个国际组织将确保法院独立运作的基本要素,如法官的职能豁免、双方当事人的平等财政待遇、缔结东道国协定和豁免协定等。

二、将多边投资法院构建成国际组织

多边投资法院的法律地位由相关国内法所授予的特权与豁免决定,只有被豁免,才能确保法院能发挥其职能。作为一个国际组织,法院享有在国际法及国内法上的法律人格,这将确保法院可以签署诸如东道国协定之类的国际条约以获得必要的特权与豁免。同时,它可以签订国内法项下的协议以获得资产和租赁设施等。国际组织在国内法中的法律人格通常是通过授权协议来实现的。国际组织有权签订私法性质的合同来获得资产,并启动国内司法程序。[3]既有的诸多设立国际组织的条约都明文规定了国际组织的法律人格。[4]多边投资法院的设立亦应如此。

国际裁判机构和准司法争端解决机构要有效践行司法独立原则,其核心

〔1〕 1899 Convention for the Pacific Settlement of International Disputes, 29 July 1899, https://pcacpa.org/wp-content/uploads/sites/175/2016/01/1899 – Convention-for-the-Pacific-Settlement-ofInternational-Disputes.pdf(22.5.2017); Daly(2012), p. 38.

〔2〕 For a similar reference by the European Union which presumes the use of an instrument to establish the standing mechanism(the term used for the new investment court), see European Union(2019), paras. 27, 31, 35.

〔3〕 Cf. Art. 18 sentence 2 ICSID Convention: "The legal capacity of the Centre shall include the capacity: (a) to contract; (b) to acquire and dispose of movable and immovable property; (c) to institute legal proceedings."

〔4〕 Cf. Art. 18 sentence 1 ICSID Convention; Art. Ⅷ:1 WTO Agreement; Art. 47 TEU; Art. 4 ICC Statute.

要务是确保法官享有管辖豁免。[1]多边投资法院理应享有国内法院的管辖豁免,以避免当事人诉诸国内法院,从而确保裁决过程中的独立性。[2]

同样重要的是,要授予多边投资法院的法官和其他工作人员其他一般性特权与豁免,这些权利包括自由择居、关税减免、社保费用的豁免等。[3]

上述权利还包括税收减免。税收减免并非法官及工作人员的个人特权,而是反映了多边投资法院成员之间的平等待遇原则。[4]只有东道国减免薪资税收,才能确保由法院的成员所资助的法官及其他工作人员的薪水不会不成比例地惠及东道国。

这些特权与豁免可规定在基础条约中,或以签订单独的特权与豁免协定、东道国协定等形式进行规定。《联合国特权与豁免公约》是多数豁免协定的范本。[5]特别是要将保护司法豁免权方面的规定纳入多边文件(而非双边性的东道国协定)才更为合理。

---

〔1〕 Cf. Art. 21 ICSID Convention: "The Chairman, the members of the Administrative Council, persons acting as conciliators or arbitrators or members of a Committee appointed pursuant to paragraph(3) of Article 52, and the officers and employees of the Secretariat(a) shall enjoy immunity from legal process with respect to acts performed by them in the exercise of their functions, except when the Centre waives this immunity[...]" Art. Ⅷ WTO Agreement: "(3) The officials of the WTO and the representatives of the Members shall similarly be accorded by each of its Members such privileges and immunities as are necessary for the independent exercise of their functions in connection with the WTO. (4) The privileges and immunities to be accorded by a Member to the WTO, its officials, and the representatives of its Members shall be similar to the privileges and immunities stipulated in the Convention on the Privileges and Immunities of the Specialized Agencies, approved by the General Assembly of the United Nations on 21 November 1947." Art. 19 ICJ Statute: "The members of the Court, when engaged on the business of the Court, shall enjoy diplomatic privileges and immunities." Art. 51 ECHR: "The judges shall be entitled, during the exercise of their functions, to the privileges and immunities provided for in Article 40 of the Statute of the Council of Europe and in the agreements made thereunder."

〔2〕 Cf. Art. 20 ICSID Convention: "The Centre, its property and assets shall enjoy immunity from all legal process, except when the Centre waives this immunity."

〔3〕 See in this respect the detailed explanations of Reinisch(2016a).

〔4〕 Kunz(1947), p. 860 et seqq.; Martha(2016), p. 219 et seqq. An exemption from taxes was also proposed for the judges of the Arab Investment Court under Art. 28(4) of the Unified Agreement for the Investment of Arab Capital in the Arab States, 1980.

〔5〕 Ruffert and Walter(2015), para. 184; Reinisch(2016b), pp. 1048 – 1068.

国际组织原则上均有常驻地址。[1]这一点与仲裁庭不同。多边投资法院的地址应当设立在秘书长工作地点和大会召集地。[2]在任何情况下，为了使法院得到更多的国际认可，必要时也可考虑拟定多个地址，以便将其与其他国际组织和裁判机构的既有设施进行关联。大会的地址可设立在日内瓦，该地点同时也是WTO总理事会成员的代表处，这些代表们有可能同时担任多边投资法院大会的代表。另外，值得探讨的是，考虑到法院的成员来自各洲，还应考虑是否应该协商设立多个不同的地址。

多边投资法院与东道国的关系应当被规定在东道国协定中，以便使法院的运行与东道国的经济与安全相协调。[3]因此，包含豁免规则的《多边投资法院规约》应当由进一步的东道国协定和豁免协定作为补充，这些协定主要由法院成员（特别是东道国）达成，主要包括：

——对法院设施的保护及对法院工作人员及其豁免的保护；

——保证法官及其他工作人员的自由流动；

——与东道国协定有关的争端解决；

——税收豁免问题。

还可以缔结一个专门的东道国协定，以规制诸如大会的召集或是以开放或宽泛的方式设定谈判场所等问题，并可通过次级法律（对这些规定）作出进一步完善。

还可以规定法院院长必须居住在多边投资法院的所在地。[4]

---

〔1〕 Art. 3 para. 1 ICC Statute："The seat of the Court shall be established at The Hague in the Netherlands('the host State')." Art. 22 para. 1 ICJ Statute："The seat of the Court shall be established at The Hague. This, however, shall not prevent the Court from sitting and exercising its functions elsewhere whenever the Court considers it desirable." Art. 28 para. 5 Arab Investment Court Agreement："The seat of the Court shall be at the permanent headquarters of the League of Arab States and shall not be transferred unless the Court takes a substantiated decision to convene its sessions or undertake its functions in another location."

〔2〕 Ruffert and Walter(2015), para. 189.

〔3〕 Ruffert and Walter(2015), para. 193.

〔4〕 Cf. e. g. Art. 22 para. 2 ICJ Statute："The President and the Registrar shall reside at the seat of the Court."

三、与现有机构的联结

本书所研究的两审制多边投资法院大体上是难以融入现有的模式的。除了设立一个独立国际组织的议题之外,我们还要探讨法院如何与现有机构相联结。

在《加拿大与欧盟综合经济贸易协定》或《跨大西洋贸易与投资协定》商议设立解决投资争端的双边性常设司法机构的过程中,引入 ICSID 机制的观点得到了青睐。这特别表现在拟设立的“法院”的判决能被视为 ICSID 仲裁裁决。然而,如前所述,即便允许缔约方之间对《ICSID 公约》进行修订,该“法院”所产生的判决也仅可得到这些缔约方(而不是《ICSID 公约》全体缔约国)的认可。由此,《ICSID 公约》将失去其核心优势,即所有缔约国的自动执行制度。未修订条约缔约国则不必如此执行上述两个协定项下“法院”的判决。因此,将多边投资法院与 ICSID 直接关联起来的现实性似乎不大。此外,《ICSID 公约》的修订要求全体缔约国一致同意,这似乎更不现实,[1]尤其是对于一部分明确表示反对多边投资法院的国家,它们更不大可能同意修订《ICSID 公约》。[2]

还有人建议多边投资法院应被整合到 WTO 争端解决制度中。但是,这要求对 WTO 的 DSU 进行根本性改革。WTO 争端解决机构只对其成员而非私人(例如投资者)开放。[3]过去的乌拉圭回合谈判[4]及新加坡议题[5]均可证明,对 WTO 法进行外资准入及保护的实质性扩展的努力均以失败告终。因

[1] Art. 66 para. 1 ICSID Convention: “If the Administrative Council shall so decide by a majority of twothirds of its members, the proposed amendment shall be circulated to all Contracting States for ratification, acceptance or approval. Each amendment shall enter into force 30 days after dispatch by the depositary of this Convention of a notification to Contracting States that all Contracting States have ratified, accepted or approved theamendment.”

[2] American Bar Association Section on International Law(2016), p. 120.

[3] Cf. Art. 1. 1 DSU: “[...] the settlement of disputes between Members [...].” A change therefore would only be possible according to Art. X of the WTO Agreement.

[4] Herrmann et al. (2007), para. 790.

[5] Compare-decision of the General Council regarding the work program of the Doha agenda of 1. 8. 2004(July package), WT/L/579.

此,从目前来看,将多边投资法院整合到 WTO 体制同样看起来不切实际。[1]

类似的联结路径同样不适用于多边投资法院与国际法院,因为这要求国际法院的管辖权进行扩张,使其为自然人及法人将争端诉诸法院提供可能。也就是说,《国际法院规约》必须为此进行修订。[2]

尽管如此,上述困难并不影响多边投资法院利用 ICSID 及其设施的机构职能。即便法院作为一个独立的国际组织也可以实现。到目前为止,ICSID 秘书处已经对 ICSID 之外的仲裁给予程序支持,并且为《UNCITRAL 仲裁规则》和适用其他仲裁规则的仲裁程序提供了行政管理帮助。[3]

同样地,多边投资法院可以与 ICSID、常设仲裁院或其他仲裁机构达成协定,在此基础上获得后者提供的后勤支持和人力资源,并由此与它们共享其在法院初创阶段甚至长期未曾充分利用的设施。[4] 特别是法院在初创阶段存在大量不可预见的案件,此时使用来自既有机构的庭审场所及秘书服务将大有益处,可避免昂贵的基础设施建设成本。初创阶段之后,法院受理案件的平均数目将更易预估,法官人数亦可能扩充。在扩建阶段,如果不能长期共享其他机构的基础设施,法院可以拥有自己的办公场所。

除了 ICSID 所在的华盛顿之外,国际海洋法法庭所在的汉堡及常设仲裁

---

[1] See in this respect as well American Bar Association Section on International Law(2016),p. 129.

[2] American Bar Association Section on International Law(2016),p. 120.

[3] See The Secretariat of the ICSID has been designated as the Secretariat for the Investment Tribunal and the Appeal Tribunal under Art. 3. 09 (16) and 3. 10 (14) EU-Singapore IPA (draft for signature),Art. 3. 38(18) and 3. 39(18) EU-Vietnam IPA(draft for signature) and Art. 11(17) and Art. 12 (15) EU-Mexico Global Agreement(draft for signature) as on February,2019; The ICSID Secretariat has also been recommended as an option by Katz(2016),p. 180; See also ICSID website,Case Administration for Non-ICSID cases,https://icsid. worldbank. org/en/ Pages/Process/Non-ICSID-Arbitration. aspx(22. 5. 2017):"In addition to administering proceedings under the ICSID rules,the Centre is also available to administer arbitration cases under other rules,such as the UNCITRAL Arbitration Rules and ad hoc investor-State and State-State cases. These non-ICSID cases are submitted to ICSID by agreement of the parties either prior to the constitution of the Tribunal or once the Tribunal is constituted. On occasion,the Secretary-General of ICSID also serves as appointing authority of an arbitrator. The services rendered by the Centre in non-ICSID cases may range from limited assistance with the organisation of hearings and management of the case finances to full secretariat services in the administration of the case concerned. Parties and Tribunals are free to elect the extent of the services desired." For further discussion on the use of the ICSID Secretariat to support an Investment Court System,See,European Commission(2017),p. 36.

[4] For a similar suggestion,See,European Commission(2017),p. 49.

院所在的海牙等多处地址均可被考虑作为多边投资法院所在地。[1]当然，是否应将多边投资法院建在未来与其成员无利益相关的国家也值得研究。无论如何，就基础设施而言，法院与其他机构的合作可以节省一大笔开支，也可以更充分地利用其他机构和设施。由此节省出来的资金可以用在最为重要的事项上，如聘请全职法官、设立秘书处及咨询中心。

还有提议认为，[2]应与 UNCITRAL[3]、OECD、UNCTAD[4]共同推进投资争端解决制度的司法多边化建设。这些机构对投资者与国家间争端解决机制改革非常热衷，并且已经在投资保护领域有所行动。如上所述并众所周知，UNCITRAL 组建了第三工作组讨论投资仲裁机制的改革，第三工作组目前正在将相关解决方案递交给 UNCITRAL。[5] 特别地，以多边投资法院为基础的结构性改革已经提上议程。UNCTAD 可将这些发展前景带入讨论。[6] 另外，联合国国际法委员会也可加入。还可考虑多边投资法院的咨询中心与 UNCTAD 的合作。

---

〔1〕 Cf. www. nienstedten. de/Burgerverein/Seegericht/body_seegericht. html(26. 5. 2017)："The building [...] had been constructed in the years 1997 to 2000 [...]. The construction costs amounted to 123 million DM(80% were covered by the Federal Republic of Germany, 20 % by the City of Hamburg, the operating costs are covered by the United Nations). [...] The main building consists of 3 courtrooms, 25 offices for judges, 11 conference rooms, and 74 office rooms. Additionally lobby, library, study, catalogue room, storage room, a flat for the facility manager and a grand entrance hall. All rooms are electronically surveilled; the security department is staffed at all times. The used parts of the building cover 4755 square meters. In the center of the building in between the two main wings, the main round hall for court session is located, including a bench for the 21 judges. There are two minor halls, which can be connected with the main hall, so that a number of 240 persons in total can be seated. The latest technology, being able to include amendments, without any constructional changes, including four cameras and a media wall. Sound and image can be transported outside of the main hall. A room for video conferences allows hearings of witnesses from remote locations. Translation booths allow simultaneous translations in the six work languages of the UN, if necessary also other languages. A large conference room for the judges is also considered a 'safe room' in case of crises. Besides there are two smaller conference rooms and rooms for the parties to the disputes and witnesses and a communications center."

〔2〕 American Bar Association Section on International Law(2016), p. 120 et seqq.

〔3〕 See especially UNCITRAL(2017).

〔4〕 See reference to work by UNCTAD in UNCITRAL(2018), para. 23 et seqq.

〔5〕 See UNCITRAL(2019).

〔6〕 American Bar Association Section on International Law(2016), p. 121.

四、《多边投资法院规约》只在满足最少数量成员时方可生效

与国际刑事法院一样,《多边投资法院规约》只有在获得一定数量的成员批准后才能生效。这是合乎情理的。[1]如果只有少数几个国家参加多边投资法院,这就意味着会有一个新的投资者与国家间争端解决机制诞生,并与现有的各种机制并存。因此,应当确保《多边投资法院规约》在生效前必须得到一定数量的成员的批准。

应当规定多边投资法院至少应得到40个成员的批准。除了欧盟及其28个成员国之外,还必须说服另外10个左右成员加入多边投资法院。欧盟已经或即将开始谈判大量(国际投资及贸易)协定,这些协定都应包括投资保护(如中国、缅甸、日本、墨西哥、印度尼西亚、菲律宾等)。[2]欧盟与越南、墨西哥、加拿大和新加坡达成的协定也已经包含对多边投资争端解决的承诺。[3]

因此,欧盟今后应在其贸易谈判、一般经济协定和联盟协定中敦促其伙伴积极参与多边投资法院的设立,鼓励它们争取自身的成员资格。特别地,此类协定中的投资章节或单纯的国际投资协定可酌情规定多边投资法院的(专属)管辖权,并鼓励这些协定缔约方加入多边投资法院。

欧盟还可以邀请其成员国加入多边投资法院。鉴于至少部分成员国的国际投资协定涉及欧盟的排他性管辖权,欧盟还可授权其成员国就其国际投资协定进行谈判或重新谈判,[4]以同意将多边投资法院作为对未来争端具有管辖权的机

---

[1] Cf. e. g. Art. 126 para. 1 Rome Statute: "This Statute shall enter into force on the first day of the month after the 60th day following the date of the deposit of the 60th instrument of ratification, acceptance, approval or accession with the Secretary-General of the United Nations."

[2] See in this respect Overview of FTA and other Trade Negotiations, http://trade. ec. europa. eu/doclib/docs/2006/december/tradoc_118238. pdf; European Commission (2015), p. 32 et seqq. p. 32 et seqq.

[3] Art. 3. 41, EU-Vietnam IPA (draft for signature) as on 2 April, 2019; Art. 14, Section- Resolution of Investment Disputes, EU-Mexico Global Agreement (draft for signature) as on 2 April, 2019; Art. 8. 29, Comprehensive Economic and Trade Agreement, OJ L 11, 14. 1. 2017, p. 23; Art. 3. 12, EU-Singapore IPA (draft for signature) as on 2 April, 2019.

[4] Cf. Art. 2 para. 1 TFEU: "When the Treaties confer on the Union exclusive competence in a specific area, only the Union may legislate and adopt legally binding acts, the Member States being able to do so themselves only if so empowered by the Union or for the implementation of Union acts."

构。[1] 在此,欧盟委员会的影响评估研究已经表明,如果多边投资法院对所有欧盟及欧盟成员国的投资协定具有管辖权,现有国际投资协定的半数将被涵盖其中。[2]

五、通过明确修订国际投资协定确立多边投资法院的管辖权

上述考虑所依据的假设是,大部分现有国际投资协定将继续有效,即现有国际投资协定将被"现代化",欧盟成员国之间的国际投资协定将逐步被欧盟协定所取代。应当说明如何在投资争端解决方面将这一特定的实体法律与两审制多边投资法院联系起来。需要再次澄清的是,《多边投资法院规约》中不会包括投资保护的实体标准,但原则上这些标准会继续被包含在其他国际条约和义务当中。利用现有国际投资协定体系的好处在于没必要再就投资保护标准进行谈判。

(一)缔结新国际投资协定与自由贸易协定投资章节

首先,应通过欧盟和其他希望推进多边投资法院制度的国家之间缔结新的国际投资协定,以明确确立多边投资法院的管辖权。欧盟正在或准备与许多国家进行自由贸易协定或国际投资协定谈判。[3] 应在《多边投资法院规约》中确定今后法院的成员所缔结的所有新协定在投资争端解决方面应规定由法院具有排他性管辖权。因此,在今后的谈判过程中,所有欧盟成员国应致力于让更多国家(通过谅解备忘录)加入法院。

在这方面,可以在欧盟今后缔结的投资协定中明确规定,在多边投资法院设立后,只有法院才有权解决投资者的索赔要求,[4] 而现有投资协定中所规定的(双边)投资法庭体系将自动失去管辖权;或者,一旦多边投资法院设立,现有协定中的(双边)投资法庭的管辖权将转移至法院。为此,应当订立过渡条款,因为欧盟很可能会就协定进行进一步谈判直到法院得以设立和运作为止。

另外,投资协定应当规定各缔约方将积极参与筹建多边投资法院的谈判

---

[1] The Netherlands has already included a reference to the Multilateral Investment Court in Art. 15 of its Draft BIT, 2018.

[2] European Commission(2016a, b).

[3] See in this respect recently European Commission(2015), p. 32 et seqq.

[4] For a subsequent discussion on the need to promote the ability of the MIC to deal with disputes based on existing and future agreements, See European Union(2019), para. 35.

并成为法院的成员。欧盟签署的新的自由贸易协定或国际投资协定还应进一步规定，协定双方将积极参与促进多边投资保护中，并使多边投资法院成为将来与第三国谈判的事项（“滚雪球制度”）。

（二）欧盟现有经济协定的重谈与改革

现有的欧盟贸易协定（联盟协定、框架协定、[1]单纯的自由贸易协定、[2]伙伴关系协定等[3]）应不断进行改革与重谈。如果合作伙伴间达成了国际投资协定，则应要求该协定各方加入多边投资法院。[4] 例如，《欧盟与墨西哥自由贸易协定》已补充了关于多边争端解决机制的投资章节，[5]进而确立多边投资法院就投资保护事项的管辖权。

（三）将欧盟成员国的国际投资协定纳入多边投资法院的管辖范围

欧盟应要求其成员国（根据《欧盟运行条约》第207条的管辖权）对该国的双边投资协定进行重新谈判，通过引入多边投资法院的管辖权使法院替代现有协定所规定的投资者与国家间争端解决机制。一旦有了更精密的法院设计理念，特别是一旦确定了法院的管辖权的要求，这一方法将是切实可行的。这样，成员国就能将其国际投资协定工具化，利用各自的谈判能力与协定伙伴进行条约改革，并鼓励其伙伴们加入法院。

在多边投资法院成立后，欧盟成员国应在修订其国际投资协定时列入一

---

〔1〕 Cf. e. g. Framework Agreement on Comprehensive Partnership and Cooperation between the European Union and its Member States, of the one Part, and the Socialist Republic of Viet Nam, of the other Part, OJ L 329 of 3. 12. 2016, p. 8.

〔2〕 Cf. e. g. Free trade Agreement between the European Union and its Member States, of the one part, and the Republic of Korea, of the other part, OJ L 127 of 14. 5. 2011, p. 6.

〔3〕 Cf. e. g. Strategic Partnership Agreement between the European Union and its Member States, of the one part, and Canada, of the other part, OJ L 329 of 3. 12. 2016, p. 45; Council Decision (EU) 2016/1850 of 21 November 2008 on the signature and provisional application of the stepping stone Economic Partnership Agreement between Ghana, of the one part, and the European Community and its Member States, of the other part, OJ L 287 of 26. 10. 2016, p. 3.

〔4〕 A discussion on insertion of relevant clauses during the process of re-negotiation can be seen in European Commission (2017), p. 50 et seqq.

〔5〕 Cf. Cf. European Commission (2015), pp. 35 and 37. The draft of the EU-Mexico Global Agreement released on 21 April, 2018 contains a reference to a Tribunal along with an obligation on the parties to support the etsbalishment of a Multilateral Dispute Settlement Mechanism.

项条款，即只有多边投资法院才具有处理投资争端的管辖权。

还可以规定，如果欧盟成员国在有关国际投资协定重新谈判时方尚未采用上述方法，则应承诺加入多边投资法院，并在与其他国家的协定中主张法院的专属管辖权（"滚雪球制度"）。

上述做法的目的是将欧盟成员国签订的1400多个的国际投资协定的至少一部分与多边投资法院联系起来，从而促进法院成员逐步增加。[1]

六、《多边投资法院规约》作为修订现行国际投资协定的选择适用公约

如上所述，最好将多边投资法院设立为一个独立的国际组织。这就需要缔结一项国际条约，即《多边投资法院规约》。规约也可被设计成选择适用公约。在加入程序中，规约至少补充了其他争端解决机制，这样就不必修订或重新谈判法院成员之间现有的国际投资协定的内容。像《毛里求斯公约》一样，多边投资法院的管辖权可通过选择适用的性质证明其正当性。[2] 因

〔1〕 List of the bilateral investment agreements referred to in Article 4(1) of Regulation (EU) No. 1219/2012 of the European Parliament and of the Council of 12 December 2012 establishing transitional arrangements for bilateral investment agreements between Member States and third countries OJC 149 of 27. 4. 2016, p. 1 according to which the United Kingdom currently has concluded 94 bilateral investment agreements.

〔2〕 United Nations Convention on Transparency in Treaty-Based Investor-State Arbitration (Mauri- tius Convention on Transparency), signed on 10. 12. 2014, entered into force on 18. 10. 2017. The Mauritius Convention allows the application of the new UNCITRAL transparency rules in investor state arbitration proceedings also in cases of IIAs, which have been concluded in the past. The UNCITRAL Rules on Transparency will always apply, for example, in arbitration proceedings to which Germany is one of the parties (after the Mauritius Convention has been ratified by Germany), if the other contracting parties of the respective IIAs did as well ratify the Convention or if the claimant investor suing the Federal Republic of Germany agrees to the application of the Conven-tion. Necessary condition for the application of the transparency rules in investor state arbitration proceedings is either that both parties to the respective IIAs have ratified the Mauritius Convention or that the defending state has ratified the Convention and the investor agreed on the application of the transparency rules. Cf. Art. 2 Mauritius Convention: "The UNCITRAL Rules on Transparency shall apply to any investorState arbitration, whether or not initiated under the UNCITRAL Arbitration Rules, in which the respondent is a Party that has not made a relevant reservation under article 3(1)(a) or (b), and the claimant is of a State that is a Party that has not made a relevant reservation under article 3(1)(a)." "Where the UNCITRAL Rules on Transparency do not apply pursuant to paragraph 1, the UNCITRAL Rules on Transparency shall apply to an investor-State arbitration, whether or not initiated under the UNCITRAL Arbitration Rules, in which the respondent is a Party that has not made a reservation relevant to that investor-State arbitration under article 3(1), and the claimant agrees to the application of the UNCITRAL Rules on Transparency."

此,根据《多边投资法院规约》,法院成员均有义务将争端提交法院解决,至少让法院作为未来解决投资争端的备选办法。[1] 如此,规约及其加入程序就可以赋予法院解决投资争端的管辖权。[2]

一个直接相关的问题是,加入《多边投资法院规约》是否构成了对既存的国际投资协定所规定的投资争端解决机制的退出。这原则上取决于是只有一个还是所有国际投资协定的缔约方加入了法院。如果不是所有协定的缔约方均加入法院,法院就只能构成一个附加选择。易言之,选择法院并不直接导致选择退出现有的国际投资协定项下的争端解决机制。如果协定的所有成员都加入了法院,且《多边投资法院规约》也规定了选择退出程序,则成员可对既存的国际投资协定进行相应地修订。或许,规约亦可规定一个选择条款,允许成员选择退出其缔结的国际投资协定中的投资争端解决机制,也就是说,每一个法院成员均可决定是否将法院作为国际投资协定中的排他性或附加性的争端解决选项。[3]

事实上,最好尽可能完整拟定多边投资法院的管辖范围,并规定其他投资争端解决机制的选择退出机制,以此作为选择适用法院管辖的后果。以上方式还有益于法院的融资。一旦法院成立,法院成员不应被起诉到其他机构(只可在法院起诉成员),故而额外的法律费用得以避免。应在《多边投资法院规约》中考虑规定可受理性的消极要件,因为在某些案件中无法为当事人提供法律保护,或者作为上述国际投资协定缔约方的法院成员认为法律保护并非总是存在。因此在实践中,应既有选择适用,亦有选择退出。

(一)标准情形:确立多边投资法院管辖权的共识

根据《多边投资法院规约》(作为一项选择适用公约),如果欧盟及其成

---

〔1〕 A discussion on the possibility of use of an Opt-in Convention was also made in European Commission(2017),p. 50.

〔2〕 An option similar to the Opt-in for future disputes for the MIC was proposed in Art. 30, Unified Agreement for the Investment of Arab Capital in the Arab States, 1980, through which jurisdiction of the Arab Investment Court could extend to any agreement related to an investment within the League of Arab states subject to the agreement of the parties.

〔3〕 For a discussion by the Commission on the issue see European Commission(2017),p. 51.

员国均是该规约的缔约方，同时投资者母国也是规约的缔约方，则法院对欧盟及其成员国提起的诉讼具有管辖权。[1] 在这种情况下，法院应毫无疑问地被增补为一项争端解决途径。

已缔结的国际投资协定显然没有规定采用多边投资法院来解决争端，尽管约有 90% 的既存协定都包含投资争端解决机制的规定。[2] 然而，通过《多边投资法院规约》，法院的管辖权可以延伸至既存国际投资协定和依附于这些协定的争端解决机制。[3] 法院管辖的条件是被申请人及投资者母国均为法院成员。在这种情况下，应予适用的国际投资协定将被推定为(通过多边条约)进行了协商一致的修订。[4]

此处至少需要讨论的是，是否可以根据国际投资协定中频繁适用的"日落条款"，[5] 以排除传统的临时性的投资仲裁(目前一般被规定在国际投资协定中)。[6] 根据《维也纳条约法公约》第 30 条第(3)款的规定，各国可修订它们之间缔结的条约。如果双边条约的缔约国同时也都是某一多边条约的缔约国，那么多边条约也可以修订双边条约，[7] "日落条款"不至形成阻碍。[8] 由于措辞、分类和目的等原因，"日落条款"的适用范围非常有限，它们通常适用于

[1] A similar view has been expressed in European Commission (2017), p. 50; European Union (2019), para. 35.

[2] Gaukrodger and Gordon (2012), p. 10.

[3] This view is also supported by European Commission (2017), p. 50; European Union (2019), para. 35.

[4] Cf. Art. 39 VCLT: "A treaty may be amended by agreement between the parties. The rules laid down in Part Ⅱ apply to such an agreement except in so far as the treaty may otherwise provide."

[5] Art. 13 para. 3 German Model Treaty 2009: "In respect of investments made prior to the date of termination of this Treaty, the provisions of Articles 1 to 12 above shall continue to be effective for a further period of twenty years from the date of termination of this Treaty." See as well Art. 30.9 para. 2 sentence 1 CETA: "Notwithstanding paragraph 1, in the event that this Agreement is terminated, the provisions of Chapter Eight (Investment) shall continue to be effective for a period of 20 years after the date of termination of this Agreement in respect of investments made before that date."

[6] Nowrot (2016), p. 227 et seqq.; Voon et al. (2014), p. 451 et seqq.; Binder (2016), p. 976 et seqq.; Wackernagel (2016), p. 11 et seqq.

[7] OECD (2015), p. 31.

[8] States have tried to work around the problem through means such as amending the treaty to delete the sunset clause and then terminating the treaty. On this, see Busse and Lange (2018), p. 335.

缔约一方单方面终止条约,而不是对条约内容进行协商一致的修订的情况。[1]

与《毛里求斯公约》一样,《多边投资法院规约》应规定排除基于最惠国待遇条款而确立法院的管辖权。[2]否则,鉴于最惠国待遇条款的适用范围问题仍无定论,[3]其法律解释亦不一致,[4]允许基于最惠国待遇条款而确立法院的管辖权可能导致重大的法律不确定性。

另外,加入法院的成员应在法院的秘书处登记,秘书处也应公布登记记录,包括包含在法院管辖范围内每一项已缔结条约的清单。

(二)例外情形:投资者母国为非法院成员而引发的管辖权问题

如果《多边投资法院规约》明确规定成员可以单方面同意将争端提交法院解决,则法院的管辖权也可仅通过被申请人作为法院成员的身份而产生。

在被申请人并非法院成员的情况下,申请人原则上不能以法院管辖权为由对其起诉,但也存在例外。

如果投资者母国和东道国都不是法院的成员,它们也可以根据临时协定

---

〔1〕 Cf. as well Kaufmann-Kohler and Potestà(2016),p. 82.

〔2〕 Art. 2 para. 5 Mauritius-Convention:"The Parties to this Convention agree that a claimant may not invoke a most favoured nation provision to seek to apply, or avoid the application of, the UNCITRAL Rules on Transparency under this Convention."

〔3〕 The discussion concerns on the one hand the question if an investor may claim a more favourable dispute settlement clause in a BIT of the host state with a third state or if the possibility to bring a claim in this respect does only apply to material protection standards. On the other hand, especially the EU is of the opinion that MFN clauses should generally not offer the possibility to "import" better standards from third state treaties, but need to be restricted to prohibit factual unequal treatment of third state nationals. A broad interpretation of the MFN clause would lead to investors claiming the most favourable dispute settlement clause within a BIT of the host state with a third state. See in this respect, among others, Waldermann (2015),p. 75 et seqq.

〔4〕 The possibility of investors to refer to MFN clauses, agreeing: ICSID, Case No. ARB/97/7, Maffezini v. Spain, Decision of the Tribunal on Objections to Jurisdiction of 25. 1. 2000, para. 64; ICSID, Case No. ARB/03/10, Gas Natural SDG, S. A. v. The Argentine Republic, Decision of the Tribunal on Preliminary Questions on Jurisdiction of. 17. 6. 2005, para. 31; rejecting this possibility: ICSID, Case No. ARB/03/24, Plama Consortium Limited v. Bulgaria, Decision on Jurisdiction of 8. 2. 2005, para. 183 et seqq.; ICSID, Case No. ARB/02/13, Salini Costruttori S. p. A. and Italstrade S. p. A. v. The Hashemite Kingdom of Jordan, Decision on Jurisdiction of 9. 11. 2004, para. 113 et seqq. In detail in this respect e. g. Stompfe(2016),p. 273 et seqq.; Chalamish(2009),p. 323 et seqq.; European Union(2017),para. 23.

来确立法院的管辖权。但这种情况原则上也是不予受理的。[1]

若无论如何都要允许以上例外,《多边投资法院规约》至少应规定可依据临时仲裁协议而确定法院的管辖权。为此目的,应制定费用分摊的特别规则。这种情况还可能导致法院判决的执行问题,此时前述的基金制度无论如何都不应适用。

(三)多边投资法院在多边国际投资协定体系下的管辖权

《多边投资法院规约》也可进一步适用于多边条约,比如《能源宪章条约》。[2] 如果有可能,法院应在投资保护领域被作为排他性的争端解决方式采用。

然而,这将要求所有《能源宪章条约》的成员均加入法院。这些成员包括欧盟及其大多数成员国及第三国。也可让《能源宪章条约》的个别成员国单方面承认法院对于基于《能源宪章条约》的起诉具有管辖权。

(四)确立多边投资法院管辖权的综述

依据《多边投资法院规约》,多边投资法院在下述情况下应具有管辖权:

第一,如果未来《多边投资法院规约》生效并允许加入之后,成员之间缔结的国际投资协定。[3]

第二,如果法院的成员之间已经缔结了国际投资协定(一致同意对现有协定的管辖权。出于法律确定性的考虑,这些协定的清单应被送交法院秘书处;这并不意味着清单是穷尽的)。

第三,如果法院的成员将其国际投资协定列入清单(单方面同意法院对现有协定具有管辖权)。[4]

第四,如果一部国际投资协定虽未被列于清单内,但作为法院成员的被

---

〔1〕 A discussion for use of the MIC through ad hoc procedures is seen in European Commission (2017), p. 51.

〔2〕 The European Commission has also considered the possibility of including the ECT within the ICS system, on this see, European Commission (2017), p. 27.

〔3〕 As explained in para. 209 et seqq., in such a case another ISDS-possibility might be excluded by the later amending treaty.

〔4〕 As explained in para. 541 et seqq. The MIC is in principle only one of several ISDS-possibilities.

申请人同意将法院对协定具有临时管辖权。[1]

在未来,多边投资法院的管辖权也可在以下情况下确立:

第五,如果对投资者与国家间的协议的管辖权得到双边投资法庭体系的承认,且当事国均为法院的成员。

第六,如果双边投资法庭体系的管辖权虽未得到承认,但作为法院成员的当事国随后通过争端解决协定予以承认。

七、过渡条款与多边投资法院的制度整合

如前所述,现有国际投资协定在很大程度上应继续有效,即现有协定应加以修订并实现现代化,欧盟成员国之间的协定应逐步由欧盟签署的协定取代。多边投资法院将作为替代的或全新且排他性的争端解决模式进入现有体系,或完全取代之。但是,法院不应确立投资保护的实体标准。

多边投资法院也可被视为对《欧盟与越南自由贸易协定》和《加拿大与欧盟综合经济贸易协定》一项修订,或作为嗣后的多边协定修订某些缔约方之间的双边国际投资协定(另见《维也纳条约法公约》第 30 条第(3)款和第 41 条)。无论如何,今后欧盟签署的投资协定应规定,如果该缔约方和欧盟均加入法院且《多边投资法院规约》生效,则欧盟与该缔约方之间的双边争端解决机制不再有效,而代之以多边投资法院。[2] 同时,今后的欧盟协定还应作出过渡规定,以便法院实施其工作的一部分。如果欧盟协定存在移交双边投资法庭体系管辖权的情况下,而这些协定的缔约对方又同时是法院的成员,则《多边投资法院规约》也可作为该欧盟协定的修订性条约发挥作用,对现有双边协定进行修订的详细方案可在《多边投资法院规约》的议定书和声明中作出规定。

在这方面,可以预见已经启动的争端解决程序将继续依照成员间各自双边性的争端解决制度完成,多边投资法院只能为这些争端解决提供上诉的法

---

〔1〕 These alternatives could as well be covered by the before mentioned alternatives.

〔2〕 A similar view has been expressed by the Commission in European Commission(2017),p. 58.

律救济。今后,欧盟协定将包括明确的过渡条款。

如果双边条约所规定的投资法庭体系被多边投资法院取代,对于根据这些双边协定已经获得任命的法官也需要有过渡规定。这些规定应视具体协定而定,并逐案采用。《加拿大与欧盟综合经济贸易协定》包含的投资法院体系中,法官的薪酬制度应由协定的联合委员会通过,[1]并应规定从多边投资法院成立或双边投资法庭失去管辖权以及不能提出新的申诉之日起,双边投资法庭将不再继续发放法官薪酬。

当新成员加入《多边投资法院规约》时,必须相应地调整筹资计划,新成员也可立刻具有大会的代表。因为加入法院不像加入 WTO 那样产生市场准入的义务,而只需承认法院对于某种特定争端类型具有专属管辖权,故加入法院的谈判应不算艰难。

目前只有部分可能将多边投资法院的管辖权扩大到《能源宪章条约》项下的投资争端,因为该条约是一项由 53 个成员组成的多边协定。最好的情况是,如果被申请人和投资者母国都是法院的成员,则可接受法院的补充管辖权[《维也纳条约法公约》第 41 条第(1)款所指的含义]。但目前还未考虑到的是,如果欧盟内部发生争端,可能会出现一些特殊困难。

现有国际投资协定中的调解程序应保持不变,即仍有可能依据现有协定而进行调解。[2] 不过可以规定多边投资法院也提供调解程序,包括调解员的指定。在这方面,调解中心可作为多边投资法院的附属机构,并只对在双边国际投资协定中未涉及调解程序的案件享有附属管辖权。

《多边投资法院规约》还可规定将法院的管辖权扩大到投资者与国家间的协议之上,只要这些协议将法院指定为争端解决选项(如果被申请人为法院成员的情况下)。[3] 但本书并不认为投资者与国家间的协议是多边投资法院应予适用的法律之一部分。

---

〔1〕 Cf. Art. 8. 27 para. 12 CETA:"In order to ensure their availability, the Members of the Tribunal shall be paid a monthly retainer fee to be determined by the CETA Joint Committee."

〔2〕 The need for support for dispute avoidance mechanisms such as mediation is also seen in European Union(2019), para. 12.

〔3〕 A view supporting such a proposal can be seen in European Union(2019), para. 35.

争端解决机制的多边化今后可由一项规定保护标准的多边公约加以补充,但同时也应如晚近的国际投资协定那样强调更有力、更明确地平衡投资者利益和国家管制权利,并且还要预见到多边投资法院作为争端解决场所。这样的公约方可吸引越来越多的成员加入。

八、多边投资法院的工作语言及程序语言

出于财政的考虑,应对多边投资法院的工作语言和(争端解决或诉讼)程序语言作出规定。过多的工作语言和程序语言将极大增加案件的程序费用,比如为法官提供翻译等项目都是必需的。通常来说,英语是几乎所有国际组织的官方语言和工作语言。此外,关于国际公法和国际投资保护的大量文献都是用英文撰写的。或者《多边投资法院规约》可允许争端各方在与分庭协商确定诉讼程序的语言,而规约本身只规定秘书处和大会的工作语言。

九、新体制下的费用分摊

应对多边投资法院可预见的长期费用的筹措作出规定,包括秘书处、法官、基础设施如建筑物、仪器的费用等。从经济角度来看,只有足够多的成员为多边投资法院的费用进行分摊,法院才能有效运作。国际刑事法院的年度开支估计为1.3亿欧元;[1] WTO秘书处雇员超过600人,开支约为1.98亿瑞士法郎;[2] 欧盟法院和一般法庭有75名法官,11名法律顾问和约2170名额外雇员,需要至多3.8亿欧元的费用;国际海洋法法庭为期2年的开支约为2000万欧元。对于多边投资法院来说,初步估计需要将近数千万欧元的费用。[3]

---

〔1〕 Resolution on the Programme budget for 2015, the Working Capital Fund for 2015, scale of assessments for the apportionment of expenses of the International Criminal Court, financing appropriations for 2015 and the Contingency Fund, ICC-ASP/13/Res. 1 of 17. 12. 2014; Jakobsson(2015).

〔2〕 WTO, Secretariat and budget, www. wto. org/english/res_e/booksp_e/anrep_e/anrep16_chap9_e. pdf.

〔3〕 The EU Commission opines that the cost for a MIC would be close to EUR 10 million per year. On this see European Commission(2017), p. 112.

虽然这些国际裁判机构的费用高昂,但多边投资法院能降低每项争端解决的平均成本。例如,法院可以节省双边投资法庭体系中的大多数法官的费用,也可以节省国际社会支出的其他仲裁费用。[1]鉴于目前平均行政费用(仲裁员报酬和秘书费)估计为750,000欧元,[2]多边投资法院在成立后,在任何情况下都不应超过当前制度下的开支。相反,如果能够通过加快诉讼程序来提高争端解决效率,还会进一步缩减费用(主要为律师费)。目前,各争端方参与争端解决程序的费用大约为400万欧元。[3]暂且不论现实中一些国家只会导致有限的额外费用,多边投资法院不仅可以弥补投资争端解决体系的缺陷,而且还可以抵消《加拿大与欧盟综合经济贸易协定》的双边投资法庭体系的收支赤字,从而使其就投资争端的国际管辖赢得更多认可。

与其他国际组织一样,多边投资法院应主要通过其成员(缔约方)的会费获得资金。[4] 法院的开支将决定会费的金额,并由法院的成员分摊。与WTO类似,[5]法院成员分摊会费的比例可以通过它们利用外国直接投资的比例来计算,该比例是相对于所有法院成员的总投资额来计算的。为了确定各成员的分摊金额,可以利用国际货币基金组织、[6]世界银行[7]或UNCTAD所作的调查。[8] 不可将整个法院的费用强加或移交给争端方。然而,争端双方当然应该通过支付诉讼费来参与法院的融资,而该部分费用取决于争议涉及的金额,这也是多数国内法院费用规则所规定的。[9]诚然如

〔1〕 Hodgson(2014a), p. 3 assumes arbitration tribunal costs of about USD 373. 200 per proceeding and party.

〔2〕 Hodgson(2014b), p. 1; Hodgson(2014a), Table 2.

〔3〕 Commission(2016).

〔4〕 The allocation of costs among members has also been supported by the EU Commission in European Commission(2017), p. 54 et seqq. See also Garcia-Bolivar(2015), p. 398.

〔5〕 Cf. https://www. wto. org/english/thewto_e/secre_e/contrib_e. htm.

〔6〕 Cf. Coordinated Direct Investment Survey(CDIS), http://data. imf. org/? sk = 40313609-F037-48C1-84B1-E1F1CE54D6D5.

〔7〕 Cf. http://data. worldbank. org/indicator/BX. KLT. DINV. WD. GD. ZS.

〔8〕 Cf. http://unctad. org/en/Pages/DIAE/Investment%20and%20Enterprise/FDI_Stocks. aspx.

〔9〕 Cf. e. g. Article 3 para. 1 Gerichtskostengesetz (Court Fees Act): "Die Gebühren richten sich nach dem Wert des Streitgegenstands(Streitwert), soweit nichts anderes bestimmt ist." [Unofficial English translation: "The fees are calculated according to the value of the subject matter of the dispute(value of the dispute), if not foreseen otherwise."]

此,法院成员应为法院提供基本资金。

十、设立多边投资法院之必要协定和次级规则

总体而言,设立多边投资法院将需要以下必要协定和次级规则:

——《多边投资法院规约》,包括《行为准则》;

——多边投资法院与其成员之间的豁免协定(《多边投资法院的特权和豁免协定》);

——多边投资法院(有自身法律人格)与所在国之间的东道国协定;

——一审(初审)和二审(上诉)的程序规则;

——秘书处的议事规则,包括行为准则;

——关于起诉书的必要内容的指南;

——关于口头程序规则的指南;

——关于法院费用的指南;

——关于保证金的指南;

——关于多边投资法院的雇员的退休和养恤金的规定。

第八章　独立的多边投资上诉机制

最近,不少人在各种场合都提议设立一个纯粹的多边投资上诉机构,即多边投资上诉机制(MIAM),作为两审制法院模式的替代。[1] 依据该提议,投资争端解决的“一审”程序仍是临时性的国际投资仲裁,无论是 ICSID、UNCITRAL 还是 SCC 仲裁程序,都应予以保留。[2] 在此之外,还应增加一个统一的、司法性的多边上诉机构或准司法性的上诉机构。与这些建议相反,特别是 2004 年和 2005 年在《ICSID 仲裁规则》修订背景下提出的建议,以及最近美国的国际投资协定中的做法显示,设立一个更严格的组织结构和任期更长的法官名册似乎更好。这可以更好地提高争端决定的一致性。

多边上诉机制的这种模式更偏向于 WTO 争端解决模式。[3] WTO 除了设立了一个基于规则的制度之外,[4] 其争端解决制度改革的主要创新之一便是争端解决机构的扩建,即增加了一个常设性的上诉机构。确保七名常任法官决定的一致性和稳定性也是 WTO 设立上诉机构的主要目标之一。

---

〔1〕 A similar appellate body has been discussed inter alia in European Commission(2017), p. 28; UNCITRAL(2018), para. 42. A discussion on appeals proposals is also seen in Bottini(2015) p. 455 et seqq.

〔2〕 A similar recommendation has been made in UNCITRAL(2018), para. 42.

〔3〕 A discussion on use of a model similar to the WTO Appellate Body can also be seen in McRae (2010), p. 382 et seqq. and Lee(2015), p. 480 et seqq.

〔4〕 Cf. among others Cass(2001), p. 50.

一、多边投资上诉机制的组织结构

多边投资上诉机制的成员应与多边投资法院的成员相同。

与多边投资法院一样,常设的上诉机制应设立大会(Plenary Body)、法官及秘书处。

大会应由多边投资上诉机制各成员代表组成,主要任务是选举法官和通过作为次级法律的程序规则。

对于多边投资上诉机制的法官来说,除了两审制方案中已经提出的要求外,在资格方面不应有其他要求。同时应确保法官的独立性和应遵守的道德标准。法官应为常任,这意味着他们不应逊色于其他国际裁判机构的法官。他们从事其他工作只能采用兼任的方式,且兼任工作时间不得影响其履行审判职责及独立性。[1]

大会选举或任命法官也应是今后接受这一机制的主要因素。[2] 多边投资法院遴选法官的考虑因素也可在此适用。法官应代表不同的法律制度传统。因此,应该任命足够数量的法官。由于欧盟的双边协定规定最多只能指定 9 名上诉法官,因此对于多边投资上诉机制来说,也应考虑总共指定 9 名法官,其组成可以参照国际法院的法官组成。[3]

多边投资上诉机制也应设立秘书处以支持其工作。然而,秘书处的配置较之于多边投资法院的秘书处应相应地缩小。

只有少数建议提到应单独为上诉机制设立一个国际投资法咨询中心。

---

〔1〕 The need for permament employment and availability of adjudicators has also been recommended in European Union(2019),para. 16 and in European Commission(2017),p. 42. The members of the Appeals Tribunal in the EU-Vietnam IPA(Art. 3. 39(13))(draft for signature),EU-Singapore IPA(Art. 3. 10(10))(draft for signature)and EU-Mexico Global Agreement(Art. 12(11))(draft for signature)as on February, 2019,are also required to be available at all times and are paid a monthly retainer fee for the purpose.

〔2〕 A discussion on the procedure for election of judges based on the proposal and agreement of the contracting parties is seen in European Union(2019),para. 22. On the other hand European Commission(2017),p. 46 et seqq. prescribed appointment of judges through an independent body.

〔3〕 The European Union also prescribes geographical and gender diversity in the standing mechanism for dispute settlement,European Union(2019),para. 21. Diversity in the MIC has also been considered as an essential part for impartiality in a future MIC by Gomez(2018).

这是因为与案件有关的主要(裁判)工作已经通过(第一审)仲裁完成了。此外,在大多数情况下及出于案件实体及财务因素的考虑,熟悉案件的当事人的代表也应会受托在上诉案件继续代表当事人。

二、一般程序

上诉程序应由国际投资仲裁程序中的一方或双方当事人提出申请才可启动。

通过多边投资上诉机制提起的上诉会中止仲裁裁决或可能适用的投资法院系统(如《加拿大与欧盟综合经济贸易协定》及《欧盟与越南自由贸易协定》中的投资法院)的一审判决的效力。[1] 同时,它也会阻却当事人在国内法院上诉的可能性,如启动裁决的承认与执行程序。[2] 如果存在对国际投资协定的修订以排除了 ICSID 仲裁,则 ICSID 仲裁庭不可对争端进行管辖。

然而,其他仲裁程序规则仍然可以得到适用。当然,这样的裁决会在第三国产生效力,只要该国是《纽约公约》的缔约国。尽管如此,一审的仲裁裁决能继续在非多边投资上诉机制的成员加以执行可能是个问题,因为它会破坏被申请人的上诉可能性。如果投资者母国以及被申请人都是多边投资上诉机制的成员,则可避免此类问题。多边投资上诉机制可规定,只有在上诉期届满后,第三国才可根据《纽约公约》执行裁决。由此可修订提起争端所依据的国际投资协定。经多边投资上诉机制的成员修订后的国际投资协定作为两国之间的一项后续条约,可要求一审仲裁庭在其仲裁裁决中声明该仲裁裁决是临时性的,不能根据《纽约公约》强制执行[参见《纽约公约》第 5 条第(1)款]。一审仲裁裁决只有在下列情况才具有终局性:第一,多边投资上诉机制的上诉期届满;第二,在充分考虑多边投资上诉机制的法律解释过后,

---

〔1〕 The CETA(art. 8. 28(9)),EU-Vietnam IPA(Art. 3. 54(1))(draft for signature),EU-Singapore IPA(Art. 3. 19(1))(draft for signature) and EU-Mexico Global Agreement(Art. 29(8))(draft for signature) as on February,2019, provide for a provisional award which becomes final after a definite time period(90 days) if it is not appealed in the Appeals Tribunal.

〔2〕 Kaufmann-Kohler and Potestà(2016),p. 71 et seqq.

仲裁庭宣布其裁决在《纽约公约》项下具有终局效力。[1] 但这不能排除非多边投资上诉机制的成员将仲裁裁决视为具有终局性并准许执行的情况。

为了保证执行阶段仲裁裁决的效力中止,国际投资协定作为仲裁的依据必须起到补充作用。这一效力亦可由《多边投资上诉机制规约》规定;还可要求上诉人缴纳保证金。[2]第三方的介入权必须明确澄清。[3] 未涉案的第三方可以根据透明度的一般原则选择发表评论或提出意见。但由于第三方意见很可能导致耽误,在此应谨慎行事,特别是在没有规定上述可能性的情况下。鉴于各方原则上应时刻跟进正在进行的仲裁程序,也可规定一个较短的时限(可能提出评论或意见的期限),并限制这种可能性的范围。

多边投资上诉机制的管辖权只有在上诉人与被上诉人一致同意的情况下方可确立。

多边投资上诉机制与 ICSID 程序似乎是无法整合的,因为它违反了《ICSID 公约》第 53 条和第 54 条的规定。[4] 同时,也不能依据《多边投资上诉机制规约》修订《ICSID 公约》,因为将上诉机制纳入 ICSID 仲裁程序将违背《ICSID 公约》的目标和宗旨,即 ICSID 裁决无须进一步审查而可以立即执行。[5]因此,《多边投资上诉机制规约》至多可规定,由非上诉机制成员的投资者对于成员所启动的正在进行的 ICSID 仲裁程序将不能继续进行。

根据适用《ICSID 公约》之外的仲裁规则进行的仲裁,裁决的上诉应当在一个较短时间内提出。如果没有在此期间提起,仲裁裁决将具有终局性。这

---

〔1〕 A clear statement that an award of the investment tribunal will not become enforceable until the appeals procedure is completed is seen in the CETA(Art. 8. 28(9)(c)),EU-Singapore IPA(Art. 3. 22(1))(draft for signature) and EU-Mexico Global Agreement(Art. 31(1))(draft for signature) as on February, 2019.

〔2〕 Art. 29 para. 4 section 3 investment chapter TTIP draft:"A disputing party lodging an appeal shall provide security for the costs of appeal and for the amount provided for in the provisional award."

〔3〕 Third party submissions have been permitted under the provisions of the treaty under Art. 3. 19(6) EU-Singapore IPA(draft for signature), Art. 3. 54(7) EU-Vietnam IPA(draft for signature) and Art. 30(5) EU-Mexico Global Agreement(draft for signature) as on February, 2019.

〔4〕 Similar views have been expressed by Tams(2006), p. 12 and Schreuer(2018), p. 156.

〔5〕 According to this Calamita(2017), p. 585 et seqq.

里可以设定一个月的上诉期限,并可选择延长一个月以提交上诉理由。[1]为防止滥用上诉程序,可规定收取法院(滥用)费用。[2]但在出现滥用时,滥用的当事人应为对方当事人的合法抗辩偿还必要费用。

上诉理由应列明上诉的范围以及上诉人主张的违反及此种主张的依据。

多边投资上诉机制应以判决形式作出决定。

多边投资上诉机制可以确认、变更或撤销一审仲裁裁决。[3]尚不确定上诉机构能否将案件发回重审,[4]以便仲裁庭再次审议案件并充分考虑多边投资上诉机制法律解释而更正裁决。[5] 然而,如前所述,引入发回重审制度须十分谨慎,尤其是因为整个审理程序将被延长。此外,被要求重审的仲裁庭作出第二次裁决需充分考虑多边投资上诉机制的法律意见。

诚然,发回重审制度也有其优势。仲裁庭在重审案件时作出的裁决可能糅合了多边投资上诉机制的法律解释,因此具有有效性,可根据《纽约公约》得以执行。但在这种情况下,裁决无法根据《ICSID 公约》得到执行。

应赋予多边投资上诉机制广泛的调查权,使其能够享有认定事实的权力,从而作出完全自主的决定。倘若无法将原仲裁裁决发回重审的可能,那这项权力就更有必要。

上诉程序应分为书面程序和口头程序。在仲裁程序中已经提交的事实和证据原则上应被采纳。有待商榷的是,是否可以提交仲裁程序中没有提出的陈述和证据。从效率的角度来看,这是不可取的。

---

〔1〕 Similar as well in WTO-DSU, cf. Working procedures for appellate review, Rule 20. A 90 day period for appeal has been prescribed under the CETA, EU-Singapore IPA(draft for signature), EU-Vietnam IPA(draft for signature) and EU-Mexico Global Agreement(draft for signature) as on February, 2019.

〔2〕 Foreseen like this in Art. 32 BVerfGG; if the there mentioned misuse fee amounting up to EUR 202,600 is enough, must be left open.

〔3〕 Art. 8.28 para. 2 CETA: "The Appellate Tribunal may uphold, modify or reverse a Tribunal's award based on: [...].

〔4〕 Compare Art. 8.28 para. 7 lit. b) and para. 9 lit. c) sublit. Iii) CETA.

〔5〕 An explicit possibility for referral back to the initial tribunal for re-consideration based on the Appeals Tribunal's decision is seen in Art. 3.55(4) EU-Vietnam IPA(draft for signature), Art. 3.19(3) EU-Singapore IPA(draft for signature) as on February, 2019.

当事人应有机会随时撤回上诉。不过,经上诉人请求,多边投资上诉机制也可就费用问题作出决定。撤回上诉会恢复一审裁决的效力,同时上诉人将丧失再次上诉的权利。

三、具体事项

(一)上诉期限

WTO 争端解决程序规定上诉程序最多为 60 天,且在任何情况下都不应超过 90 天。[1] 多边投资上诉机制的上诉程序也应保持较短的期限,因为它裁判者是全职法官。[2] 无论如何,应遵循快速原则。然而,在个别案件中,有关分庭出于重要原因可自由延长上诉程序的期限。

如果由于上诉机制负担过重而重复延长程序,那么大会应增加多边投资上诉机制的法官人数。

(二)审查范围和调查权限

在 WTO 争端解决程序中,上诉机构的管辖权仅限于专家组报告所处理的法律问题以及相应的法律解释。[3] 该上诉程序主要致力于法律管控。ICSID 秘书处在 2004 年的提案中指出,可基于一定理由对先前的裁决提出上诉,即《ICSID 公约》第 52 条以及"明显的法律错误"或"严重的事实错误"。[4] 除

---

〔1〕 Art. 17 para. 5 DSU: "As a general rule, the proceedings shall not exceed 60 days from the date a party to the dispute formally notifies its decision to appeal to the date the Appellate Body circulates its report. In fixing its timetable the Appellate Body shall take into account the provisions of paragraph 9 of Article 4, if relevant. When the Appellate Body considers that it cannot provide its report within 60 days, it shall inform the DSB in writing of the reasons for the delay together with an estimate of the period within which it will submit its report. In no case shall the proceedings exceed 90 days."

〔2〕 An 180 day time period for completion of appeals proceedings is seen in Art. 3. 19(4) EU-Singapore IPA (draft for signature), Art. 3. 54(5) EU-Vietnam IPA (draft for signature) and Art. 30(3) EU-Mexico Global Agreement (draft for signature) as on February, 2019.

〔3〕 Art. 17 para. 6 DSU: "An appeal shall be limited to issues of law covered in the panel report and legal interpretations developed by the panel."

〔4〕 ICSID Secretariat (2004), Annex, p. 4.

《ICSID 公约》第 52 条所述理由外，[1]《加拿大与欧盟综合经济贸易协定》还规定“可因错误适用或解释准用法、认定事实(包括对相关国内法的认定)有明显错误而提出上诉”。[2]在 WTO 相关规定中，非常严重的错误可能导致专家组报告无效。[3]这里有两个概念可能会混淆，即撤销和上诉。[4]然而，尚不清楚为何不应让上诉机构同时使用这两个概念。

多边投资上诉机制的上诉应予适用的法律还包括程序法，这意味着上诉法官应当对一审仲裁中的程序原则的遵守情况进行审查。一审中的事实调查是否得当的问题也应被视为一个法律问题，即是否是“客观的事实认定”。[5]此外，还应具体审查是否存在“严重的事实错误”。

原则上，应明确上诉是否可引用《ICSID 公约》第 52 条。如果可以，是否应更多考虑 ICSID 仲裁庭对该条规定的解释，或者必须明确是否可适用《ICSID 公约》第 52 条所列而《多边投资上诉机制规约》未予规定的撤销事由。多边投资上诉机制的管辖权原则上应限于仲裁裁决。必须明确是否也应授予上诉机制撤销仲裁裁决的权力。在原仲裁程序中个别仲裁员存在偏见的情况下，还应区分正在仲裁程序进行中提出的中止仲裁程序的请求和事后申请撤销裁决情形。

如前所述，决定应予适用的实体法可以在争端解决机构的议事规则的层面规定，也可以在双边和多边投资保护条约层面规定。在这方面，多边投资

---

〔1〕 Art. 52 para. 1 ICSID Convention: “Either party may request annulment of the award by an application in writing addressed to the Secretary-General on one or more of the following grounds: (a) that the Tribunal was not properly constituted; (b) that the Tribunal has manifestly exceeded its powers; (c) that there was corruption on the part of a member of the Tribunal; (d) that there has been a serious departure from a fundamental rule of procedure; or (e) that the award has failed to state the reasons on which it is based.”

〔2〕 Art. 8.28 para. 2 CETA: “The Appellate Tribunal may uphold, modify or reverse a Tribunal's award based on: (a) errors in the application or interpretation of applicable law; (b) manifest errors in the appreciation of the facts, including the appreciation of relevant domestic law; (c) the grounds set out in Article 52(1)(a) through (e) of the ICSID Convention, in so far as they are not covered by paragraphs (a) and (b).”

〔3〕 Ohlhoff (2003), C. I. 2., para. 106.

〔4〕 EFILA (2016), p. 29 et seqq.; American Bar Association Section on International Law (2016), p. 78.

〔5〕 According to Ohlhoff (2003), C. I. 2., para. 106.

上诉机制应予适用的实体法主要由仲裁庭已适用的法律来确定。然而,多边投资上诉机制还应能够在审查管辖权范围内评估仲裁庭是否以合理的方式适用了“正确的”实体法。

（三）分庭和全体上诉法官的决定

多边投资上诉机制可以设立分庭。当事人只有在具有“合适的理由”才能要求由全体上诉法官作出判决。由全体上诉法官作出判决至关重要,它可化解不同分庭决定的分歧。

ICSID 的提案规定了设立一个由来自不同国家的 15 名法官组成上诉机构。[1] 然而,WTO 上诉机构只有 7 名成员,在每个案件中由 3 名法官组成的分庭作出决定。[2] WTO 上诉机构的相对较少的成员似乎对其争端解决机制的接受度迄今并未产生任何负面影响。在此基础上,《加拿大与欧盟综合经济贸易协定》亦规定,上诉机构由 3 名成员作出决定。[3] 在特定情况下,上诉分庭也可由 5 名、7 名或 9 名法官组成分庭;就《欧盟与越南投资保护协定》《欧盟与新加坡投资保护协定》《欧盟—墨西哥全球协定》而言,上诉法庭的成员数目已定为 6 名,并有可能形成由 3 名成员组成的分庭。[4] 如果设立了分庭,则应强制要求多边投资上诉机制的所有法官之间交换意见,WTO 上诉机构就是如此。[5]

---

〔1〕 ICSID Secretariat (2004), Annex, p. 3: “Such a set of ICSID Appeals Facility Rules could provide for the establishment of an Appeals Panel composed of 15 persons elected by the Administrative Council of ICSID on the nomination of the Secretary-General of the Centre. The terms of the Panel members would be staggered. Eight of the first 15 would serve for three years; all others would be elected for six-year terms. Each member would be from a different country. They would all have to be persons of recognized authority, with demonstrated expertise in law, international investment and investment treaties.”

〔2〕 Art. 17 para. 1 sentence 3 DSU: “It shall be composed of seven persons, three of whom shall serve on any one case. Persons serving on the Appellate Body shall serve in rotation.”

〔3〕 Art. 8.28 para. 5 CETA: “The division of the Appellate Tribunal constituted to hear the appeal shall consist of three randomly appointed Members of the Appellate Tribunal.”

〔4〕 See, Art. 3.10 EU-Singapore IPA (draft for signature), Art. 3.39 EU-Vietnam IPA (draft for signature) and Art. 12 EU-Mexico Global Agreement (draft for signature) as on February, 2019.

〔5〕 Working procedures for appellate review, Rule 4.3: “In accordance with the objectives set out in paragraph 1, the division responsible for deciding each appeal shall exchange views with the other Members before the division finalizes the appellate report for circulation to the WTO Members. [...]”

(四)多边投资上诉机制与原仲裁程序中仲裁员的不公正裁决

多边投资上诉机制的法官应有权决定原仲裁程序的仲裁员是否存在裁决不公。如果投资者母国和东道国都是上诉机制的成员,则《多边投资上诉机制规约》可以修订国际投资协定的内容和一审仲裁程序。如果只有被上诉人是上诉机制的成员,则以上规定不再适用。

多边投资上诉机制法官的潜在偏见应由第三方决定,如国际法院。〔1〕或者,公平性测试可以委托给另一个上诉机制分庭或上诉机制全体法官会议。〔2〕 后种选择的一个优势是在"系统内"找到解决办法,但同时也可能导致决定的客观性降低。

(五)二审判决创设先例

原则上,只有在对某个特定的决定所适用的国际投资协定的具体条款作出解释时,才应接受多边投资上诉机制判决的先例。此外,这种约束作用可能只能为上诉机制所接受,而不能用于基于国际投资协定的未来的仲裁案件。但可以认为,上诉机制绝对能够就投资保护法律原则的形成及统一作出贡献。〔3〕

---

〔1〕 Cf. as well American Bar Association Section on International Law, Investment Treaty Working Group, Task Force Report on the Investment Court System Proposal, Initial Task Force Discussion Paper: Executive Summary & Conclusions and Recommendations of 16. 10. 2016, p. 14. Cf. Art. 8. 30 para. 2 CETA: "If a disputing party considers that a Member of the Tribunal has a conflict of interest, it shall send to the President of the International Court of Justice a notice of challenge to the appointment. The notice of challenge shall be sent within 15 days of the date on which the composition of the division of the Tribunal has been communicated to the disputing party, or within 15 days of the date on which the relevant facts came to its knowledge, if they could not have reasonably been known at the time of composition of the division. The notice of challenge shall state the grounds for the challenge."

〔2〕 The EU-Singapore IPA(Art. 3. 11)(draft for signature), EU-Vietnam IPA(Art. 3. 40)(draft for signature) and EU-Mexico Global Agreement(Art. 13)(draft for signature) as on February, 2019 provide that challenges based on conflict of interest against a Member of a Tribunal or Appeal Tribunal will be heard by the President of the Tribunal or Appeal tribunal respectively. Challenges against the President of each tribunal is heard by the President of the other tribunal(Tribunal and Appeal Tribunal).

〔3〕 See in this respect as well Kaufmann-Kohler and Potestà(2016), p. 69; Sauvant(2016), p. 29; Howard(2017), p. 47 et seqq.; UNCITRAL(2018), para. 36 et seqq., Li(2018), p. 948.

四、多边投资上诉机制的决定

多边投资上诉机制作出的判决在国内法中没有直接效力。作为一项规则,国际裁判机构和仲裁庭仅有义务消除任何已认定构成违反国际法的国内法律行为。在国际投资法中,通常情况是通过仅有的赔偿义务作为处罚。另外,多边投资上诉机制对于间接征收行为(合法)及补偿的适当的金额的认定权应由个别国际投资协定规定。

五、多边投资上诉机制的决定之执行

很难估计是否能执行独立的上诉机制而非多边投资法院的决定,因为这取决于上诉机制的结构。

多边投资上诉机制作出的判决,即便与多边投资法院采用的标准一致,根据《ICSID 公约》也不具有强制执行力。执行《ICSID 公约》项下的裁决将继续受到制约,即《ICSID 公约》没有规定上诉程序,因此多边投资上诉机制的决定无论如何也不能构成 ICSID 仲裁裁决。不过,这一规定也可以在两国(《ICSID 公约》缔约国)之间作出修订。

《纽约公约》规定的强制执行机制对于多边投资上诉机制的判决是否具有可行性在法律上有很大的不确定性,它取决于各国法院的看法。[1] 如果牵涉到针对普通仲裁庭作出的仲裁裁决的上诉,其强制执行力可以当事人自愿申请为条件,因为一审仲裁庭的管辖权也是以此为依据的。

如果多边投资上诉机制变更或维持一审裁决,它是否仍然是《纽约公约》项下的可强制执行的仲裁裁决是一个值得怀疑的问题。当然,法官的遴选条件对《纽约公约》意义上的仲裁裁决的适格性或国际裁判机构的决定也是至关重要的。如果这是由一个全体法官作出的判决,且法官均为全职法官,那么根据《纽约公约》似乎很难作出符合可强制执行的裁决的决定。[2]

---

〔1〕 For further discussion on status of appellate awards see, Potesta(2018), p. 176 et seqq.

〔2〕 Regarding this problem, see Kaufmann-Kohler and Potestà(2016), p. 70.

然而,如果经过多边投资上诉机制决定,案件被发回原仲裁庭重审,以"结合多边投资上诉机制的法律解释重新评估",那么情况会有所不同。在这种情况下,该裁决仍然是一份《纽约公约》项下的仲裁裁决,因为归根结底它是由仲裁庭作出的。

一个多边性的上诉机制本身不会对裁决的终局性和有效性构成任何挑战。只有在上诉机构最终作出决定之后,或者上诉期限届满,以至于形成最终决定,才有存在依照《纽约公约》执行的可能性。

如果初审(仲裁程序)败诉的上诉机制成员根据《ICSID 公约》或《纽约公约》就仲裁裁决提出上诉,这可能导致上诉决定无法执行,因为它们超出了上述公约的适用范围,即便上诉程序本身是顺利的。考虑到这种情况,还是应当在《多边投资上诉机制规约》中建立一个有效的执行制度,这样上诉机制成员最终不能仅通过对于《ICSID 公约》或《纽约公约》意义上的组成成员进行上诉而对执行作出抗辩。鉴于上述不确定性,建立一个与《ICSID 公约》或《纽约公约》并行的独立制度对多边投资上诉机制来说具有显著意义。为此,必须制定一个单独的承认与执行多边投资上诉机制决定的公约。该公约可能无法获得非上诉机制成员的批准。因此,应考虑在《多边投资上诉机制规约》中设计执行制度,但只有规约成员才受此约束。

执行基金似乎是抵消这一不利因素的一个好办法。另一种选择是在上诉之前提供相当于仲裁裁决确定的金额和法律费用的保证金。[1]

上文建议设立的为执行多边投资上诉机制的决定的"保证账户"意义上的执行基金,亦须受到多边投资上诉机制的审查。

六、设立多边投资上诉机制的可能性

(一)设立一个自治的国际组织

正如前面讨论的多边投资法院的方案,将多边投资上诉机制的决定视为

---

〔1〕 The EU-Vietnam IPA(Art. 3. 54(6))(draft for signature) states that the Appellate Tribunal may determine the amount of security required to be posted based on the circumstances of the case.

《纽约公约》项下的仲裁裁决看起来颇成问题。和多边投资法院一样,多边投资上诉机制应制定具体的法官任命规则。另外,为了促使多边投资上诉机制的程序顺利进行,还应当设立秘书处。

使多边投资上诉机制有效运作的最佳选择是将其设立为一个独立的国际组织,也即独立的多边上诉法院。作为一个国际组织,多边投资上诉机制将根据国际法和国内法而享有法律人格。[1]《多边投资上诉机制规约》作为一项条约应同时规定自身的程序法和执行条款。设立一个国际组织是确保独立的上诉法院运作的基本要素,如法官的职务豁免、当事国的平等财政待遇、缔结东道国协定和豁免协定等。

将上述独立的多边投资上诉机制与现有机构联系起来是不可取的。通过修订《ICSID 公约》将这一制度纳入 ICSID 框架需要 ICSID 成员国的一致同意,而这种做法似乎是不现实的。[2]尤其是那些明确反对多边投资上诉机制的国家,它们不太可能同意对《ICSID 公约》进行修订。[3]从目前来看,将多边投资上诉机制纳入 WTO 体系似乎也是不现实的。

然而,可以让多边投资上诉机制与 ICSID 或常设仲裁院或其他仲裁机构签订协定,从而获得后者的后勤和人力资源的支持。例如,这些机构可以单独分配一个多边投资上诉机制秘书处对外处理相关任务;[4]还可以利用现有机构如国际海洋法法庭的庭审设施和秘书处。

另外,还应通过 OECD、UNCITRAL 和 UNCTAD 来促进投资争端解决系

---

〔1〕 Cf. Art. 18 sentence 1 ICSID Convention; Art. Ⅷ:1 WTO Agreement, Art. 47 TEU, Art. 4 ICC Statute.

〔2〕 Art. 66 para. 1 ICSID Convention: "If the Administrative Council shall so decide by a majority of twothirds of its members, the proposed amendment shall be circulated to all Contracting States for ratification, acceptance or approval. Each amendment shall enter into force 30 days after dispatch by the depositary of this Convention of a notification to Contracting States that all Contracting States have ratified, accepted or approved the amendment."

〔3〕 American Bar Association Section on International Law(2016), p. 120.

〔4〕 For example, the Secretariat of the ICSID has been designated as the Secretariat for the Investment Tribunal and the Appeal Tribunal under Art. 3. 09(16) and 3. 10(14) EU-Singapore IPA(draft for signature), Art. 3. 38(18) and 3. 39(18) EU-Vietnam IPA(draft for signature) and Art. 11(17) and Art. 12(15) EU-Mexico Global Agreement(draft for signature) as on February, 2019.

统的法官多元化。[1]

(二)最低数量成员的必要性

多边上诉法院对其他国家和区域经济一体化组织开放。为了促使法官更加多元化及增加多边投资上诉机制判决的认可度,《多边投资上诉机制规约》应在经过一定数量成员批准后才能生效。这一步骤还将为随后的仲裁实践、费用分摊等提供指导。

即使只有最低数量的成员,多边投资上诉机制对欧盟来说也是有意义的。新一代经济协定,如《加拿大与欧盟综合性经济贸易协定》和《欧盟与越南自由贸易协定》已经包含的一套投资法院制度可由多边投资上诉机制替代。

从欧盟的角度来看,所有新一代协定都可以赋予多边投资上诉机制管辖权。如果不能实现多边投资法院制度,就需要讨论是否仍应设立多边投资上诉机制。在关于贸易、一般经济、投资保护和结盟协定的谈判和重谈过程中,欧盟及其成员国应要求谈判对方积极参与多边投资上诉机制的设立,并寻求第三国也加入该机制。

(三)多边投资上诉机制管辖权的确立

1. 明确修订现有国际投资协定和在未来的协定中确立管辖权

上述考虑所依据的前提是,现有的欧盟成员国签订的国际投资协定大多依然有效,这意味着这些国际投资协定将实现"现代化",各成员国间的投资协定将逐渐被欧盟协定所取代。因此,有必要说明在争端解决层面这一特殊的实体性规则体系如何与纯粹的争端解决的多边上诉制度联系起来。立即利用现有的国际投资协定体系的好处在于,欧盟协定的缔约方及欧盟成员国可被邀请谈判以参加多边投资上诉机制。

应在欧盟与其他希望促进这上诉机制的国家所签订的新协定中明确宣布多边投资上诉机制的管辖权。为此目的,《多边投资上诉机制规约》应规定,该机制成员在未来所有的新协定均应规定可向上诉机制针对原仲裁庭裁

---

[1] American Bar Association Section on International Law(2016), p. 120 et seqq.

决提起上诉。上诉机制成员将在其协定的谈判中努力促进该机制的扩展(以意向声明的形式)。

在这方面,欧盟应在未来缔结的协定中明确指出,设立多边投资上诉机制之后,只有该上诉机制才可以对仲裁裁决及(现行部分欧盟协定中规定的双边)投资法院系统的一审判决的上诉具有管辖权。在此意义上,该上诉机制构成投资法院系统的上诉法院。[1] 同时,也应作出规定对于欧盟现有双边协定中设立的投资法院体系的二审应放弃各自的管辖权,而在上诉机制成立及运作后尽快将管辖权转移给该机制。《加拿大与欧盟综合经济贸易协定》和《欧盟与越南自由贸易协定》目前都没有规定相应的过渡规则,但此类规则应该包括在内。如果相关协定的缔约方并非欧盟成员国,但与欧盟均为多边投资上诉机制的成员,则《多边投资上诉机制规约》也可作为一部修订条约来转移原协定项下的二审管辖权。修订现有双边条约所需的具体规则可在《多边投资上诉机制规约》的议定书和声明中作出。

另外,应在欧盟协定中规定其缔约方将积极参与多边投资上诉机制的设立。此外,新的欧盟自由贸易和(或)欧盟未来将与第三国谈判的国际投资协定还应规定,协定的缔约双方将积极参与促进多边投资保护制度("滚雪球制度")。

现有的欧盟协定将进行改革及重谈。应予明确,今后欧盟还将把多边投资上诉机制纳入所有对现有协定进行改革的谈判。对于投资争端,欧盟应考虑其合作伙伴的上诉机制成员资格。例如,与墨西哥和韩国签订的协定可以辅之以投资保护章节,[2] 并在其中规定上诉机制对投资保护事项的司法救济管辖权。

从长远来看,欧盟成员国也可以利用它们的谈判能力来改革各自的旧协

---

〔1〕 A possibility for appeal of Investor State Dispute Settlement Awards has been forseen inter alia in Art. 29, India-Belarus BIT, 2018; Art. 28(10), USA-Uruguay BIT, 2005; Art. 28(10), USA-Rwanda BIT, 2008; Annex 8-E, Chapter 8, Canada-Republic of Korea FTA, 2014.

〔2〕 See European Commission(2015), pp. 35 and 37. The pending negotiations with Mexico and the already available investment protection chapter do nevertheless not include indications how the dispute settlement mechanism should be designed.

定,鼓励协定的缔约对方成为多边投资上诉机制成员,引入投资法领域的司法救济措施,并与其他国家达成协定以确立上诉机制的管辖权("滚雪球制度")。

欧盟成员国的修订之后的国际投资协定可增加一项条款,规定多边投资上诉机制在成立后将有权根据成员国签订的协定就投资争端作出(上诉)判决。

从长远来看,欧盟成员国的部分国际投资协定经修订后,可以确立多边投资上诉机制的管辖权。[1]

2.《多边投资上诉机制规约》作为修订现有国际投资协定的选择适用公约

《多边投资上诉机制规约》也可以设计成选择适用公约。当国际投资协定的缔约方加入多边投资上诉机制时,该机制可作为协定所规定的其他争端解决机制的补充。如果欧盟或其成员国与投资者母国(投资者援用其母国与欧盟或欧盟成员国签订的国际投资协定)均为多边投资上诉机制成员时,该上诉机制对协定项下的投资争端享有管辖权。在这种情况下,可以预计,现有的协定将被缔约方通过合意修订(通过多边协定修订双边协定)。[2]

多边投资上诉机制成员间现有的国际投资协定无须明确修订或重谈。如《毛里求斯公约》一样,《多边投资上诉机制规约》可作为选择适用公约从而确定机制的管辖权。[3]就上诉机制而言,它为缔约方提供了另行向该机制提起上诉的选择而获取相应的管辖权。

与《毛里求斯公约》类似,《多边投资上诉机制规约》应规定禁止通过最

---

〔1〕 List of the bilateral investment agreements referred to in Art. 4 para. 1 of Regulation(EU) No. 1219/2012 of the European Parliament and of the Council of 12 December 2012 establishing transitional arrangements for bilateral investment agreements between Member States and third countries OJ C 149 of 27. 4. 2016, p. 1 according to which the United Kingdom currently has concluded 94 bilateral investment agreements.

〔2〕 Cf. Art. 39 VCLT:"A treaty may be amended by agreement between the parties. The rules laid down in Part Ⅱ apply to such an agreement except in so far as the treaty may otherwise provide."

〔3〕 United Nations Convention on Transparency in Treaty-based Investor-State Arbitration(Mauritius Convention on Transparency), has been concluded on 10. 12. 2014 and entered into force on 18. 10. 2017.

惠国待遇条款排除机制的管辖权。[1]另外,加入机制的成员应向秘书处提交一份清单并加以公布,清单需列明其所有包含上诉机制管辖权的协定。

正如《毛里求斯公约》一样,这份新的选择适用公约可确立多边投资上诉机制管辖权。[2]例如,如果只有作为被上诉人的欧盟及其成员国是该上诉机制的成员,那么它们可向机制提交"单方适用要约"[3]。然而,与两审制多边投资法院方案中单方面确立管辖权不同,《多边投资上诉机制规约》的选择适用可能会产生很多额外的问题。因此必须明确规定通过接受"单方适用要约"而确立该上诉机制管辖权的时间。比如,通过对上诉机制成员("单方适用要约"的要约方)提起上诉,上诉人和被上诉人是否会在同一时间完全接受该机制的管辖权?在这种情况下,为了保持法律的确定性,需尽快阐明上诉机制在这类案件中是否具有管辖权。

在以非上诉机制成员作为被上诉人的案件中,原则上不可临时性纳入上诉机制并确立管辖权。特别地,如果能够对上诉机制是是否具有管辖权作出临时决定,非成员就没有加入机制的动机。

《多边投资上诉机制规约》也可适用于诸如《能源宪章条约》之类的多边条约,如果这些条约的相关缔约方同意将该上诉机制作为投资保护领域的未来的上诉机构。然而,根据《能源宪章条约》第 42 条,《能源宪章条约》的修订需要 3/4 缔约国同意,且修订后的条约只适用于批准此项修订的缔约国。或者,根据《维也纳条约法公约》第 41 条规定,《能源宪章条约》可通过个别成员进行内部修订。无论如何,关于非 ICSID 仲裁案件,如果被申请人和投资者母国都是上诉机制的成员[依据《维也纳条约法公约》第 41 条第(1)款],上诉机制的管

〔1〕 Art. 2 para. 5 Mauritius Convention: "The Parties to this Convention agree that a claimant may not invoke a most favoured nation provision to seek to apply, or avoid the application of, the UNCITRAL Rules on Transparency under this Convention."

〔2〕 Cf. Art. 2 para. 2 Mauritius Convention: "Where the UNCITRAL Rules on Transparency do not apply pursuant to paragraph 1, the UNCITRAL Rules on Transparency shall apply to an investor-State arbitration, whether or not initiated under the UNCITRAL Arbitration Rules, in which the respondent is a Party that has not made a reservation relevant to that investor-State arbitration under article 3(1), and the claimant agrees to the application of the UNCITRAL Rules on Transparency."

〔3〕 See Kaufmann-Kohler and Potestà(2016), p. 86.

辖权可得到确立。根据《能源宪章条约》第16条的规定,投资者的法律地位不得通过嗣后的条约修订而降低。[1]然而,如果对于该条约对投资的实体保护立场以及投资争端解决机制的基本功能保持不变的话,额外的上诉机会很难被视为构成投资者法律地位的降低。另外,基于《能源宪章条约》的ICSID仲裁及相应的ICSID执行机制依然可能被适用。《能源宪章条约》在投资保护程序中的一个顾虑是一审仲裁裁决将继续在第三国得到执行的问题。

《多边投资上诉机制规约》应具体规定其特定管辖权：

第一,如果未来《多边投资上诉机制规约》经加入并生效后,应视为上诉机制的成员间缔结了一份协定,并且基于此协定进行投资仲裁。

第二,如果在两个多边投资上诉机制成员间事先缔结了国际投资协定,其后通过《多边投资上诉机制规约》在既有的协定上确立了上诉机制的管辖权(为法律的确定性,包含这些协定的清单需要提交至秘书处;清单不必是穷尽性的),并且基于这些协定进行投资仲裁。

第三,在选择适用情况下,如果一个多边投资上诉机制的成员已在清单中指定了国际投资协定(对现有协定单方面确立管辖权),此时投资者必须接受上诉机制的管辖权,并在此基础上进行基于协定的投资仲裁。

七、过渡条款与多边投资法院制度的兼容

《多边投资上诉机制规约》应被视为对《欧盟与越南自由贸易协定》和《加拿大与欧盟综合经济贸易协定》等现有协定的修订。作为一项嗣后的多边协定,规约修订了上述协定成员之间的双边协定[参见《维也纳条约法公约》第41条及第30条第(1)款]。欧盟未来的协定应规定,一旦《多边投资

[1] Art. 16 ECT: "Where two or more Contracting Parties have entered into a prior international agreement, or enter into a subsequent international agreement, whose terms in either case concern the subject matter of Part Ⅲ or Ⅴ of this Treaty, (1) nothing in Part Ⅲ or Ⅴ of this Treaty shall be construed to derogate from any provision of such terms of the other agreement or from any right to dispute resolution with respect thereto under that agreement; and (2) nothing in such terms of the other agreement shall be construed to derogate from any provision of Part Ⅲ or Ⅴ of this Treaty or from any right to dispute resolution with respect thereto under this Treaty, where any such provision is more favorable to the Investor or Investment."

上诉机制规约》生效且协定成员均加入规约时，应修订各自原有的双边投资争端解决机制，以赋予多边投资上诉机制管辖权。与此同时，如果未来上诉机制开始运作，应将过渡条款纳入正在谈判的欧盟协定中。在这方面，协定可以规定各自的投资法院体系项下尚未完成的各个阶段的争端解决程序即行终止，并只可在上诉机制提起上诉。

此外，对于已根据投资法院体系任命的二审法官，也应拟定过渡条款，规定二审由多边投资上诉机制取代。例如，由《加拿大与欧盟综合经济贸易协定》联合委员会通过的投资法庭体系的司法薪酬制度已经表明，[1]一旦上诉机制生效，将不再允许上诉至该协定项下的投资法院体系，因此处理该案的法官将无法获得进一步的薪酬。

当新成员加入《多边投资上诉机制规约》时，经费比例必须相应地调整。该成员应能立即派代表出席大会。鉴于上诉机制的加入程序不涉及 WTO 法中的市场准入，而只要求将上诉机制认定为特定类型争议的上诉法院，加入上诉机制的谈判应该不算艰难。

多边投资上诉机制还可以在其规约中规定将管辖权扩大到基于投资者与国家间的协议引起的投资争端。契约自由也包括了投资者与国家间的协议在缔结时对于争端解决途径的选择自由。

八、多边投资上诉机制的工作语言和程序语言

由于成本的原因，必须规定多边投资上诉机制的工作语言及程序语言。如同多边投资法院，有诸多理由支持将英语作为工作语言。

九、多边投资上诉机制的费用

必须拟订资助多边投资上诉机制的预计的长期费用的规则，包括秘书处工作人员、法官以及设施、设备等形式的必要基础设施的费用。从经济角度

---

〔1〕 Cf. Art. 8. 27 para. 12 CETA："In order to ensure their availability, the Members of the Tribunal shall be paid a monthly retainer fee to be determined by the CETA Joint Committee."

看，只有在多数成员分担费用的情况下，多边投资上诉机制才能发挥其功能。例如，如果废止各自投资法院系统的二审程序，而转由上诉机制接手，那么大量来自欧盟的双边投资法庭的法官的费用肯定会降低。[1]关于管理成本，上诉机制能够弥补现有国际投资争端解决体制的不足，正如《加拿大与欧盟综合经济贸易协定》的投资法庭体系文本中所述的那样，上诉机制能使国际投资保护程序获得更广泛的接受度。

与其他国际组织一样，多边投资上诉机制应主要通过其成员缴纳的会费获得资金。上诉机制的开支将作为向会员收取必要会费的比例的依据。与WTO类似，[2]上诉机制成员须承担的比例可以通过利用外国直接投资的比例来计算，该投资比是相对于所有机制成员的总投资额而言。

关于上诉机制是否应收取费用的问题，可参考前文关于多边投资法院的论述。

十、设立多边投资上诉机制之必要协定

建立多边投资上诉机制至少需要以下协定和次级立法：

——《多边投资上诉机制规约》，包括《法官行为准则》；

——多边投资上诉机制成员之间的豁免协定（《多边投资上诉机制特权和豁免协定》）；

——多边投资上诉机制（有自身法律人格）与驻在国之间的东道国协定；

——多边投资上诉机制的程序规则；

——关于上诉状的必要内容的指南；

——关于口头程序规则的指南；

——关于法院费用（如适用）的指南；

——关于保证金的指南；

——关于多边投资上诉机制雇员的退休条款。

---

〔1〕 Hodgson(2014), p. 3 assumes cost amounting to USD 373,200 per procedure and party.

〔2〕 Cf. https://www.wto.org/english/thewto_e/secre_e/contrib_e.htm.

参考文献

一、专著

1. Ahl, Die Anwendung völkerrechtlicher Verträge in China, 2009.

2. Ahner, Investor-Staat-Schiedsverfahren nach Europäischem Unionsrecht, 2015.

3. Amerasinghe, *Principles of the Institutional Law of International Organisations*, 1996.

4. Arnauld von (ed.), Europäische Außenbeziehungen, Enzyklopädie Europarecht, Band 10, 2014.

5. Berrisch/Prieß, WTO-Handbuch, 2003.

6. Balchin/Chung/Kaushal/Waibel (eds.), *The Backlash against Investment Arbitration: Perceptions and Reality*, 2010.

7. Baumgartner, *Treaty Shopping in International Investment Law*, 2016.

8. Bermann, *Recognition and Enforcement of Foreign Arbitral Awards: the Application of the New York Convention by National Courts*, 2014.

9. Blackaby/Partasides/Redfern/Hunter, *Redfern and Hunter on International Arbitration*, 2009.

10. Böckstiegel/Berger/Bredow (eds.), Die Beteiligung Dritter an Schiedsverfahre, 2005.

11. Born, *International Commercial Arbitration*, 2014.

12. Braun, Ausprägungen der Globalisierung: Der Investor als partielles Subjekt im Internationalen Investitionsrecht, Qualität und Grenzen dieser Wirkungseinheit, 2012.

13. Brekoulakis, *Third Parties in International Commercial Arbitration*, 2010.

14. Brower/Brueschke, *The Iran-United States Claims Tribunal*, 1998.

15. Bungenberg/Griebel/Hobe/Reinisch (eds.), *International Investment Law: A Handbook*, 2015.

16. Caron/Caplan, *The UNCITRAL Arbitration Rules: A Commentary*, 2013.

17. Closa/Kochenov (eds.), *Reinforcing Rule of Law Oversight in the European Union*, 2016.

18. De Brabandere, *Investment Treaty Arbitration as Public International Law*, 2014.

19. Dimolitsa/Cremades Román (eds.), *Third-Party Funding in International Arbitration*, 2013.

20. Dimopoulos, *EU Foreign Investment Law*, 2011.

21. Dolzer/Schreuer, *Principles of International Investment Law*, 2012.

22. Douglas, *The International Law of Investment Claims*, 2009.

23. Dugan/Wallace/Rubins/Sabahi, *Investor-State Arbitration*, 2008.

24. Ehlers (ed.), Europäische Grundrechte und Grundfreiheiten, 4th ed. 2015.

25. Ehlers/Schoch (eds.), Rechtsschutz im Öffentlichen Recht, 2009.

26. Evans (ed.), *International Law*, 4th ed. 2014.

27. Fleiner/Basta Fleiner, Allgemeine Staatslehre, Über die konstitutionelle Demokratie in einer multikulturellen globalisierten Welt, 2004.

28. Franke, Der personelle Anwendungsbereich des internationalen Investi-

tionsschutzrechts, 2013.

29. Gray, *Judicial Remedies in International Law*, 1987.

30. Giorgetti, *The Rules, Practice, and Jurisprudence of International Courts and Tribunals*, 2012.

31. Griebel, Internationales Investitionsrecht. C. H. Beck, München, 2008.

32. Groeben von der /Hatje/Schwarze (eds.), Europäisches Unionsrecht, 7th ed. 2015.

33. Harris/O'Boyle/Warbrick, *Law of the European Convention on Human Rights*, 2009.

34. Herrmann/Weiß/Ohler, Welthandelsrecht, 2nd ed. 2007.

35. Hilf/Oeter (eds.), WTO-Recht, 2nd ed. 2010.

36. Hindelang/Krajewski (eds.), *Shifting Paradigms in International Investment Law-More Balanced, Less Isolated, Increasingly Diversified*, 2016.

37. Hofmann/Tams (eds.), *International Investment Law and General International Law-From Clinical Isolation to Systemic Integration?*, 2011.

38. Kastler, Föderaler Rechtsschutz: Personenbezogene Daten in einem Raum der Freiheit, 2017.

39. Kinnear/Fischer/Minguez Almeida/Torres/Bidegain (eds.), Building international investment law: the first 50 years of ICSID, 2016.

40. Kläger, "*Fair and Equitable Treatment*" *in International Investment Law*, 2011.

41. Kogan/Hurd/Johnstone, *The Oxford Handbook of International Organisations*, 2016.

42. Krajewski, Wirtschaftsvölkerrecht, 4th ed. 2017.

43. Lamprecht, Richter contra Richter, Abweichende Meinungen und ihre Bedeutung für die Rechtskultur, 1992.

44. Lange, Denial-of-Benefits-Klauseln in internationalen Investitionsschutzverträgen, 2016.

45. Lew/Mistelis/Kröll, *Comparative International Commercial Arbitration*, 2003.

46. Mackenzie/Malleson/Martin/Sands, *Selecting International Judges-Principles, Process, and Politics*, 2010.

47. Markert, Streitschlichtungsklauseln in Investitionsschutzabkommen: zur Notwendigkeit der Differenzierung von jurisdiction und admissibility in Investitionsschiedsverfahren, 2009.

48. McLachlan/Shore/Weiniger, *International Investment Arbitration*, 2008.

49. Petrochilos, *Procedural Law in International Arbitration*, 2004.

50. Poudret/Besson, *Comparative Law of International Arbitration*, 2nd ed. 2007.

51. Reinisch (ed.), *The Conventions on the Privileges and Immunities of the United Nations and Its Specialized Agencies. A Commentary*, 2016.

52. Romano/Alter/Shany (eds.), *The Oxford Handbook of International Adjudication*, 2014.

53. Ruffert/Walter, Institutionalisiertes Völkerrecht, 2009.

54. Ruthemeyer, Der amicus curiae brief im Internationalen Investitionsrecht, 2014.

55. Salacuse, *The Three Laws of International Investment. National, Contractual, and International Frameworks for Foreign Capital*, 2013.

56. Schabas, *The International Criminal Court: A Commentary on the Rome Statute*, 2010.

57. Schermers/Blokker, *International Institutional Law, Unity within Diversity*, 2011.

58. Schill, *International Investment Law and Comparative Public Law*, 2010.

59. Schreuer/Malintoppi/Reinisch/Sinclair, *The ICSID Convention, A Commentary*, 2nd ed. 2009.

60. Schröder(ed.),*About Strengthening the Rule of Law in Europe*,2016.

61. Schütze,Schiedsgericht und Schiedsverfahren,6th ed. 2016.

62. Shaw,*International Law*,2014.

63. Stompfe, Die Gestaltung und Sicherung internationaler Investor-Staat-Verträge in der arabischen Welt am Beispiel Libyens und Katars,2016.

64. Toope,*Mixed International Arbitration*,1990.

65. Tudor,*The Fair and Equitable Treatment Standard in the International Law of Foreign Investment*,2008.

66. Von Goeler, *Third-Party Funding in International Arbitration and Its Impact on Procedure*,2016.

67. Van den Berg,*The New York Arbitration Convention of* 1958: *Towards Uniform Judicial Interpretation*,1981.

68. Vandevelde,*Bilateral Investment Treaties*,2010.

69. Waldermann,Theorie investitionsrechtlicher Meistbegünstigung,2015.

70. Wandahl Mouyal, *International Investment Law and the Right to Regulate*: *A Human Rights Perspective*,2016.

71. Weber,WTO-Streitbeilegung und EuGH im Vergleich,2007.

72. Weeramantry,*Treaty Interpretation in Investment Arbitration*,2012.

73. Yen,*The Interpretation of Investment Treaties*,2014.

二、专著章节

1. Abi-Saab, "Ensuring the Best Bench: Ways of Selecting Judges", in Peck/Lee (eds.), *Increasing the Effectiveness of the International Court of Justice*,1997,166 – 188.

2. Binder, "Changed Circumstances in International Investment Law: Interfaces between the Law of Treaties and the Law of State Responsibility with a Special Focus on the Argentine Crisis", in Binder/Kriebaum/Reinisch/Wittich (eds.),*International Investment Law in the 21st Century*,*Essays in Honour of*

Christoph Schreuer, Oxford, 2009, 608 – 630.

3. Bischoff/Happ, "The Notion of Investment", in Bungenberg, Griebel, Hobe, Reinisch (eds.), *International Investment Law—A Handbook*, C. H. Beck/Hart/Nomos, München/Oxford/Baden-Baden, 2015, 495 – 544.

4. Bjorklund, "Emergency Exceptions: State of Necessity and Force Majeure", in Muchlinski/Ortino/Schreuer (eds.), *Oxford Handbook of International Investment Law*, 2008, 459 – 523.

5. Böckstiegel, "The Role of the Arbitrators in Investment Treaty Arbitration", in van den Berg (ed.), *International Commercial Arbitration: Important Contemporary Questions*, 2003, 366 – 375.

6. Boisson de Chazournes, "The International Tribunal for the Law of the Sea", in Giorgetti (ed.), *The Rules, Practice, and Jurisprudence of International Courts and Tribunals*, 2012, 111 – 131.

7. Bottini, "Reform of the Investor-State Arbitration Regime: The Appeal Proposal", in Kalicki JE and Joubin-Bret A (eds.), *Reshaping the Investor-State Dispute Settlement System*, Brill Nijhoff, Leiden, 2015, 474 – 495.

8. Brown, "The Evolution of the Regime of International Investment Agreements: History, Economics and Politic", in Bungenberg/Griebel/Hobe/Reinisch (eds.), *International Investment Law*, 2015, 153 – 185.

9. Bungenberg, "Going Global? The EU Common Commercial Policy After Lisbon", in Herrmann/Terhechte (eds.), *European Yearbook of International Economic Law* 2010, 123 – 151.

10. Burke-White, "The Argentine Financial Crisis: State Liability under BITs and the Legitimacy of the ICSID System", in Waibel/Kaushal/Chung (eds.), *The Backlash Against Investment Arbitration*, 2010, 286 – 346.

11. Busch/Reinhardt, "Transatlantic Trade Conflicts and GATT/WTO Dispute Settlement", in Petersmann/Pollack (eds.), *Transatlantic Economic Disputes: The EU, the US, and the WTO*, 2003, 465 – 485.

12. Butler, "In Search of a Model for the Reform of International Investment Dispute Resolution: An Analysis of Existing International and Regional Dispute Settlement Mechanisms", in Kalicki/Joubin-Bret (eds.), *Reshaping the Investor-State Dispute Settlement System*, 2015, 353 – 380.

13. Craven, "Statehood, Self-determination, and Recognition", in Evans (ed.), *International Law*, 4th edn., Oxford University Press, Oxford, 2014, 203 – 251.

14. Daly, "Permanent Court of Arbitration", in Giorgetti (ed.), *The Rules, Practice, and Jurisprudence of International Courts and Tribunals*, 2012, 37 – 73.

15. De Baere/Chané/Wouters, "The Contribution of International and Supranational Courts to the Rule of Law: A Framework for Analysis", in De Baere/Wouters (eds.), *The Contribution of International and Supranational Courts to the Rule of Law*, 2015, 19 – 82.

16. Della Cananea, "Minimum standards of procedural justice in administrative adjudication", in Schill (ed.), *International Investment Law and Comparative Public Law*, Oxford University Press, Oxford, 2010, pp. 39 – 74.

17. Ehle, "Article I (Scope of Application)", in Wolff (ed.), *New York Convention: On the Recognition and Enforcement of Foreign Arbitral Awards Commentary*, 2012.

18. Ewing-Chow/Losari, "Extra-Arbitral Interpretative Procedures for IIAs", in Kalicki/ Joubin-Bret (eds.), *Reshaping the Investor-State Dispute Settlement System*, 2015, 91 – 114.

19. Giorgetti, "International Adjudicative Bodies", in Kogan/Hurd/Johnstone (eds.), *The Oxford Handbook of International Organisations*, 2016, 881 – 902.

20. Grabenwarter/Struth, "§ 6 Justiz-und Verfahrensgrundrechte", in Ehlers (ed.), *Europäische Grundrechte und Grundfreiheiten*, 4th edn. De

Gruyter, Berlin, 2015, 198 – 238.

21. Hackspiel, " Art. 255 AEUV", in von der Groeben/Hatje/Schwarze (eds.), *Europäisches Unionsrecht*, 7th edn. Nomos, Baden-Baden, 2015.

22. Herrmann/Streinz, "Die EU als Mitglied der WTO", in von Arnauld (eds.), *Europäische Außenbeziehungen*, EnzEuR, Vol. 10. Nomos, Baden-Baden, § 11, 2014, 587 – 680.

23. Heuser, " Die unruhigen Ränder Chinas: Tibet und Taiwan", in Giegerich/Proelß (eds.), Krisenherde im Fokus des Völkerrechts-Trouble Spots in the Focus of International Law, 2010, 99 – 122.

24. Hilf/Salomon, "Das Streitbeilegungssystem der WTO", in Hilf, Oeter (eds.), *WTO-Recht*, 2nd edn., Nomos, Baden-Baden, 2010, 165 – 202.

25. Hodgson, " Costs in Investment Treaty Arbitration: The Case for Reform", in Kalicki/ Joubin-Bret (eds.), *Reshaping the Investor-State Dispute Settlement System*, 2015, 748 – 759.

26. Hoffmann, "Denial of benefits", in Bungenberg/Griebel/Hobe/Reinisch (eds.), *International Investment Law—A Handbook*, C. H. Beck/Hart/Nomos, München/Oxford/Baden-Baden, 2015, 598 – 613.

27. Howse, " Adjudicative Legitimacy and Treaty Interpretation in International Trade Law: The Early Years of WTO Jurisprudence", in Weiler (ed.), *The EU, the WTO and the NAFTA: Towards a Common Law of International Trade?*, 2000, 35 – 69.

28. Ishikawa, " Keeping Interpretation in Investment Treaty Arbitration on Track: The Role of State Parties", in Joubin-Bret/Kalicki (eds.), *Reshaping the Investor-State Dispute Settlement System*, 2015, 115 – 149.

29. Jacob/Schill, " Fair and Equitable Treatment: Content, Practice, Method", in Bungenberg/Griebel/Hobe/Reinisch (eds.), *International Investment Law, A Handbook*, 2015, 700 – 763.

30. Kaufmann-Kohler, "Interpretive Powers of the Free Trade Commission

and the Rule of Law", in Bachand(ed.), *Fifteen Years of NAFTA Chapter 11 Arbitration*, 2011, 175 - 194.

31. Konrad, "Protection of investments owned by states", in Bungenberg/Griebel/Hobe/Reinisch(eds.), *International Investment Law-a Handbook*, C. H. Beck/Hart/Nomos, München/Oxford/Baden-Baden, 2015, 545 - 554.

32. Kulick, "State-state investment arbitration as a means of reassertion of control from antagonism to dialogue", in Kulick(ed.), *Reassertion of Control over the Investment Treaty Regime*, Cambridge University Press, Cambridge, 2016, 128 - 152.

33. Kurtz, "Building LegitimacyThrough Interpretation in Investor-State Arbitration: On Consistency, Coherence and the Identification of Applicable Law", in Douglas/Pauwelyn/Vinuales(eds.), *The Foundations of International Investment Law*, 2014, 257 - 296.

34. Lamm/Hellbeck, "Third-party funding in investor-state arbitration introduction and overview", in Cremades, Dimolitsa(eds.), *Third-party Funding in International Arbitration, Dossiers/ICC Institute of World Business Law*, Vol. 10, 2013, 101 - 121.

35. Levesque/Newcombe, "The evolution of IIA practice in Canada and the United States", in De Mestral/Levesque (eds.), *Improving International Investment Agreements*, 2013, 25 - 41.

36. Lee, "Introduction of an Appellate Review Mechanism for International Investment Disputes: Expected Benefits and Remaining Tasks", in Kalicki and Joubin-Bret(eds.), *Reshaping the Investor-State Dispute Settlement System*, Brill Nijhoff, Leiden, 2015, 394 - 402.

37. Lorz/Busch, "Investment in accordance with the law specifically corruption", in Bungenberg/Griebel/Hobe/Reinisch (eds.), *International Investment Law—A Handbook*, C. H. Beck/Hart/Nomos, München/Oxford/Baden-Baden, 2015, 577 - 589.

38. Mackenzie, "The Selection of International Judges", in Romano/Alter/Shany (eds.), *The Oxford Handbook of International Adjudication*, 2014, 737 – 756.

39. Mangoldt, "Versäumnisverfahren in der internationalen (Schieds-) Gerichtsbarkeit", in Mosler/Bernhardt (eds.), *Völkerrecht als Rechtsordnung, internationale Gerichtsbarkeit, Menschenrechte: Festschrift für Hermann Mosler*, Springer, Berlin, 1983, 503 – 528.

40. Newcombe, "Developments in IIA treaty-making", in De Mestral/Levesque (eds.), *Improving International Investment Agreements*, 2013, 15 – 24.

41. Ohlhoff, "Die Streitbeilegung in der WTO", in Berrisch, Prieß (eds.), *WTO-Handbuch*, C. H. Beck, München, 2003, 677 – 750.

42. Ortino, "Transparency of Investment Awards: External and Internal Dimensions", in Nakagawa (ed.), *Transparency in International Trade and Investment Dispute Settlement*, 2013, 119 – 158.

43. Potestà, "State-to-State Dispute Settlement Pursuant to Bilateral Investment Treaties: Is There Potential?", in Boschiero et al. (eds.), *International Courts and the Development of International Law*, 2013, 753 – 768.

44. Potesta, "Investment Arbitration, Challenges and Prospects for the Establishment of a Multilateral Investment Court: Quo Vadis Enforcement", in Klausegger, Klein et al. (eds.), *Austrian Yearbook on International Arbitration* 2018, 157 – 178.

45. Raviv, "Achieving a Faster ICSID", in Kalicki/Joubin-Bret (eds.), *Reshaping the Investor-State Dispute Settlement System*, 2015, 653 – 717.

46. Reinisch, "Privileges and Immunities", in Cogan/Hurd/Johnstone (eds.), *The Oxford Handbook of International Organisations*, 2016, 1048 – 1068.

47. Reinisch, "Verfahrensrechtliche Aspekte der Rechtskontrolle von Organen der Staatengemeinschaft", in Hofmann/Reinisch/Pfeiffer/Oeter/Stadler

(eds.), *Die Rechtskontrolle von Organen der Staatengemeinschaft*, 2007, 43 – 92.

48. Scherer, "Third-party funding in International Arbitration: Towards Mandatory Disclosure of Funding Agreements?", in Cremades, Dimolitsa (eds.), *Third-party Funding in International Arbitration, Dossiers/ICC Institute of World Business Law*, Vol. 10, 2013, p. 96.

49. Schill/Maffezini/Plama, "Reflections on the Jurisprudential Schism in the Application of Most-favored-nation Clauses to Matters of Dispute Settlement", in Kinnear et al. (eds.), *Building International Investment Law: The First* 50 *Years of ICSID*, 2016, 251 – 265.

50. Schreuer, "Do we need Investment Arbitration?", in Joubin-Bret/Kalicki (eds.), *Reshaping the Investor-State Dispute Settlement System*, 2015, 879 – 890.

51. Schreuer, "Multiple Proceedings", in Gattini, Tanzi and Fontanelli (eds.), *General Principles of International Investment Arbitration*, Brill Nijhoff, Leiden, 2018, 152 – 167.

52. Sullivan/Ingle, "Interim Costs Orders: The Tribunal's Tool to Encourage Procedural Economy", in Joubin-Bret/Kalicki (eds.), *Reshaping the Investor-State Dispute Settlement System*, 2015, 731 – 747.

53. Tan/Bouchenaki, "Limiting Investor Access to Investment Arbitration", in Kalicki/ Joubin-Bret (eds.), *Reshaping the Investor-State Dispute Settlement System*, 2015, 250 – 309.

54. Tawil, "Binding Force and Enforcement of ICSID Awards: Untying Articles 53 and 54 of the ICSID Convention", in Van den Berg (ed.), 50 *Years of the New York Convention*, 2009, 327 – 337.

55. Tietje, "Die institutionelle Ordnung der WTO", in Berrisch, Prieß (eds.), *WTO-Handbuch*, C. H. Beck, München, 2003, 39 – 70.

56. Tietje, "Das Ende der parallelen Mitgliedschaft von EU und

Mitgliedstaaten in der WTO?", in Herrmann/ Krenzler/Streinz (eds.), Die Außenwirtschaftspolitik der Europäischen Union nach dem Verfassungsvertrag, 2006, 161 - 174.

57. Tietje, "Internationaler Investionsrechtsschutz", in Ehlers, Schoch(eds.), Rechtsschutz im Öffentlichen Recht. de Gruyter, 2009, pp. 63 - 100.

58. Tietje, "Investment Law and Sovereign Wealth Funds", in Bungenberg, Griebel, Hobe, Reinisch(eds.), *International Investment Law—A Handbook*, C. H. Beck/Hart/Nomos, München/Oxford/Baden-Baden, 2015, pp. 1802 - 1816.

59. Ulfstein, "The International Judiciary", in Klabbers, Peters, Ulfstein, eds., *The Consti tutionalization of International Law*, 2009, 126 - 150.

60. Van Aaken, "Primary and Secondary Remedies in International Investment Law and National State Liability: A Functional and Comparative View", in Schill, eds., *International Investment Law and Comparative Public Law*, 2010, 721 - 754.

61. Van Harten, "Perceived Bias in Investment Treaty Arbitration", in Balchin, Chung, Kaushal, Waibel, eds., *The Backlash Against Investment Arbitration: Perceptions And Reality*, 2010, 433 - 453.

62. Verhoosel, "Annulment and Enforcement Review of Treaty Awards: To ICSID or Not to ICSID?", in Van den Berg, eds., 50 *Years of the New York Convention*, 2009.

63. Von Bogdandy/Krenn, "Zur Parlamentarisierung der Richterauswahl, Warum der Europarat der EU den Weg weist", in Franzius/Mayer/Neyer (eds.), Modelle des Parlamentarismus im 21. Jahrhundert, Neue Ordnungen von Recht und Politik, 2015, 409 - 429.

64. Wuschka, "Investionsschiedsverfahren: Individualrechtsschutz oder, anti-demokratische Konzerne?", in Buszewski, Martini, Rathke, eds., *Freihandel vs. Demokratie*, 2016, 15 - 35.

65. Yannaca-Small, "Improving the System of Investor-State Dispute

Settlement: The OECD Governments' Perspective", in Sauvant, Chiswick-Patterson, eds., *Appeals Mechanism in International Investment Disputes*, 2008, 223-228.

66. Yannaca-Small, "Fair and Equitable Treatment: Recent Developments", in Reinisch, eds., *Standards of Investment Protection*, 2008, 111-130.

67. Zuleta, "The Challenges of Creating a Standing International Investment Court", in Kalicki, Joubin-Bret, eds., *Reshaping the Investor-State Dispute Settlement System*, 2015, 403-423.

三、期刊论文

1. Aggarwal, Maynard, "Investment Treaty Arbitration Post-Abaclat: Towards a Taxonomy of Mass Claims", *Cambridge Journal of International and Comparative Law* 3(2014), 825-852.

2. Alvarez, "The Return of the State", *Minnesota Journal of International Law* 20(2011), 223-264.

3. Alvarez Zarate, "Legitimacy Concerns of the Proposed Multilateral Investment Court: Is Democracy Possible", *B C L Review* 59(2018), 2765-2790.

4. Alexandrov, "Breaches of Contract and Breaches of Treaty-The Jurisdiction of Treaty-based Arbitration Tribunals to Decide Breach of Contract Claims in SGS v. Pakistan and SGS v. Philippines", *The Journal of World Investment and Trade* 5(2004), vii-577.

5. Alvarez, Khamsi, "The Argentine Crisis and Foreign Investors: A Glimpse into the Heart of the Investment Regime", *Yearbook on International Law and Policy* 2008-2009, 379-478.

6. Alvarez, "The Return of the State", *Minn J Int Law* 20(2011), 223-264.

7. Bastin, "The Amicus Curiae in Investor-State Arbitration", *Cambridge*

Journal of International and Comparative Law 1(2012),208 -234.

8. Baetens,"The European Union's Proposed Investment Court System", *Legal Issues of Economic Integration* 43(2016),367 -384.

9. Benedetti,"The Proposed Investment Court System: Does It Really Solve the Problems?",*Revista Derecho del Estado* 42(2019),83 -115.

10. Bekker,"International Legal Aid in Practice: The ICJ Trust Fund",*The American Journal of International Law* 84(1993),659 -668.

11. Bernardini,"Reforming Investor-State Dispute Settlement: The Need to Balance Both Parties' Interests",*ICSID Review* 32(2017),38 -57.

12. Berner, "Authentic Interpretation in Public International Law", Zeitschrift für ausländisches öffentliches Recht und Völkerrecht 2016,845 -878.

13. Beess, Chrostin, "Sovereign Debt Restructuring and Mass Claims Arbitration before the ICSID, The Abaclat Case", *Harvard International Law Review* 53(2012),505 -517.

14. Binder, "A Treaty Law Perspective on Intra-EU BITs", *Journal of World Investment & Trade* 17(2016),964 -983.

15. Bjorklund, "The Role of Counterclaims in Rebalancing Investment Law",*Lewis & Clark Law Review* 17(2013),461 -480.

16. Bjorklund, "Economic Security Defenses in International Investment Law", *International Investment Law and Policy Yearbook* 2008 - 2009, 479 - 503.

17. Bondar, "Allocation of costs in Investor-state and commercial arbitration: towards a harmonized approach", *Arbitration International* 2016, 45 -58.

18. Bronckers, van den, "Broak Financial compensation in the WTO, Improving the remedies of WTO dispute settlement", *J Int Econ Law* 8, 2005, 101 -126.

19. Brower, Ahmad, "From the Two-Headed Nightingale to the Fifteen-

Headed Hydra: The Many Follies of the Proposed International Investment Court", *Fordham Int Law J* 41(2018), 791 - 820.

20. Brower, Schill, "Is Arbitration a Threat or a Boom to the Legitimacy of International Investment Law?", *Chicago Journal of International Law* 9(2009), 471 - 498.

21. Brown CM, "A Multilateral Mechanism for the Settlement of Investment Disputes", *ICSID Rev-FILJ* 32(2017), 673 - 690.

22. Buergenthal, "The Inter-American Court of Human Rights", *American Journal of International Law* 76(1982), 231 - 245.

23. Bungenberg, "The Common Commercial Policy, Parliamentary Participation and the Singapore Opinion of the CJEU", *ZeUS* 20(2017), 383 - 395.

24. Bungenberg, "The Scope of Application of EU (Model) Investment Agreements", *The Journal of World Investment & Trade* 15(2014), 402 - 421.

25. Burke-White, von Staden, "Investment Protection in Extraordinary Times: Interpreting Non-Precluded Measures Provisions", *Virginia Journal of International Law* 48(2007), 307 - 410.

26. Calamita, "The (In) Compatibility of Appellate Mechanisms with Existing Instruments of the Investment Treaty Regime", *Journal of World Investment & Trade* 18(2017), forthcoming.

27. Calamita, "The Challenge of Establishing a Multilateral Investment Tribunal at ICSID", *ICSID Rev-FILJ* 32(2017), 611 - 624.

28. Cane, "The Enforcement of ICSID Awards: Revolutionary or Ineffective?", *American Review of International Arbitration* 15 (2004), 439 - 463.

29. Carbonneau, "The Exercise of Contract Freedom in the Making of Arbitration Agreements", *Vanderbilt Journal of Transnational Law* 36 (2003), 1189 - 1232.

30. Caron, "War and International Adjudication: Reflections on the 1899 Peace Conference", *American Journal of International Law* 94(2000), 4 – 30.

31. Carver, "How to Avoid Conflicting Awards—The Lauder and CME Case", *Journal of World Investment & Trade* 5(2004), 23 – 29.

32. Cass, "The 'Constitutionalization' of International Trade: Judicial Norm-Generation as the Engine of Constitutional Development in International Trade Law", *European Journal of International Law* 12(2001), 39 – 75.

33. Chalamish, "The Future of Bilateral Investment Treaties: A de facto Multitlateral Agreement?", *Brooklyn Journal of International Law* 34 (2009), 303 – 354.

34. Choi, "Judicial Enforcement of Arbitration Awards Under the ICSID and New York Conventions", *NYU Journal of International Law and Politics* 28 (1995 – 1996), 175 – 215.

35. Chung, "The Lopsided International Investment Law Regime and its Effect on the Future of Investor-State Arbitration", *Virginia Journal of International Law* 47(2007), 954 – 976.

36. Commission, "Precedent in Investment Treaty Arbitration: A Citation Analysis of a Developing Jurisprudence", *Journal of International Arbitration* 24 (2007), 129 – 158.

37. Damme IV, "The Application of 'The Judicial Trilemma' to the WTO Dispute Settlement System", *AJIL Unbound* 111(2017): 359 – 363.

38. Delaume, "Enforcement of State Contract Awards: Jurisdictional Pitfalls and Remedies", *ICSID Review-Foreign Investment Law Journal* 8(1993), 29 – 52.

39. Delaume, "Reflections on the Effectiveness of International Arbitral Awards", *International Arbitration* 12(1995), 5 – 19.

40. Dermikol, "Remedies in Investment Treaty Arbitration", *Journal of International Dispute Settlement* 6(2015), 403 – 426.

41. Dimitropoulos, "Constructing the Independence of International

Investment Arbitrators: Past, Present and Future", *Northwestern Journal of International Law & Business* 36(2016), 371 – 434.

42. Diop, "Objection under Rule 41(5) of the ICSID Arbitration Rules", *ICSID Review* 25(2010), 312 – 336.

43. Douglas, "The MFN Clause in Investment Arbitration: Treaty Interpretation Off the Rails", *Journal of International Dispute Settlement* 2 (2011), 97 – 113.

44. Dupont, "The Notion of ICSID Investment: Ongoing Confusion or Emerging Synthesis", *Journal of World Investment & Trade* 12(2011), 245 – 272.

45. Eberhard, "Investitionsschutz am Scheideweg, TTIP und die Zukunft des globalen Investitionsrechts", *Internationale Politikanalyse Mai*, 2014.

46. Eberhardt, Olivet, "Profiting from injustice: how law firms, arbitrators and financiers are fuelling an investment arbitration boom", *Corporate Europe Observatory and the Transnational Institute*, *Brussels/Amsterdam*, 2012.

47. Engel, "Mehr Transparenz für die Wahrung professioneller Qualität bei den Richter-Wahlen zum EGMR", *Europäische Grundrechte Zeitschrift* 2012, 486 – 492.

48. Fontoura Costa, "Comparing WTO Panelists and ICSID Arbitrators: The Creation of International Legal Fields", *Oñati Socio-Legal Series* 1(2011), N. 4.

49. Franck, "Development and Outcomes of Investment Treaty Arbitration", *Harvard International Law Journal* 50(2009), 435 – 489.

50. Gaillard, "Establishing Jurisdiction Through a Most-Favoured-Nation Clause", *New York Law Journal* Vol. 233 No. 105 of 2. 6. 2005.

51. Gaillard, Banifatemi, "The Meaning of 'and' in Article 42(1), Second Sentence, of the Washington Convention: The Role of International Law in the ICSID Choice of Law Process", *ICSID Review-Foreign Investment Law Journal* 2003, 375 – 411.

52. Gaukrodger, Gordon, "Investor-State Dispute Settlement, A scoping paper for the investment policy community", *OECD Working Papers on International Investment* 2012/03.

53. Gray, "The Choice between Restitution and Compensation", *European Journal of International Law* 10(1999), 413-423.

54. Griebel, Kim, "Zwischen Aufbruch, Stillstand und Rückschritt-Überlegungen zur Zukunft des internationalen Investitionsrechts", *Zeitschrift für Schiedsverfahren* 2007, 186-195.

55. Gomez, "Diversity and the Principle of Independence and Impartiality in the Future Multilateral Investment Court(MIC)", *The Law & Prac of Int Courts and Trib* 17(2018), 78-97.

56. Hamida, "The First Arab Investment Court Decision", *Journal of World Investment and Trade* 7(2006), 699-721.

57. Harten, Loughlin, "Investment Treaty Arbitration as a Species of Global Administrative Law", *European Journal of International Law* 17(2006), 121-150.

58. Happ R., Wuschka S., "From the Jay Treaty Commissions towards a Multilateral Investment Court: addressing the enforcement dilemma", *Indian Journal of Arbitration Law* 6(2017), 113-132.

59. Hindelang, "Grundzüge eines modernen Investitionsschutzes-Ziele und Handlungsempfehlungen, Ein realpolitischer Vorschlag zur Reform des Investitionsschutzes zwischen CETA-Text und den Kommissionsvorschlägen zu TTIP", *Harnack-Haus Reflections*, 2015.

60. Hoffmann, "Counterclaims in Investment Arbitration", *ICSID Review* 28(2013), 438-453.

61. Hoffmeister F, "The EU contribution to the progressive development of institutional aspects in international investment law", *Revue Belge de Droit International* 2(2017), 566-590.

62. Howard, "Creating Consistency Through a World Investment Court", *Fordham International Law Journal* 41(2018),1 – 52.

63. Howse, "Designing a Multilateral Investment Court: Issues and Options", *Yearbook of European Law* 36(2017b),209 – 236.

64. Howse, "International Investment Law and Arbitration: a Conceptual Framework", *IILJ Working Paper* 2017/1(2017).

65. Hueckel, "Rebalancing Legitimacy and Sovereignty in International Investment Agreements", *Emory Law Journal* 61(2012),601 – 640.

66. Jackson, "Dispute Settlement and the WTO", *Journal or International Economic Law* 1,1998,329 – 351.

67. Johannesson, Mavroidis, "The WTO Dispute Settlement System 1995 – 2016: A Data Set and its Descriptive Statistics", *EUI Working Paper RSCAS* 2016/72.

68. Johnson, Volkov, "Investor-State Contracts, Host-State 'Commitments' and the Myth of Stability in International Law", *The American Review of International Arbitration* 24(2013),361 – 415.

69. Kaufmann-Kohler, Potestà, "Can the Mauritius Convention serve as a model for the reform of investor-state arbitration in connection with the introduction of a permanent investment tribunal or an appeal mechanism?", *Analysis and roadmap*,2016.

70. Kaufmann-Kohler, Boisson de Chazournes, Bonnin, Mbengue, "Consolidation of Proceedings in Investment Arbitration: How Can Multiple Proceedings Arising from the Same or Related Situations Be Handled Efficiently?", *Final Report on the Geneva Colloquium of* 22. 4. 2006, *ICSID Review* 21(2006),59 – 125.

71. Katz, "Modeling an International Investment Court After the World Trade Organization Dispute Settlement Body", *Harvard Negotiation Law Review* 22(2016),163 – 188.

72. Koeth, "Can the Investment Court System (ICS) save TTIP and CETA?", *EIPA Working Paper* 2016/W/01.

73. Kriebaum, "FET and Expropriation in the (Invisible) EU Model BIT", *The Journal of World Investment and Trade* 15(2014), 454 – 483.

74. Kunz, "Privileges and Immunities of International Organisations", *American Journal of International Law* 41(1947), 828 – 862.

75. Lawson, "Impartiality and Independence of International Arbitrators: Commentary on the 2004 IBA Guidelines on Conflicts of Interest in International Arbitration", *ASA Bulletin* 23(2005), 22 – 44.

76. Li, "The EU's Proposal Regarding the Establishment of the Investment Court System and the Response from Asia", *Journal of World Trade* 52(2018), 943 – 966.

77. Loken, "Introductory Note to UNCITRAL Rules on Transparency in Treaty-Based Investor-State Arbitration", *International Legal Materials* 52 (2013), 1300 – 1308.

78. Manciaux, "The Notion of Investment: New Controversies", *Journal of World Investment and Trade* 9(2008), 801 – 824.

79. Marceddu, "The EU Dispute Settlement: Towards Legal Certainty in an Uneven International Investment System?", *European Investment Law and Arbitration Review* 1(2016), 33 – 75.

80. Maupin, "MFN-Based Jurisdiction in Investor-State Arbitration: Is There any Hope for a Consistent Approach?", *Journal of International Economic Law* 14(2011), 157 – 190.

81. McLachlan, "The Principle of Systemic Integration and Article 31(3)(c) of the Vienna Convention", *International & Comparative Law Quarterly* 54 (2005), 279 – 320.

82. Moonhawk, "Costly Procedures: Divergent Effects of Legalization in the GATT/WTO Dispute Settlement Procedures", *International Studies Quarterly* 52

(2008),657 -686.

83. Mowbray, "The Consideration of Gender in the Process of Appointing Judges to the European Court of Human Rights", *Human Rights Law Review* 8 (2008),549 -559.

84. Newman, Zaslowsky, "The Yukos Case: More on the Fourth Arbitrator", *New York Law Journal of* 28.5.2015.

85. Paparinskis, "MFN Clauses and International Dispute Settlement: Moving Beyond Maffezini and Plama", *ICSID Review-Foreign Investment Law Journal* 26(2011),14 -58.

86. Paulsson, "Moral Hazard in International Dispute Resolution", *ICSID Review* 25(2010),339 -355.

87. Paulsson, "Arbitration Without Privity", *ICSID Review-Foreign Investment Law Journal* 10(1995),232 -257.

88. Pauwelyn, "The Rule of Law without the Rule of Lawyers? Why Investment Arbitrators are from Mars, Trade Adjudicators from Venus", *American Journal of International Law* 109(2015),761 -805.

89. Peterson, "Challenges Under Bilateral Investment Treaties Give Weight to Calls for Multilateral Rules", *World Trade Agenda* 2001,12 -14.

90. Raviv, "Achieving a Faster ICSID", *Transnational Dispute Management* 1(2014),1 -49.

91. Reinisch, "The European Union and Investor-State Dispute Settlement: From Investor-State Arbitration to a Permanent Investment Court", *CIGI-Paper* No. 2, March 2016.

92. Reinisch, "Will the EU's Proposal Concerning an Investment Court System for CETA and TTIP Lead to Enforceable Awards? The Limits of Modifying the ICSID Convention and the Nature of Investment Arbitration", *Journal of International Economic Law* 19(2016),761 -786.

93. Reinisch, "From the Perennial Issue of the Notion of Investment

Pursuant to Article 25 ICSID Convention and Narrow Dispute Settlement Provisions to Further Clarifications of Substantive Standards of Protection-ICSID Arbitration in 2009", *The Global Community Yearbook of International Law and Jurisprudence* 10(2010), 839 – 856.

94. Reinisch, "Necessity in International Investment Arbitration—An Unnecessary Split of Opinions in Recent ICSID Cases?", *Journal of World Investment and Trade* 8(2007), 191 – 214.

95. Roberts, "State-To-State Investment Treaty Arbitration: A Hybrid Theory of Interdependent Rights and Shared Interpretive Authority", *Transnational Dispute Management* Vol. 11, Issue 1, 2014.

96. Roberts, "Power and persuasion in investment treaty interpretation: The dual role of states", *American Journal of International Law* 104(2010), 179 – 225.

97. Ryan, "Meeting Expectations: Assessing the Long-term Legitimacy and Stability of International Investment Law", *The University of Pennsylvania Journal of International Law* 29(2008), 725 – 761.

98. Safferling, "Audiatur et altera pars-die prozessuale Waffengleichheit als Prozessprinzip?", *Neue Zeitschrift für Strafrecht* 2004, 181 – 188.

99. Sandrock, "Das Internationale Handelsgericht im TTIP: The Permanent International Investment Tribunal", *RIW* 2015, 625 – 639.

100. Sauvant, "The Evolving International Investment Law and Policy Regime: Ways Forward", *Policy Options Paper*, ICTSD & WEF 2016.

101. Schill, "Sind Regelungen Zur Investor-Staat-Streitbeilegung in EU-Freihandelsabkommen sinnvoll?", *Amsterdam Law School Research Paper* No. 2017 – 06.

102. Schill, "Sind Regelungen zur Investor-Staat-Streitbeilegung in EU-Freihandelsab-kommen sinnvoll?", *Kölner Schrift zum Wirtschaftsrecht* 2016, 115 – 121.

103. Schill, Editorial, "Opinion 2/13 – The End for Dispute Settlement in EU Trade and Investment Agreements?", *The Journal of World Investment & Trade* 16(2015), 379 – 388.

104. Schill, "Reforming Investor-State Dispute Settlement (ISDS): Conceptual Framework and Options for the Way Forward, E15 Initiative", *International Centre for Trade and Sustainable Development* 2015.

105. Schill, "Enhancing International Investment Law's Legitimacy: Conceptual and Methodological Foundations of a New Public Law Approach", *Virginia Journal of International Law* 52(2011), 57 – 102.

106. Schill, "Allocating Adjudicatory Authority: Most-Favoured-Nation Clauses as a Basis of Jurisdiction-A Reply to Zachary Douglas", *Journal of International Dispute Settlement* 2(2011), 353 – 371.

107. Schill, "International Investment Law and the Host State's Power to Handle Economic Crises", *Journal of International Arbitration* 24(2007), 265 – 286.

108. Schreuer, "Non-Pecuniary Remedies in ICSID Arbitration", *Arbitration International* 20(2004), 325 – 332.

109. Schreuer, "Travelling the BIT Route: Of Waiting Periods, Umbrella. Clauses and Forks in the Road", *The Journal of World Investment and Trade* 5 (2004), 231 – 256.

110. Sevilla, "Explaining Patterns of GATT/WTO Trade Complaints", *Working Paper* 98 – 1.

111. Shaw, "Third-Party Funding in Investment Arbitration: How Non-disclosure can Cause Harm for the Sake of Profit", *Arbitration International* 33 (2017), 109 – 120.

112. Shihata, Parra, "The Experience of the International Centre for Settlement of Investment Disputes", *ICSID Review* 14(1999), 299 – 361.

113. Sinclair, "The Origins of the Umbrella Clause in the International Law

of Investment Protection", *Arbitration International* 20(2004), 411 - 434.

114. Steinbach, "Investor-Staat-Schiedsverfahren und Verfassungsrecht", *Rabels Zeitschrift für ausländisches und internationales Privatrecht* 2016, 1 - 38.

115. Steinitz, "Whose Claim Is This Anyway? Third-Party Litigation Funding", *Minnesota Law Review* 95(2011), 1268 - 1338.

116. Tams, "An Appealing Option? The Debate about an ICSID Appellate Structure", *Essays in Transnational Economic Law*(2006), No. 57.

117. Timmer, "The Meaning of 'Investment' as a Requirement for Jurisdiction Ratione Materiae of the ICSID Centre", *Journal of International Arbitration* 29(2012), 363 - 374.

118. Trevino, "State-to-State Investment Treaty Arbitration and the Interplay with Investor-State Arbitration Under the Same Treaty", *Journal of International Dispute Settlement* 2014, 199 - 233.

119. Usynin, Gáspár-Szilágyi, Szilard, "The Growing Tendency of Inducing Investment Chapters in PTAs", *Netherlands Yearbook of International Law* 48 (2018), 267 - 304.

120. Van Damme, "Treaty Interpretation by the WTO Appellate Body", *European Journal of International Law* 21(2010), 605 - 648.

121. Van Harten, "A Case for an International Investment Court", *SIEL Online Proceedings Working Paper* No. 22/08.

122. Van Houte, Mc Asey, "Case Comment. Abaclat and Others v. Argentine Republic, ICSID, the BIT and Mass Claims", *ICSID Review* 27(2012), 231 - 236.

123. Voeten, "The Politics of International Judicial Appointments", *Chicago Journal of International Law* 9(2009), 387 - 405.

124. Von Bogdandy, Krenn, "Zur demokratischen Legitimation von Europas Richtern", *Juristen Zeitung* 2014, 529 - 537.

125. Von Bogdandy, Venzke, "In Whose Name? An Investigation of

International Courts' Public Authority and Its Democratic Justification", *European Journal of International Law* 23(2012),7-41.

126. Voon, "Consolidating International Investment Law: The Mega-Regionals as a Pathway Towards Multilateral Rules", *World Trade Review* (2017),1-31.

127. Voon, Mitchell, Munro, "Parting Ways: The Impact of Mutual Termination of Investment Treaties on Investor Rights", *ICSID Review* 29 (2014),451-473.

128. Wackernagel,"The Twilight of the BITs?,EU Judicial Proceedings,the Consensual Termination of Intra-EU BITs and Why that Matters for International Law",*Beiträge zum Transnationalen Wirtschaftsrecht Heft* 140(2016).

129. Waibel,"Two Worlds of Necessity in ICSID Arbitration: CMS and LG & E",*Leiden Journal of International Law* 20(2007),637-648.

130. Wälde,"'Equality of Arms' in Investment Arbitration: Procedural Challenges",*Transnational Dispute Management* 1(2011).

131. Wälde, "The 'Umbrella' Clause on Investment Arbitration—A Comment on Original Intentions and Recent Cases", *The Journal of World Investment and Trade* 6(2005),183-236.

132. Wilske,Sharma,Rawal,"The Emperor's New Clothes: Should India Marvel at the EU's New Proposed Investment Court System?",*Indian Journal of Arbitration Law* 6,2017,79-97.

133. Wuschka, "Ein Investitionsgerichtshof-Der große Wurf der EU-Kommission?",*Zeitschrift für Europarechtliche Studien* 2016,153-175.

四、博客条目及其他来源

1. Akande,ICJ Elections 2014: UN General Assembly and Security Council Elect four Judges to the ICJ But Fail to Agree on a Fifth,Again!,EJIL: Talk!, 10.11.2014.

2. Ambrose, Naish, An Investment Court system or an Appeals mechanism? The EU's 2017 consultation on multilateral reform of ISDS, Arbitration Blog, 15.2.2017.

3. American Bar Association Section on International Law, Investment Treaty Working Group, Task Force Report on the Investment Court System Proposal, Initial Task Force Discussion Paper, 16.10.2016.

4. Arbeiterkammer Wien, Kritische Bewertung des Österreichischen Mustertextes für bilaterale Investitionsschutzabkommen, November 2011.

5. Bacchus, Might Unmakes Right: The American Assault on Rule of Law in World Trade, CIGI Papers-May 2018:173.

6. Blair, A Global Investment Court for a Changing Era of Trade, Financial Times of 24.1.2017.

7. Bungenberg, Hazarika, A Rule of Law in the EU legal order, forthcoming (2018).

8. Consultative Council of European Judges, Opinion No. 3 of the European Judges (CCJE) to the Council of Europe's Committee of Ministers on the Principles and Rules Governing the Professional Conduct of Judges, in Particular Professional Law, Incompatible Behavior and Impartiality, CCJE (2002) OP3DE of 19.11.2002.

9. Council of Europe, Consultative Council of European Judges (CCJE), the Evaluation of Judges' Work, the Quality of Justice and Respect for Judicial Independence, Opinion No. 17 (2014) of 24.10.2014.

10. Council of Europe, Consultative Council of European Judges (CCJE), the Role of Court Presidents, Opinion No. 19 (2.2016) of 10.11.2016.

11. Council of the EU, Negotiating Directives for a Convention Establishing a Multilateral Court for the Settlement of Investment Disputes, 12981/17 ADD 1 DCL 1, 20.3.2018.

12. EFILA, Task Force Paper regarding the proposed International Court

System,(ICS)of 1.2.2016.

13. European Commission, Concept paper-Investment in TTIP and Beyond-the Path for Reform, May. Trade for all-towards a more responsible trade and investment policy, COM(2015)497.

14. European Commission, A Future Multilateral Investment Court, Factsheet of 13.12.2016.

15. European Commission, The Multilateral Investment Court Project, News of 21. 12. 2016, http://trade. ec. europa. eu/doclib/press/index. cfm? id = 1608.

16. European Commission, Staff Working Document Impact Assessment, Multilateral Reform of Investment Dispute Resolution, SWD (2017) 302 final, 13.09.2017.

17. European Commission, Factsheet of 10. 7. 2017, http://trade. ec. europa. eu/doclib/docs/2017/july/tradoc_155744. pdf.

18. European Parliament, Resolution of 8. 7. 2015 Containing the European Parliament's Recommendations to the European Commission on the Negotiations for the Transatlantic Trade and Investment Partnership (TTIP), 2014/2228 (INI), P8_TA(2015)0252.

19. European Parliament, A New Forward-looking and Innovative Future Strategy for Trade and Investment, Resolution of 5. 7. 2016, P8 _ TA-PROV (2016)0299.

20. European Union, Possible reform of investor-State dispute settlement (ISDS) Submission from the European Union and its Member States, A/CN. 9/WG. III/WP. 159/Add. 1, 24. 1. 2019.

21. Fouchard Papaefstratiou, TTIP: The French Proposal for A Permanent European Court for Investment Arbitration, Kluwer Arbitration Blog, 22. 7. 2015.

22. Fracking auf TTIP komm raus: Wie das EU-USA Freihandelsabkommen Klima-und Umweltschutz untergräbt, März 2014, www. ttip-stoppen. at/wp-

content/uploads/ 2014/03/kurzstudie-fracking-ttip_mc3a4rz-2014_-ceo-powers-hift-foe. pdf(28. 5. 2017).

23. Gartland, EU judges total pay package now more than €300,000, The Irish Times of 11. 1. 2016.

24. Ghahremani, Prandzhev, Multilateral Investment Court: A Realistic Approach to Achieve Coherence and Consistency in International Investment Law?, EFILA Blog, 14. 3. 2017.

25. Hindelang, Baur, Stocktaking of Investment Protection Provisions in EU Agreements and Member States' Bilateral Investment Treaties and Their Impact on the Coherence of EU Policy, Committee on International Trade (INTA)-European Parliament, 2019.

26. Hodgson, Investment Treaty Arbitration: How much does it cost? How long does it take?, Allen Overy Publications, 18. 2. 2014.

27. Hodgson, Counting the costs of investment treaty arbitration, GAR News, 24. 3. 2014.

28. ICSID Secretariat, Possible improvements of the framework for ICSID arbitration, Discussion paper of 22. 10. 2004.

29. ICSID Secretariat, Suggested changes to the ICSID rules and regulations, Working paper of 12. 5. 2005.

30. Koeth, Can the Investment Court System (ICS) save TTIP and CETA?, EIPA working paper 2016/W/01.

31. Krajewski, Modell-Investitionsschutzvertrag mit Investor-Staat-Schiedsver-fahren für Industriestaaten unter Berücksichtigung der USA, 2015.

32. Kaufmann-Kohler, Potestà, "The composition of a Multilateral Investment Court and of an Appeal Mechanism for Investment Awards", 2017. http://www. uncifral. org/pdf/English/workinggroups/wg _ 3/CIDS _ supp Rmental_Report. pdf.

33. Lavranos, "Is an International Investor-to-State Arbitration System

Under the Auspices of the ECJ Possible?", https://dx. doi. org/10. 2139/ssrn. 1973491.

34. Malmström, Speech: Remarks at the European Parliament on Investment in TTIP of 18. 3. 2015, http://trade. ec. europa. eu/doclib/docs/2015/march/tradoc_153258. pdf.

35. OECD, Developing a Multilateral Instrument to Modify Bilateral Tax Treaties, Action 15 2015 Final Report, OECD Publishing, Paris.

36. Open Letter from Lawyers to the Negotiators of the Trans-Pacific Partnership urging the Rejection of Investor-State Dispute Settlement, 8. 5. 2012, https://tpplegal. word-press. com/open-letter/(28. 5. 2017).

37. Pauwelyn, Why the US should support the EU Proposal for an "Investment Court System", Georgetown Journal of International Law Online, 24. 11. 2015.

38. Pauwelyn, AppealWithout Remand, A Design Flaw in WTO Dispute Settlement and How to Fix it, ICTSD issue paper No. 1(2007).

39. Payosova, Hufbauer, Schott, The Dispute Settlement Crisis in the World Trade Organization: Causes and Cures. Policy Brief-Peterson Institute for International Economics 18:5, 2018.

40. Procés-Verbaux of the Proceedings of the Advisory Committee of Jurists, Annex No. 1, 695(1920).

41. Public Statement on the International Investment Regime, Osgoode and York University, August 2010, www. osgoode. yorku. ca/public-statement-international-invest-ment-regime-31-august-2010/(28. 5. 2017).

42. Roberts, Would a Multilateral Investment Court be Biased? Shifting to a treaty party framework of analysis, EJIEL: Talk!, 28. 4. 2017.

43. Schill, The European Commission's Proposal of an "Investment Court System" for TTIP: Stepping Stone or Stumbling Block for Multilateralizing International Investment Law?, ASIL insights Vol. 20, issue 9, 22. 4. 2016.

44. Schill, The Mauritius Convention on Transparency: A Model for Investment Law Reform?, EJIL: Talk!, 8.4.2015.

45. Schill, From Investor-State Dispute Settlement to a Multilateral Investment Court? Evaluating Options from an EU law Perspective, Committee on International Trade(INTA)-European Parliament, 2019.

46. Schill, Reforming Investor-State Dispute Settlement(ISDS): Conceptual Framework and Options for the Way Forward, E15 Initiative, 2015.

47. Secretary-General's Trust Fund to Assist States in the Settlement of Disputes through the International Court of Justice, A/59/37221, 21.9.2004.

48. Sharp, Marsh, A new seat at the mediation table? The impact of third-party funding on the mediation process, Kluwer Mediation Blog of 1.4.2017.

49. UNCITRAL, Concurrent Proceedings in International Arbitration-Note by the Secretariat, A/CN.9/881, 08.04.2016.

50. UNCITRAL, Possible Future Work in the Field of Dispute Settlement: Reforms of Investor-State Dispute Settlement(ISDS)-Note by the Secretariat, A/CN.9/917, 20 April.04.2017.

51. UNCITRAL, Report of the United Nations Commission on International Trade Law, Fiftieth Session(3 – 21 July 2017), A/72/17, 2017.

52. UNCTAD, Reform of Investor-State Dispute Settlement: In Search of a Roadmap, IIA Issues Note No.2, June 2013.

53. UNCITRAL, Report of Working Group Ⅲ (Investor-State Dispute Settlement Reform) on the Work of its Thirty-Sixth Session (Vienna, 29 October – 2 November 2018), A/CN.9/964, 6 November 2018.

54. UNCITRAL, Report of Working Group Ⅲ (Investor-State Dispute Settlement Reform) on the Work of its Thirty-Seventh Session(New York, 1 – 5 April 2019), A/CN.9/970(draft document).

55. UNCITRAL Working Group Ⅲ, Possible Reform of Investor-State Dispute Settlement (ISDS)-Arbitrators and Decisionmakers: Appointment

Mechanisms and RelatedIssues-Note by the Secretariat, A/CN. 9/WG. III/WP. 152,30.08.2018.

56. UNCITRAL Working Group Ⅲ, Possible Reform of Investor-State Dispute Settlement (ISDS)— Cost and Duration—Note by the Secretariat, A/CN. 9/WG. III/WP. 153,31 August 149,05.09.2018.

57. UNCTAD, Interpretation of IIAs: What States Can Do, IIA Issues Note No. 3, December 2011.

58. United States, Statement by the United States at the Meeting of the WTO Dispute Settlement Body, Geneva. 23.05.2016. https://www.wto.org/english/news_e/news16_e/us_statment_dsbmay16_e.pdf.

59. Van Harten, A Case for an International Investment Court, Society for International Economic Law, Conference Paper, 2018.

60. Wieduwilt, Bundesrichter setzen sich Grenzen, FAZ of 2.4.2017.

61. Woods, Fit for Purpose? The EU's Investment Court System, Kluwer Arbitration Blog, 23.3.2016.

62. WTO, WTO members debate appointment/reappointment of Appellate Body members. 23.5.2016, https://www.wto.org/english/news_e/news16_e/dsb_23may16_e.htm.

63. Wuschka, Investitionsschiedsverfahren: Individualrechtsschutz oder "anti-demokratische Konzernherrschaft"?, Völkerrechtsblog, 20.4.2015.

64. Yusuf, Speech by H. E. Mr. Abdulqawi A. Yusuf, President of the International Court of Justice, on the Occasion of the Seventy-Third Session of the United Nations General Assembly, 25.10.2018, https://www.icj-cij.org/files/press-releases/0/000-20181025-PRE-02-00-EN.pdf.

图书在版编目(CIP)数据

从双边仲裁庭、双边投资法庭到多边投资法院：投资者与国家间争端解决的机制化选择：修订版 /（德）薄克暮（Marc Bungenberg），（奥）芮离谷（August Reinisch）著；池漫郊译. -- 北京：法律出版社，2020

（贸大法学学术文库 / 石静霞主编）

ISBN 978-7-5197-3873-0

Ⅰ. ①从… Ⅱ. ①薄… ②芮… ③池… Ⅲ. ①国际投资－国际争端－研究 Ⅳ. ①D996.4

中国版本图书馆 CIP 数据核字(2019)第 261095 号

从双边仲裁庭、双边投资法庭到多边投资法院：投资者与国家间争端解决的机制化选择(修订版)
CONG SHUANGBIAN ZHONGCAITING、SHUANGBIAN TOUZI FATING DAO DUOBIAN TOUZI FAYUAN: TOUZIZHE YU GUOJIAJIAN ZHENGDUAN JIEJUE DE JIZHIHUA XUANZE(XIU DING BAN)

[德]薄克暮(Marc Bungenberg)
[奥]芮离谷(August Reinisch) 著
池漫郊 译

策划编辑 陈 妮
责任编辑 陈 妮
装帧设计 马 帅

出版 法律出版社
总发行 中国法律图书有限公司
经销 新华书店
印刷 固安华明印业有限公司
责任校对 李景美
责任印制 吕亚莉

编辑统筹 法治与经济出版分社
开本 710 毫米×1000 毫米 1/16
印张 15.75
字数 220 千
版本 2020 年 4 月第 1 版
印次 2020 年 4 月第 1 次印刷

法律出版社/北京市丰台区莲花池西里 7 号(100073)
网址/www. lawpress. com. cn
投稿邮箱/info@ lawpress. com. cn
举报维权邮箱/jbwq@ lawpress. com. cn
销售热线/400-660-8393
咨询电话/010-63939796

中国法律图书有限公司/北京市丰台区莲花池西里 7 号(100073)
全国各地中法图分、子公司销售电话：
统一销售客服/400-660-8393/6393
第一法律书店/010-83938432/8433　西安分公司/029-85330678　重庆分公司/023-67453036
上海分公司/021-62071639/1636　深圳分公司/0755-83072995

书号：ISBN 978-7-5197-3873-0　　**定价**：80.00 元
(如有缺页或倒装，中国法律图书有限公司负责退换)